KB148977

에듀윌과 함께 시작하면,
당신도 합격할 수 있습니다!

대학 진학 후 진로를 고민하다 1년 만에
서울시 행정직 9급, 7급에 모두 합격한 대학생

용기를 내 계리직공무원에 도전해
4개월 만에 합격한 40대 주부

직장생활과 병행하며 7개월간 공부해
국가공무원 세무직에 당당히 합격한 51세 직장인까지

누구나 합격할 수 있습니다.
시작하겠다는 '다짐' 하나면 충분합니다.

마지막 페이지를 덮으면,

에듀윌과 함께
공무원 합격이 시작됩니다.

eduwill

# 누적판매량 258만 부 돌파!
# 66개월 베스트셀러 1위 공무원 교재

## 7·9급공무원 교재

기본서
(국어/영어/한국사)

기본서
(행정학/행정법총론)

단원별 기출&예상 문제집
(국어/영어/한국사)

단원별 기출&예상 문제집
(행정학/행정법총론)

## 9급공무원 교재

기출문제집
(국어/영어/한국사)

기출문제집
(행정학/행정법총론/사회복지학개론)

기출PACK
공통과목(국어+영어+한국사)

실전동형 모의고사
(국어/영어/한국사)

## 7급공무원 교재

민경채 PSAT 기출문제집

7급 PSAT 기출문제집

## 국어 집중 교재

매일 기출한자(빈출순)

국어 문법 단권화 요약노트

## 영어 집중 교재

빈출 VOCA

매일 3문 독해(4주 완성)

빈출 문법(4주 완성)

## 한국사 집중 교재

한국사 흐름노트

## 계리직공무원 교재

기본서
(우편일반/예금일반/보험일반)

기본서
(컴퓨터일반·기초영어)

단원별 기출&예상 문제집
(우편일반/예금일반/보험일반)

단원별 기출&예상 문제집
(컴퓨터일반·기초영어)

## 군무원 교재

기출문제집
(국어/행정법/행정학)

파이널 적중 모의고사
(국어+행정법+행정학)

* 에듀윌 공무원 교재 누적판매량 합산 기준(2012년 5월 14일~2024년 4월 30일)
* YES24 수험서 자격증 공무원 베스트셀러 1위 (2017년 3월, 2018년 4월~6월, 8월, 2019년 4월, 6월~12월, 2020년 1월~12월, 2021년 1월~12월, 2022
  년 1월~12월, 2023년 1월~12월, 2024년 1월~5월 월별 베스트, 매월 1위 교재는 다름)

더 많은
공무원 교재

# 1초 합격예측
# 모바일 성적분석표

## 1초 안에 '클릭' 한 번으로 성적을 확인하실 수 있습니다!

**활용 GUIDE**

### 실시간 성적분석 방법!

**STEP 1** QR 코드 스캔 ▶ **STEP 2** 모바일 OMR 입력 ▶ **STEP 3** 자동채점 & 성적분석표 확인

---

### STEP 1

**QR 코드 스캔**

- 교재의 QR 코드를 모바일로 스캔 후 에듀윌 회원 로그인
- QR 코드 하단의 바로가기 주소로도 접속 가능

### STEP 2

**모바일 OMR 입력**

- 회차 확인 후 '응시하기' 클릭
- 모바일 OMR에 답안 입력
- 문제풀이 시간까지 측정 가능

### STEP 3

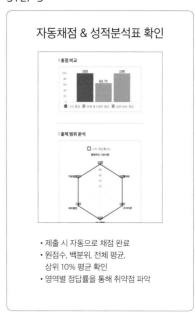

**자동채점 & 성적분석표 확인**

- 제출 시 자동으로 채점 완료
- 원점수, 백분위, 전체 평균, 상위 10% 평균 확인
- 영역별 정답률을 통해 취약점 파악

---

# 공무원, 에듀윌을 선택해야 하는 이유

## 합격자 수 수직 상승
## 2,100%

## 명품 강의 만족도
## 99%

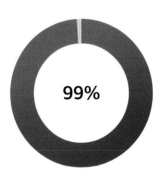

99%

공무원

## 베스트셀러 1위
## 66개월(5년 6개월)

## 5년 연속 공무원 교육
## 1위

eduwill

# 1위 에듀윌만의
# 체계적인 합격 커리큘럼

## 원하는 시간과 장소에서
## 온라인 강의

① 업계 최초! 기억 강화 시스템 적용
② 과목별 테마특강, 기출문제 해설강의 무료 제공
③ 초보 수험생 필수 기초강의와 합격필독서 무료 제공

쉽고 빠른 합격의 첫걸음 합격필독서 무료 신청

## 최고의 학습 환경과 빈틈 없는 학습 관리
## 직영학원

① 현장 강의와 온라인 강의를 한번에
② 확실한 합격관리 시스템, 아케르
③ 완벽 몰입이 가능한 프리미엄 학습 공간

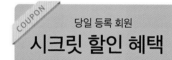

COUPON
당일 등록 회원
시크릿 할인 혜택

합격전략 설명회 신청 시 당일 등록 수강 할인권 제공

---

### 친구 추천 이벤트

## "친구 추천하고 한 달 만에
## 920만원 받았어요"

친구 1명 추천할 때마다 현금 10만원 제공
추천 참여 횟수 무제한 반복 가능

※ "a*o*h**** 회원의 2021년 2월 실제 리워드 금액 기준
※ 해당 이벤트는 예고 없이 변경되거나 종료될 수 있습니다.

친구 추천 이벤트
바로가기

---

# 회독플래너

실패율 Zero! 따라만 해도 5회독 가능!

| 구분 | PART | CHAPTER | 1회독 | 2회독 | 3회독 | 4회독 | 5회독 |
|---|---|---|---|---|---|---|---|
| 문법 | Pre-Grammar | 품사 | | | | | |
| | Main Structure | 동사 | 1 | 1 | 1 | 1 | |
| | | 전치사 | | | | | 1 |
| | | 시제 | 2 | 2 | 2 | 2 | |
| | | 태 | 3 | 3 | | | |
| | | 조동사 | 4 | 4 | 3 | 3 | |
| | | 가정법 | 5-6 | 5 | | | |
| | Structure Constituent | 명사 | 7 | 6 | | | 2 |
| | | 대명사 | 8-9 | 7 | 4 | 4 | |
| | | 관사 | 10 | 8 | | | |
| | Modifiers | 형용사 | 11-12 | 9-10 | 5 | 5 | |
| | | 부사 | 13-14 | 11-12 | 6 | | |
| | | 비교 | 15-16 | 13-14 | 7 | 6 | 3 |
| | | 부정사 | 17-18 | 15-16 | 8 | 7 | |
| | | 동명사 | 19-20 | 17-18 | 9-10 | | |
| | | 분사 | 21-22 | 19-20 | 11-12 | 8 | |
| | Expansion | 접속사 | 23-24 | 21-22 | 13-14 | 9 | |
| | | 관계사 | 25-26 | 23 | 15 | | 4 |
| | Balancing | 강조와 도치 | 27-28 | 24 | 16 | 10 | |
| | | 일치 | 29-30 | 25 | 17 | | |
| | | | **30일 완성** | **25일 완성** | **17일 완성** | **10일 완성** | **4일 완성** |

승자는 시간을 관리하며 살고, 패자는 시간에 쫓기며 산다.
― J. 하비스 ―

| 구분 | PART | CHAPTER | 1회독 | 2회독 | 3회독 | 4회독 | 5회독 |
|---|---|---|---|---|---|---|---|
| 문법 | Pre-Grammar | 품사 | | | | | |
| | Main Structure | 동사 | | | | | |
| | | 전치사 | | | | | |
| | | 시제 | | | | | |
| | | 태 | | | | | |
| | | 조동사 | | | | | |
| | | 가정법 | | | | | |
| | Structure Constituent | 명사 | | | | | |
| | | 대명사 | | | | | |
| | | 관사 | | | | | |
| | Modifiers | 형용사 | | | | | |
| | | 부사 | | | | | |
| | | 비교 | | | | | |
| | | 부정사 | | | | | |
| | | 동명사 | | | | | |
| | | 분사 | | | | | |
| | Expansion | 접속사 | | | | | |
| | | 관계사 | | | | | |
| | Balancing | 강조와 도치 | | | | | |
| | | 일치 | | | | | |

승자는 시간을 관리하며 살고, 패자는 시간에 쫓기며 산다.
— J. 하비스 —

| ___일 완성 | ___일 완성 | ___일 완성 | ___일 완성 | ___일 완성 |

시작하는 방법은
말을 멈추고
즉시 행동하는 것이다.

– 월트 디즈니(Walt Disney)

2025
# 에듀윌 9급공무원
# 기본서

영어 문법

# 2025년,
# 공무원 시험이 달라집니다.

## 9급 공무원 시험,
## 국어·영어 과목의 대대적 개편

국어·영어 과목 출제기조,
지식암기 위주에서 **현장 직무 중심으로**

**민간 채용과의 호환성 강화**하여
시험 준비 부담 감소

인사혁신처 설명 영상
바로 가기▶

**지식암기형 문제
출제 지양**

**민간 채용 시험과
호환성 강화**

**종합적 사고력과
실용적 능력 평가**

## 국어

**"기본적인 국어 능력과 사고력 검증에 초점"**

- 배경지식 없이도 지문 속의 정보를 활용해 풀 수 있는 문제
- 지식을 암기해야 풀 수 있는 문제 출제 지양
- 추론력, 비판력, 논리 추론형 문제로 사고력 검증
- 민간기업 직무적성검사, 직업기초능력평가(NCS), 수능과 유사한 유형

## 영어

**"실제 업무수행에 필요한 실용적인 영어 능력 검증"**

- 실제 활용도가 높은 어휘와 어법 위주의 출제
- 문제 유형 및 영역별 출제 비율 변화로 암기와 문법에 대한 부담 감소
- 이메일, 동료 간 메신저 대화 형태의 생활영어 문항 출제
- 안내문, 민원 제기 등 업무와 관련된 소재를 활용
- 텝스(TEPS), 토익(TOEIC) 등 민간 어학시험, 수능과 유사한 유형

# 암기 부담↓, 시험 준비 부담↓
# 공무원 시험이 쉬워집니다.

# 달라지는 **영어 시험,**
# 이렇게 준비하면 쉬워집니다.

## 어휘·표현

**이렇게 달라집니다.**
유의어를 묻는 암기형 문제에서 탈피해서, 문맥상 추론을 통한 적절한 단어를 정답으로 선택하는 유형으로 제시되었습니다.

**이렇게 학습하세요.**
선택지에 제시되는 필수어휘를 중심으로 학습하며, 문장 단위 구문연습을 통한 정확한 분석을 기반으로 단어 추론 연습이 반드시 필요합니다.

### 인사혁신처 예시문제

**밑줄 친 부분에 들어갈 말로 가장 적절한 것을 고르시오.**

> Recently, increasingly _____ weather patterns, often referred to as "abnormal climate," have been observed around the world.

① irregular      ② consistent      ③ predictable      ④ ineffective

**해설** ① 해당 문장에서 밑줄과 같은 특징을 가진 날씨 양상이 'abnormal climate(비정상적인 날씨)'라고 불린다고 말하고 있으며, 이는 부정적인 뉘앙스이다. 보기 중 '비정상적인 날씨'와 문맥상 가장 어울리는 것은 ① 'irregular(불규칙적인)'이다.

**해석** 최근, 종종 '비정상적인 기후'로 불리는 점점 더 불규칙적인 날씨 양상이 전 세계에서 목격되고 있다.

**정답** ①

## 문법

**이렇게 달라집니다.**
영작형과 문장형 문항이 사라지고, 밑줄형과 빈칸형 어법문제로 제시되었습니다. 이에 따라 지식형 암기의 비중이 줄고, 구문 분석 능력을 기반으로 정답이 도출되는 문항의 비중이 높아졌습니다.

**이렇게 학습하세요.**
'긴 문장'의 구조를 다루는 구문 분석 능력을 높일 수 있는 훈련과정이 필수적입니다.

### 인사혁신처 예시문제

**밑줄 친 부분 중 어법상 옳지 않은 것을 고르시오.**

> You may conclude that knowledge of the sound systems, word patterns, and sentence structures ① are sufficient to help a student ② become competent in a language. Yet we have ③ all worked with language learners who understand English structurally but still have difficulty ④ communicating.

## 생활영어

### 이렇게 달라집니다.

기존에 암기형의 생활영어 관용표현에서 직무 관련된 상황별 대화 중심으로 출제되었습니다.

### 이렇게 학습하세요.

생활영어에서 발생할 수 있는 각 상황별 표현을 익히며, 대화 참여자의 입장에서의 질문 또는 응답에 대한 다양한 연습이 필수적입니다.

**인사혁신처 예시문제**

밑줄 친 부분에 들어갈 말로 가장 적절한 것을 고르시오.

Kate Anderson

Are you coming to the workshop next Friday?

10:42

 Jim Hanson

I'm not sure. I have a doctor's appointment that day.

10:42

Kate Anderson

You should come! The workshop is about A.I. tools that can improve our work efficiency.

10:43

Jim Hanson

Wow, the topic sounds really interesting!

10:44

Kate Anderson

Exactly. But don't forget to reserve a seat if you want to attend the workshop.

10:45

 Jim Hanson

How do I do that?

10:45

Kate Anderson

10:46

 Aa ▶

① You need to bring your own laptop.
② I already have a reservation.
③ Follow the instructions on the bulletin board.
④ You should call the doctor's office for an appointment.

**해설** ③ 다가올 워크숍 참석 여부 및 예약에 관한 메신저 대화 내용이다. 대화 마지막 부분에서 Kate가 워크숍 참석을 위해서는 예약이 필요하다고 언급하자, Jim이 어떻게 예약을 하는지 묻고 있다. 이에 대한 응답으로 적절한 것은 '게시판에 있는 설명을 따르라'는 ③이다.

**오답해설** ① Jim의 질문인 'How do I do that?'은 예약 방법을 묻는 것이므로 준비물에 대한 답변은 대화의 흐름상 옳지 않다.

② 빈칸에서 Kate는 자신의 예약 여부를 확인시켜주는 것이 아니라 예약 방법을 설명해주어야 하므로 흐름상 어색하다.

④ 대화의 주요 주제는 워크숍이고, 병원 예약은 Jim의 워크숍 당일 일정에 대한 부가적인 정보일 뿐이므로 대화의 흐름상 어색하다.

**해석** Kate: 다음 주 금요일에 워크숍에 오시나요?

Jim: 잘 모르겠어요. 그 날에 병원 예약이 있어요.

Kate: 오셔야 해요! 그 워크숍은 우리의 업무 효율을 향상시킬 수 있는 인공지능 도구에 관한 거예요.

Jim: 와, 주제가 정말 흥미롭네요!

Kate: 맞아요, 하지만 워크숍에 참석하고 싶다면 자리를 예약하는 걸 잊지 마세요.

Jim: 어떻게 하나요?

Kate: 게시판에 있는 설명을 따르세요.

① 당신은 자신의 노트북을 가져와야 해요.

② 저는 이미 예약을 했어요.

③ 게시판에 있는 설명을 따르세요.

④ 예약을 하려면 병원에 전화를 해야 해요.

**정답** ③

## 독해

### 이렇게 달라집니다.

기존의 문제유형에 더해 직무와 관련된 소재와 주제 중심의 독해지문으로 실제 업무 환경을 제시하는 유형이 도입되었습니다.

### 이렇게 학습하세요.

❶ 공무원이 접할 수 있는 다양한 소재와 관련된 지문을 학습합니다.

❷ 각 독해유형별 문제풀이 전략을 통해 '정확하고 빠른 정답'을 찾는 연습이 필수적입니다.

**인사혁신처 예시문제**

**[1-2] 다음 글을 읽고 물음에 답하시오.**

| New message | |
|---|---|
| **To** | Clifton District Office |
| **From** | Rachael Beasley |
| **Date** | June 7 |
| **Subject** | Excessive Noise in the Neighborhood |

To whom it may concern,

I hope this email finds you well. I am writing to express my concern and frustration regarding the excessive noise levels in our neighborhood, specifically coming from the new sports field.

As a resident of Clifton district, I have always appreciated the peace of our community. However, the ongoing noise disturbances have significantly impacted my family's well-being and our overall quality of life. The sources of the noise include crowds cheering, players shouting, whistles, and ball impacts.

I kindly request that you look into this matter and take appropriate <u>steps</u> to address the noise disturbances. Thank you for your attention to this matter, and I appreciate your prompt response to help restore the tranquility in our neighborhood.

Sincerely,
Rachael Beasley

`SEND`  A ☺ ⬇ 📎 🖼 🔗 ☆                    🗑 ☰

**01 윗글의 목적으로 가장 적절한 것은?**

① 체육대회 소음에 대해 주민들의 양해를 구하려고
② 새로 이사 온 이웃 주민의 소음에 대해 항의하려고
③ 인근 스포츠 시설의 소음에 대한 조치를 요청하려고
④ 밤시간 악기 연주와 같은 소음의 차단을 부탁하려고

**02 밑줄 친 "steps"의 의미와 가장 가까운 것은?**

① movements      ② actions      ③ levels      ④ stairs

> **해설** 01 본문은 지역 관할 담당자에게 불만을 제기하고 시정을 요청하는 이메일이다. 본문 전반부(I am writing ~ from new sports field)에서 이메일을 발송하는 목적을 밝히고 있다. 따라서 정답은 ③이다.
> 02 'step'은 다양한 의미를 지니고 있으나 'take steps'라고 표현한다면 '조치를 취하다'라는 의미가 된다. 보기 중 '조치'라는 뜻을 가진 단어는 '② actions'이므로 정답은 ②이다.

> **해석** 관계 당사자 앞, 이 이메일이 귀하에게 잘 도착하길 바랍니다. 저는 저희 인근, 구체적으로는 새로운 스포츠 경기장에서 발생하는 과도한 소음 정도에 대한 우려와 불만을 표현하기 위해 쓰고 있습니다. / Clifton 지구의 거주자로서, 저는 우리 지역 사회의 평화를 항상 감사해 왔습니다. 그러나 계속되는 소음으로 인한 방해로 인해 제 가족은 안녕과 전반적인 삶의 질이 크게 영향을 받고 있습니다. 소음의 원인으로는 관중의 환호, 선수들의 외침, 호각 소리, 그리고 공의 충격음이 포함됩니다. / 이 문제에 대해 살펴보시고 소음으로 인한 방해를 해소하기 위한 적절한 조치를 취해주시기를 정중히 요청합니다. 이 문제에 대한 주의에 감사드리고, 인근에서의 평화를 되찾는 데 도움을 주신 신속한 대응에 감사하겠습니다.

> **정답** 01 ③   02 ②

출제기조 개편,
**빠른 합격**의 기회입니다.

공시 영어 교과서의 기준입니다.
# 반드시 시험에 나오는 것을 담습니다.

**공시 영어가 바뀌고 있습니다. 당신의 영어는 더욱 빠르게 바뀔 것입니다.**

'공시 영어가 변하고 있습니다' 그동안 이 머리말 공간을 채우고 있던 우리의 캐치프레이즈가 현실화되었습니다. 출제기조를 직무 능력 중심으로 개편하겠다는 인사혁신처의 발표는 앞으로의 시험 방향성에 대한 발표이지만, 그간 '조용히' 진행되었던 시험의 기조 변화와 같은 선상에 있습니다. 최근 몇 년 간 실제 언어 학습의 기본인 '읽고 이해하는' 능력을 묻는 문제 유형이 증가하고 직무 연관성을 높인 소재의 지문들이 도입되고 있었습니다.

이런 변화만큼 중요한 것은 당신의 영어입니다. 변화하고 있는 시험에 맞게 당신의 영어도 바뀌어야 합니다. 본 교재는 시험의 본질에 맞게 '지문을 정확하게 읽고 빠르게 분석할 수 있는 능력'을 높이기 위한 첫 단계를 함께 할 수 있도록 설계되었습니다. 수험영어를 준비하는 데 필수적인 내용을 단계별로 담았으며, 이러한 과정을 통해 당신의 영어는 빠르게 성장할 것입니다.

**우리의 목적은 연구가 아니라 수험입니다.**

언어학의 일부인 '영어' 과목을 공부하다 보면, 자칫 과목에 대한 '연구'로 빠져들기 쉽습니다. 2025 에듀윌 기본서는 우리가 공부하는 목적이 학문에 대한 '연구'가 아니라, '수험'임을 정확히 인지하고 구성하였습니다. 문항에 직접적으로 연결되는 필수 개념뿐만 아니라, 변별력을 평가하는 문항에 근간이 되는 심화 개념까지 정밀하고 철저하게 배치하였으며, 수험에 꼭 필요한 정보를 시험에 맞게 가공하여 '수험'이라는 본질에 충실하게 고안·설계하였습니다.

**지금 당신의 '막연함'이 '확신'이 될 수 있는 과정을 담았습니다.**

수험생들은 말합니다. "수업을 들을 때는 알겠는데 혼자 하면 모르겠어요." 수업 중에 알고 있다고 느끼는 것과 실제 적용하는 것 사이의 차이 때문에 생기는 문제입니다. 이 문제를 해결하기 위해서는 공시 영어 교과서인 에듀윌 기본서를 이용하여 먼저 개념을 잡는 과정이 필요합니다. 또한 그 개념을 이해하기 위해서는 '적용', 즉 '문제풀이' 과정이 필수입니다.

에듀윌 기본서는 그 과정을 올곧게 담고 있습니다. 이해해야 할 영역, 암기해야 할 영역, 그리고 적용해야 할 영역까지 수험생들이 적시적기에 사용할 수 있도록 구성하였고, 문제가 저절로 풀리는 경험을 할 수 있도록 체계적으로 구성하였습니다. 막연함이 아닌 확신으로 OMR 카드에 마킹하는 여러분을 그리며 설계하였습니다. 명확한 개념과 군더더기 없는 깔끔한 문제풀이로 흔들림 없는 합격을 만듭니다.

**수험생 여러분께 경의를 표합니다.**

교재를 집필하고 강의를 준비하기 위해서 수험생분들과 함께 시험장에 직접 입실합니다. 시험장이라는 공간의 긴장감을 그대로 느끼며 데이터를 수집하고 분석합니다. 그 과정을 통해서 더욱 드는 생각은 '수험생분들에 대한 경의'입니다. 시험장의 긴장감보다 더 큰 수험기간의 불확실성을 깨고 매일 성실하게 임했던 시간을 통해서 불확신을 확신으로 만들어 나간 그 노력과 의지에 대한 경의입니다. 막연한 기대를 현실로 만들어 나간 수험생에 대한 존경입니다.

이 마음을 담아 고민하고 연구하는 교재로 뵙겠습니다. 반드시 수험생에게 힘이 되는 콘텐츠를 만들겠습니다.

2024년 6월
영어 강사 성정혜

# 이 책의 구성

## 유형별 구성

### 문법

**2025 출제기조 전환 분석**
2025년부터 영어 과목의 출제기조가 어떻게 바뀌는지, 어떻게 학습하고 대처해야 하는지 빠르게 파악할 수 있도록 교재 앞쪽에 코너를 구성하였다.

**문법**
'문법'은 영문법에서 가장 기초라 할 수 있는 '품사'부터 문장의 균형인 '일치'까지 개념을 체계적으로 구성하였다. 【Visual G】를 통해 영문법에 대해 접근을 추상적인 개념이 아닌 시각화된 개념으로 접근할 수 있게 하였고, 이를 통해 명료하고 다차원적인 이해를 할 수 있을 것이다. 또한【헷갈리지 말자】를 통해 혼동되는 개념은 한눈에 정리하고 파악할 수 있도록 하였고, 관련 개념에 대한 다양한 예문과 보조단의【POINT CHECK】를 통해 학습 효과를 높일 수 있을 것이다. 이론 중에서 특히 필수로 암기할 내용은 '암기문법'으로 표시하였다.
세부적으로 개념학습 후에【개념 확인문제】를 통해 배운 개념을 바로 확인하고 복습하도록 하였고, 【개념 적용문제】를 통해 개념을 4지선다에 적용하는 연습을 할 수 있도록 하였다. 기본기를 가장 탄탄하게 잡아줄 수 있는 교과서의 역할을 할 수 있도록 구성하였으므로, 회독을 통해 자연스럽게 개념 파악과 적용까지 가능하다.

개념 > 개념 확인문제 > 개념 적용문제

### 어휘

**필수 어휘 & 숙어 PDF**
'어휘'는 최근 변화하는 공시 영어의 방향성에 맞게 꼭 필요한 필수 어휘와 숙어를 PDF로 제공하였다. 어휘 문항에 대한 대비 및 독해 등의 영역에 있어서 꼭 필요한 어휘를 선별하여 전략적으로 점수를 확보할 수 있게 구성하였다. 숙어의 경우, 함께 수록된 예문을 통해서 학습 효과를 높일 수 있도록 하였다.

# 2025 출제기조
## 전환 분석
## &
## 최신 출제경향을
## 반영한 개념

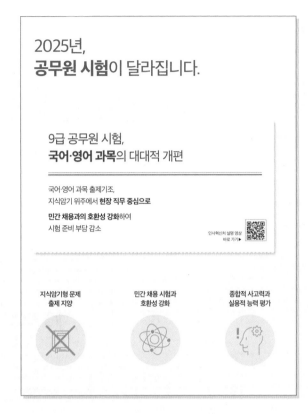

## 2025 출제기조 전환 분석

2025년부터 변경되는 출제기조 방향을 소개하고, 영어 과목의 출제기조가 세부적으로 어떻게 변경되는지, 어떻게 학습하고 대처해야 하는지 빠르게 파악할 수 있도록 교재 앞쪽에 코너를 구성하였다.

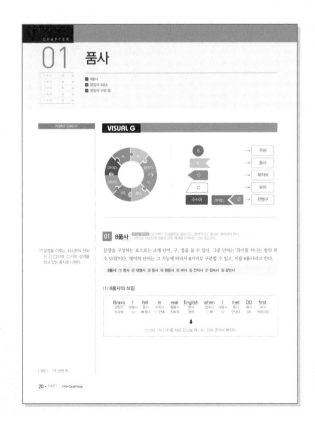

## 최신 출제경향을 반영한 개념

학습효과를 높일 수 있도록 개념을 체계적으로 배열하였고, 개념을 더 쉽게 이해할 수 있도록 【VISUAL G】를 수록하였다. 또한 다양한 예문들과 【POINT CHECK】, 【헷갈리지 말자】를 통해 개념의 기초부터 심화까지 학습할 수 있다.

▶ Daily 회독체크표: 챕터마다 회독체크와 공부한 날을 기입할 수 있다.
▶ VISUAL G: 개념을 시각화하여 표현하였다.
▶ 헷갈리지 말자: 혼동하기 쉬운 개념들을 예문과 함께 정리해 두었다.
▶ POINT CHECK: 개념의 포인트를 잡을 수 있도록 하였다.
▶ 암기문법: 꼭 암기해야 하는 내용에 표시하였다.

# 이 책의 구성

### 단계별 문제풀이

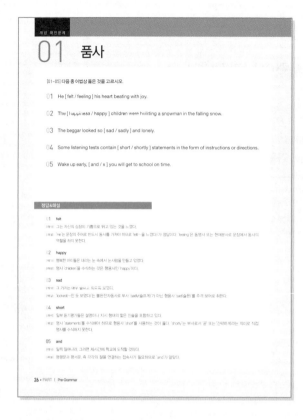

## 개념 확인문제

### 개념학습 후 2회독 효과!
챕터별 【개념 확인문제】를 통해 앞에서 학습한 개념을 바로 확인하고 복습이 가능하도록 하였다.

## 개념 적용문제

### 챕터별 문제풀이로 문제 적용력 향상!
챕터별 최신 공무원 기출문제와 실전문제를 수록하여 개념이 어떻게 출제되는지, 유형은 어떠한지 파악할 수 있도록 하였다.

## 회독플래너,
## 필수 어휘 & 숙어
## PDF

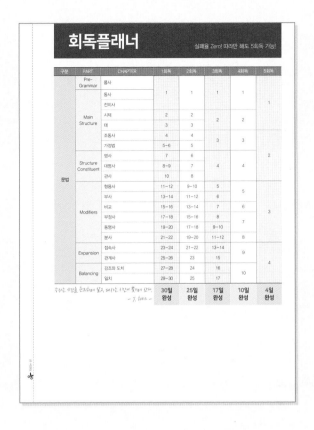

### 회독플래너

### 회독 실패율 ZERO!

실패율 없이 회독을 할 수 있도록 회독플래너를 제공한다. 앞면에는 회독의 방향성을 잡을 수 있도록 가이드라인을 제시하였고, 뒷면에는 직접 공부한 날짜를 매일 기록하여 누적된 회독 횟수를 확인할 수 있도록 하였다.

▶ [앞] 회독플래너
▶ [뒤] 직접 체크하는 회독플래너

### 필수 어휘 & 숙어 PDF

### 새로운 출제기조를 반영한 어휘 · 숙어!

2025년부터 전환되는 출제기조에 따른 필수 어휘와 숙어를 선별하여 효율적으로 암기할 수 있도록 구성하였다.

※ 다운로드 방법: 에듀윌 도서몰(book. eduwill.net) 접속 → 도서자료실 → 부가학습자료에서 다운로드 또는 좌측 QR코드를 통해 바로 접속

# 이 책의 차례

# 이 책의 차례

# Pre-Grammar

01 8품사
02 문장의 4요소
03 문장의 구와 절

---

POINT CHECK

## VISUAL G

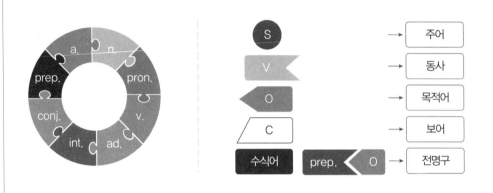

---

**01** **8품사** 교수님 한마디 ▶ 본격적인 문제풀이로 들어가도, 필연적으로 품사로 돌아와야 한다.
그러므로 깔끔하게 개념과 분류 체계를 이해하는 것이 중요하다.

01 문장을 이루는 최소한의 단위는 □□이며, □가지 성격을 띠고 있는 품사로 나뉜다.

문장을 구성하는 요소로는 크게 단어, 구, 절을 들 수 있다. 그중 단어는 '의미를 지니는 말의 최소 단위'이다. 영어의 단어는 그 기능에 따라서 8가지로 구분할 수 있고, 이를 8품사라고 한다.

> **8품사:** ① 명사 ② 대명사 ③ 동사 ④ 형용사 ⑤ 부사 ⑥ 전치사 ⑦ 접속사 ⑧ 감탄사

### (1) 8품사의 쓰임

## (2) 명사(noun) → n.

사람이나 사물의 이름을 나타내는 단어로, 문장에서 주어, 목적어, 보어로 쓰인다.

① 보통명사: mother, book, computer 등 일반적인 사물의 이름
② 집합명사: family, people, cattle, police 등 집합의 개념을 나타내는 단어
③ 고유명사: Sunday, England, Everest, Beckham 등 세상에서 유일무이한 것
④ 추상명사: art, music, love, truth 등 추상적인 단어
⑤ 물질명사: salt, water, rice, bread, juice 등 일정한 형태가 없는 물질을 표현한 단어

## (3) 대명사(pronoun) → pron.

명사를 대신해서 쓰이는 단어로, 문장에서 주어, 목적어, 보어로 쓰인다.

| 유형 | | 1인칭 | | 2인칭 | | 3인칭 | | | |
|---|---|---|---|---|---|---|---|---|---|
| | | 단수 | 복수 | 단수 | 복수 | 남성 | 여성 | 중성 | 복수 |
| 인칭<br>대명사 | 주격 | I | we | you | you | he | she | it | they |
| | 목적격 | me | us | you | you | him | her | it | them |
| | 소유격 | my | our | your | your | his | her | its | their |
| 소유대명사 | | mine | ours | yours | yours | his | hers | its<br>(드물게 사용) | theirs |
| 재귀대명사 | | myself | ourselves | yourself | yourselves | himself | herself | itself | themselves |
| 지시대명사 | | this, these, that, those, such, so, it, they, them | | | | | | | |
| 부정대명사 | | all, both, each, every, either, neither, nothing, one, none, nobody, something, someone, somebody, anything, anyone, anybody, some, any, everything, everyone, everybody | | | | | | | |
| 의문대명사 | | who, whom, which, what | | | | | | | |
| 관계대명사 | | who, whose, whom, which, what, that[유사관계대명사 as, than, but] | | | | | | | |

## (4) 동사(verb) → v.

동작 및 상태를 나타내는 단어로, 시제에 따라 변화한다. be동사와 일반동사가 주를 이루고, 이를 도와주는 조(助)동사까지 동사의 영역에 포함된다.

## (5) 형용사(adjective) → a.

pretty, beautiful, glad, sad, healthy 등 사람이나 사물의 성질 또는 특성을 나타내는 단어로, 문장에서 수식어 역할을 하는 한정적 용법과 보어의 역할을 하는 서술적 용법으로 쓰인다.

① 한정적 용법: 명사를 꾸며 그 의미를 제한
  • There is a **rotten** apple. 썩은 사과가 하나 있다.
② 서술적 용법: 보어가 되어 명사의 성질이나 상태를 서술
  • The apple is **rotten**. 그 사과는 썩었다.

## (6) 부사(adverb) → ad.

부사는 형용사, 부사, 동사 및 구, 절 또는 문장 전체를 수식하는 역할을 하며, 시간, 장소, 방법, 방향, 상태 등을 나타낸다. 이때 부사에는 yesterday, nearby, fast, sadly, just 등이 있다.

  • **Fortunately**, the **very** lazy businessperson does **not** like to go **abroad very much**.
    다행히, 매우 게으른 그 사업가는 해외에 나가는 것을 아주 많이 좋아하지는 않는다.

**(7) 전치사(preposition) → prep.**

명사(구)와 결합하여 장소, 방법, 시간, 방향, 거리 등을 나타내며 in, on, to, by, for, beside 등이 있다.

① 전치사 다음에는 반드시 명사(구)가 와야 한다. 전치사 뒤에 오는 명사(구)와 함께 「전치사＋명사(구)」를 이루며, 이를 '전명구'라 한다.
- **in** the room  방 안에
- **on** the desk  책상 위에

② 전치사 뒤에 오는 대명사는 전치시의 목적어로, 목적격만 올 수 있다.
- in front of **me**  내 앞에
- by **her**  그녀 옆에

**(8) 접속사(conjunction) → conj.**

단어, 구, 절, 문장을 서로 연결해 주는 단어나 구를 말한다.

① 등위접속사: and, but, or, so 등
② 종속접속사: that, in case, before, as, because, as soon as, while 등
  ㉠ 부사절을 이끄는 접속사: because, as, when, if, although 등
  ㉡ 명사절을 이끄는 접속사: that, whether, if 등

**(9) 감탄사(interjection) → int.**

기쁨, 슬픔, 놀람, 아픔 같은 느낌이나 감정을 느낀 그 순간을 간단하게 표현하는 말로, hurrah, bravo, oops 등이 있다.
- **Bravo! Mr. Park!**  브라보! 박 씨!

**02  문장의 4요소**  교수님 한마디 ▷ 문장의 필수 성분으로, 이것은 문장의 자릿값이라는 중요한 요소이므로 정확하게 파악하는 것이 중요하다.

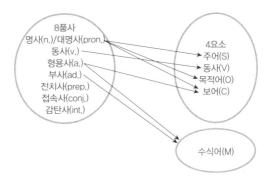

**(1) 주어(Subject) → S**

문장의 주체이며 명사에 상당하는 어구가 쓰인다. 명사, 대명사, 동명사, to부정사, 명사구, 명사절, 그리고 「the＋형용사/분사」가 쓰일 수 있다.
- **Wine** contains about 10% alcohol. (명사)  포도주에는 약 10%의 알코올이 들어 있다.
- **Seeing** is believing. (동명사)  보는 것이 믿는 것이다.

- **The earth in the picture** is blue. (명사구) 사진 속의 지구는 파랗다.
- **How to do** is more important than what to do. (명사구)
  어떻게 하느냐가 무엇을 하느냐보다 더 중요하다.
- **What I say** is true. (명사절) 내가 말하는 것은 사실이다.

## (2) 동사(Verb) → V

동사는 시제와 태(능동태, 수동태), 주어의 동작, 상태를 나타낸다.

- I **am** happy. (be동사) 나는 행복하다.
- I **did** my best. (일반동사 – 과거) 나는 최선을 다했다.
- She **is waiting** for her parents. (현재진행) 그녀는 부모님을 기다리고 있다.
- The old men **have been** to Spain. (현재완료) 그 노인들은 스페인에 가 본 적이 있다.
- You **can** do whatever you want. (조동사) 당신은 당신이 원하는 것은 무엇이든 할 수 있다.

## (3) 목적어(Object) → O

동사의 동작이 직접적으로 미치는 대상으로서, 동사의 대상에 해당하는 말이다. 명사에 상당하는 어구가 쓰인다.

- I play **basketball** after school. (명사) 나는 방과 후에 농구를 한다.
- The boy has to stop **crying**. (동명사) 그 소년은 우는 것을 그쳐야만 한다.
- She doesn't know **what to do**. (명사구) 그녀는 무엇을 해야 할지 모른다.
- We don't know **if he will come to the funeral.** (명사절) 우리는 그가 장례식에 올지 모르겠다.

① 간접목적어(I.O.): 일반적으로 사람(인칭)이 대상이며, '~에게'로 해석
- I gave **the child** a snack. 나는 그 아이에게 간식을 줬다.

② 직접목적어(D.O.): 일반적으로 사물(무생물)이 대상이며, '~을[를]'로 해석
- I gave the child **a snack**. 나는 그 아이에게 간식을 줬다.

## (4) 보어(Complement) → C

주어를 보충 설명하는 주격 보어와 목적어를 보충 설명하는 목적격 보어가 있다.

① 주격 보어(S.C.): 주어와 동격이거나 주어를 서술하는 단어, 구 또는 절
- He is **a student**. (He = a student) (주격 보어 – 명사구)
  그는 학생이다.
- I am **pretty**. (I = pretty) (주격 보어 – 형용사)
  나는 예쁘다.

② 목적격 보어(O.C.): 목적어와 동격이거나 목적어를 서술하는 단어, 구
- I think him **smart**. (him = smart) (목적격 보어 – 형용사)
  나는 그가 똑똑하다고 생각한다.
- My mother asked me **to do it**. (목적격 보어 – to부정사구)
  엄마는 나에게 그것을 해 달라고 요청했다.
- They saw me **dance**. (목적격 보어 – 원형부정사)
  그들은 내가 춤추는 것을 보았다.

### (5) 수식어(Modifier) → M

문장의 4요소인 주어, 동사(서술어), 목적어, 보어를 수식하는 역할을 하며, 문장의 주요소에는 포함되지 않는다. 수식어의 종류에는 부사, 부사구, 부사절이 있으며, 명사를 한정해 주는 한정적 역할의 형용사, 형용사구, 형용사절이 있다. 또한 이런 형용사와 부사의 역할을 하는 전명구도 존재한다.

- **All happy** families are alike; **each unhappy** family is unhappy **in its own way**.

  형용사               형용사                전명구

  모든 행복한 가족들은 같은 모습이고; 각각의 불행한 가족들은 그 나름의 방식대로 불행하다.

- His family lives **happily**. (부사)

  그의 가족은 행복하게 산다.

- His family lives **very happily**. (부사구)

  그의 가족은 매우 행복하게 산다.

- His family **in the town** lives very happily. (전명구 – 형용사 역할)

  그 마을의 그의 가족은 매우 행복하게 산다.

- His family in the town lives very happily **in peace**. (전명구 – 부사 역할)

  그 마을의 그의 가족은 평화 속에서 매우 행복하게 산다.

## 03 문장의 구와 절

> **교수님 한마디** ▶ 구와 절은 결국 끊어 읽기 단위인 만큼, 이해를 기반으로 반드시 훈련이 따라야 한다는 것을 잊지 말자.

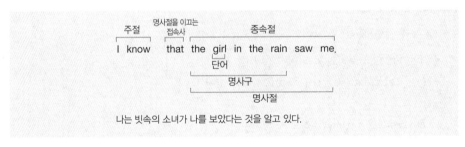

나는 빗속의 소녀가 나를 보았다는 것을 알고 있다.

### (1) 구(Phrase)

두 개 이상의 단어가 모여서 한 개의 품사 역할을 하며, 준동사(to부정사, 동명사, 분사)를 포함할 수 있다. → 「S + V」 관계 성립 불가능

---

04 두 단어 이상이 하나의 의미값을 가지는 단위로 □□+□□의 형태가 아니면 구(Phrase), □□+□□의 형태이면 절(Clause)이라 부른다.

## (2) 절(Clause)

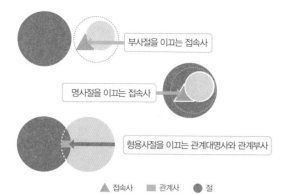

부사절을 이끄는 접속사

명사절을 이끄는 접속사

형용사절을 이끄는 관계대명사와 관계부사

▲ 접속사　■ 관계사　● 절

구와 마찬가지로 두 개 이상의 단어가 모여서 한 개의 품사 역할을 하며, 반드시 동사를 포함한다. → 「S + V」 관계 성립

① 명사 ⇨ 명사구 ⇨ 명사절 (문장에서 주어, 목적어, 보어 역할)

　㉠ 명사구가 되는 것: to부정사, 동명사구, 「의문사 + to부정사」, 「관사 + (수식어) + 명사」

　　· **To read** is **to learn**. (주어, 보어 – to부정사) 읽는 것이 배우는 것이다.

　㉡ 명사절이 되는 것: 접속사(that, whether, if 등), 의문사(who, what, which 등), 관계사(what, whoever 등)가 이끄는 절

　　· It is true **that I got up early**. (진주어절 – that절) 내가 일찍 일어났다는 것은 사실이다.

② 형용사 ⇨ 형용사구 ⇨ 형용사절 (명사를 수식하거나 보어의 역할)

　㉠ 형용사구가 되는 것: to부정사, 분사구, 「전치사 + 명사(구)」

　　· The famous player is a friend **of mine**. (명사 수식 – 전명구)

　　　그 유명한 선수는 내 친구 중 한 명이다.

　　· Your friend seems **to be rich**. (주격 보어 – to부정사구) 네 친구는 부자인 것 같다.

　㉡ 형용사절이 되는 것: 관계대명사(who, which, that 등)와 관계부사(when, where 등)가 이끄는 절

　　· The immigrant needs a house **where he will live with his family**.

　　　그 이민자는 그의 가족과 함께 살 집이 필요하다.

③ 부사 ⇨ 부사구 ⇨ 부사절

　㉠ 부사구가 되는 것: to부정사, 「전치사 + 명사(구)」

　　· There is a hat **on the table**. (전명구) 탁자 위에 모자가 있다.

　　· I fell in love **for the first time**. (전명구) 나는 처음으로 사랑에 빠졌다.

　　· I study **to succeed**. (to부정사) 나는 성공하려고 공부한다.

　㉡ 부사절이 되는 것: 접속사(when, though, because, if 등)와 복합관계사(whomever, whichever, whatever 등)가 이끄는 절

　　· **If you work harder**, you will be rich. (부사절) 당신이 더 열심히 일한다면, 부자가 될 것이다.

　　· I fell in love **when I saw you**. (부사절) 내가 너를 보았을 때 나는 사랑에 빠졌다.

　　참 I fell in love **yesterday**. (부사) 나는 어제 사랑에 빠졌다.

　　· He has our support, **whatever he chooses**. (부사절)

　　　그가 어떤 것을 선택하든, 그는 우리의 지지를 받는다.

# 01 품사

[01~05] 다음 중 어법상 옳은 것을 고르시오.

01 He [ felt / feeling ] his heart beating with joy.

02 The [ happiness / happy ] children were building a snowman in the falling snow.

03 The beggar looked so [ sad / sadly ] and lonely.

04 Some listening tests contain [ short / shortly ] statements in the form of instructions or directions.

05 Wake up early, [ and / x ] you will get to school on time.

## 정답&해설

**01  felt**

| 해석 | 그는 자신의 심장이 기쁨으로 뛰고 있는 것을 느꼈다.

| 해설 | 'He'는 문장의 주어로 반드시 동사를 가져야 하므로 'felt(~을 느꼈다)'가 정답이다. 'feeling'은 동명사 또는 현재분사로 문장에서 동사의 역할을 하지 못한다.

**02  happy**

| 해석 | 행복한 아이들은 내리는 눈 속에서 눈사람을 만들고 있었다.

| 해설 | 명사 'children'을 수식하는 것은 형용사인 'happy'이다.

**03  sad**

| 해석 | 그 거지는 매우 슬프고 외로워 보였다.

| 해설 | 'looked(~인 듯 보였다)'는 불완전자동사로 부사 'sadly(슬프게)'가 아닌 형용사 'sad(슬픈)'를 주격 보어로 취한다.

**04  short**

| 해석 | 일부 듣기평가들은 설명이나 지시 형태의 짧은 진술을 포함하고 있다.

| 해설 | 명사 'statements'를 수식해야 하므로 형용사 'short'를 사용하는 것이 옳다. 'shortly'는 부사로서 '곧' 또는 '간략하게'라는 의미로 직접 명사를 수식하지 못한다.

**05  and**

| 해석 | 일찍 일어나라, 그러면 제시간에 학교에 도착할 것이다.

| 해설 | 명령문과 평서문, 즉 각각의 절을 연결하는 접속사가 필요하므로 'and'가 알맞다.

# 01 품사

**교수님 코멘트▶** 품사는 문장의 최소 단위이다. 실제 문제에서는 이러한 품사가 여러 가지 수식어와 복잡한 문장 구조 때문에 겉으로 쉽게 드러나지는 않는다. 따라서 해당 실전문제를 통해 수식어를 뺀 다양한 품사의 쓰임을 분석할 수 있도록 관련 문제들을 수록하였다. 다소 변형적인 요소가 있는 부분은 해설의 보충 설명을 통해 이해할 수 있도록 제시하였다.

## 01

2017 지방직 9급 추가 채용

**우리말을 영어로 옳게 옮긴 것은?**

① 내가 열쇠를 잃어버리지 않았더라면 모든 것이 괜찮았을 텐데.
→ Everything would have been OK if I haven't lost my keys.

② 그 영화가 너무 지루해서 나는 삼십 분 후에 잠이 들었어.
→ The movie was so bored that I fell asleep after half an hour.

③ 내가 산책에 같이 갈 수 있는지 네게 알려줄게.
→ I will let you know if I can accompany with you on your walk.

④ 내 컴퓨터가 작동을 멈췄을 때, 나는 그것을 고치기 위해 컴퓨터 가게로 가져갔어.
→ When my computer stopped working, I took it to the computer store to get it fixed.

## 02

2017 국가직 9급 추가 채용

**우리말을 영어로 잘못 옮긴 것을 고르시오.**

① 그 클럽은 입소문을 통해서 인기를 얻었다.
→ The club became popular by word of mouth.

② 무서운 영화를 좋아한다면 이것은 꼭 봐야 할 영화이다.
→ If you like scary movies, this is a must-see movie.

③ 뒤쪽은 너무 멀어요. 중간에 앉는 걸로 타협합시다.
→ The back is too far away. Let's promise and sit in the middle.

④ 제 예산이 빠듯합니다. 제가 쓸 수 있는 돈은 15달러뿐입니다.
→ I am on a tight budget. I only have fifteen dollars to spend.

---

**01 stop의 목적어, get의 목적격 보어**

④ 동사 'stop'은 동명사만을 목적어로 취하는 동사로 「stop -ing」의 형태로 나타내며 '~하는 것을 멈추다'라는 의미이다. 단, 「stop + to부정사」의 경우는 to부정사가 목적어로 쓰인 것이 아니며 '~하기 위해서 멈추다'의 의미로 to부정사의 부사적 용법 중 '목적'으로 사용된 것이다. 해당 문장은 '내 컴퓨터가 작동을 멈췄다'는 의미이므로 동명사를 목적어로 쓴 'stopped working'은 어법상 적절하다. 또한 'get'의 목적어인 'it(= my computer)'과 목적격 보어인 'fix'는 '고쳐지게' 하는 수동 관계에 있으므로 목적격 보어로 쓰인 과거분사 'fixed'도 어법상 올바르다.

| 오답해설 | ① 주어진 우리말에서는 과거에 대한 반대의 상황을 가정하고 있으므로 「If + 주어 + had p.p. ~, 주어 + 조동사의 과거형 + have p.p. …」의 가정법 과거완료를 사용해야 한다. 따라서 if 종속절의 'haven't'는 'hadn't'로 고치는 것이 옳다.

② 감정 유발 동사는 사람 또는 사물을 수식하여 '감정을 제공'하는 경우 현재분사를 사용하고, 사람을 수식하여 '감정의 상태'를 나타내는 경우 과거분사를 사용해야 한다. 사물 주어인 '그 영화'가 지루한 감정을 제공하는 것이므로 과거분사인 'bored'는 현재분사인 'boring'으로 고쳐야 한다.

③ 타동사 'accompany'는 '~와 동행하다'의 의미로 사용될 때 전치사를 동반하지 않고 바로 목적어를 취해야 하므로 'with'를 삭제해야 한다.

**02 compromise vs. promise**

③ 'promise'는 '~을 약속하다'라는 의미의 타동사이다. 따라서 주어진 우리말대로 '타협하다'라고 표현하려면 'compromise'가 옳다.

| 오답해설 | ① 불완전자동사 'become'은 보어 자리에 형용사 'popular'를 적절하게 취하고 있다. 또한 'by word of mouth'는 '입에서 입으로, 입소문을 통해서'의 의미로 옳다.

② 'must-see'는 형용사로 '꼭 봐야 할, 볼 만한'의 의미로 옳게 사용되었다.

④ 'on a tight budget'은 '빠듯한 예산에 돈이 없는, 빈곤한'의 뜻으로 주어진 우리말과 일치한다. 'to spend'는 명사인 'fifteen dollars'를 수식하는 to부정사의 형용사적 용법이다.

| 정답 | 01 ④  02 ③

에듀윌이
너를
지지할게
ENERGY

겨울이 오면, 봄이 멀 수 있으랴!

– 퍼시 비시 셸리(Percy Bysshe Shelley), '서풍에 부치는 노래'

# PART

# II

# Main Structure

## 학습목표

| | |
|---|---|
| **CHAPTER 01**<br>동사 | ❶ 동사의 두 가지 형태, 자동사와 타동사를 이해한다.<br>❷ 각 형식에 맞는 동사를 익힌다. |
| **CHAPTER 02**<br>전치사 | ❶ 문장 내에서 전치사의 역할을 파악한다.<br>❷ 각 전치사별로 쓰임을 파악하여 짝을 이루는 동사의 특징을 확인한다. |
| **CHAPTER 03**<br>시제 | ❶ 영어의 12시제를 파악한다.<br>❷ 시간의 부사(구)와의 관계를 파악한다. |
| **CHAPTER 04**<br>태 | ❶ 수동태의 쓰임을 이해한다.<br>❷ 타동사의 형태를 분류하여 이해한다. |
| **CHAPTER 05**<br>조동사 | ❶ 조동사의 특성을 이해한다.<br>❷ 조동사의 특수 용법을 이해한 후 문맥에 따른 쓰임을 이해한다. |
| **CHAPTER 06**<br>가정법 | ❶ 시제의 개념과 다양한 가정법의 시제 표현을 이해한다.<br>❷ if 생략 가정법의 문장 어순에 주의한다. |

# 01 동사

---

**POINT CHECK**

## VISUAL G

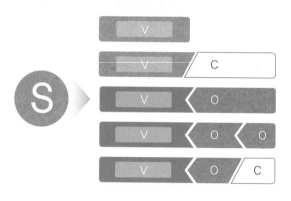

**01** 우리말의 특성은 ☐☐이며, 영어의 가장 큰 특성은 ☐☐이다.

영어의 가장 큰 특징은 문장의 어순(자릿값)이 정확하게 정해져 있다는 것이다. 그 중심에는 동사가 있다. 어떤 동사를 선택하느냐에 따라서 문장의 이후 패턴이 결정된다. 이것을 우리는 '문장의 형식'이라고 부른다. 영어 문장에서는 동사를 먼저 정확하게 파악해야 한다.

| 우리말의 문장 성분 순서를 바꾸었을 때 | 영어의 문장 성분 순서를 바꾸었을 때 |
|---|---|
| 누군가는 너를 좋아해.<br>너를 누군가는 좋아해.<br>좋아해 너를 누군가는.<br>⬇<br>순서가 바뀌어도 같은 의미이다. | Someone likes you.<br>You like someone.<br>Like you someone.<br>⬇<br>순서가 바뀌면 성분도 바뀌어 다른 의미가 된다. |
| 우리말은 조사가 있기 때문에 문장 성분 순서가 바뀌어도 의미가 같고<br>영어는 조사가 없기 때문에 문장 성분의 순서가 바뀌면 의미가 변한다. | |

**02** 영어 문장에서는 ☐☐이(가) 가장 중요하다.

| Do you **go**? | Go? | 가? |
|---|---|---|
| Yes, I **go**. | Go. | 가. |
| OK, you can **go**! | Go! | 가! |

| 정답 | **01** 조사, 어순   **02** 어순

## 01 동사의 종류

### (1) be동사(am, are, is)

be동사는 문장 속에서 '~이다', '있다'의 의미로 각각 신분, 장소, 상태 등을 나타낼 수 있다.

① 평서문: He **is** my father. 그는 나의 아버지다.

② 부정문: He **is not** your father. 그는 당신의 아버지가 아니다.

③ 의문문: **Are** you a teacher? 당신은 선생님입니까?

    대답: Yes, I **am**. / No, I **am not**. 네, 맞습니다. / 아니요, 아닙니다.

### (2) 일반동사

일반동사는 영어 동사의 99%에 해당하는 동사로, 현재형에는 동사원형과 3인칭 단수형 두 가지가 있다.

① 평서문

  • She **does** the cooking. (주어가 3인칭 단수) 그녀는 요리를 한다.

  • She and her sister **do** the cooking. (주어가 복수) 그녀와 그녀의 언니는 요리를 한다.

② 부정문

  • She **does not do** the cooking. 그녀는 요리를 하지 않는다.

  • She and her sister **do not do** the cooking. 그녀와 그녀의 언니는 요리를 하지 않는다.

  • They **did not do** the cooking. 그들은 요리를 하지 않았다.

    ※ do the cooking의 do가 본동사이며, 부정을 나타내는 표현인 do not, does not, did not에서 각각 do, does, did는 조동사의 역할을 한다.

③ 의문문

  • A: **Do** she and her sister **do** the cooking? (조동사 do를 주어 앞으로 넘긴다.)

     그녀와 그녀의 언니는 요리를 합니까?

    B: Yes, they do. (이때 대동사 do는 do the cooking을 대신한다.) 네, 합니다.

      No, they don't. (이때 대동사 do는 부정 의미의 부사 not을 더해 don't do the cooking을 대신한다.)

     아니요, 안 합니다.

  • A: **Does** she **do** her homework? 그녀는 그녀의 숙제를 합니까?

    B: Yes, she does. 네, 합니다.

      No, she doesn't. 아니요, 하지 않습니다.

### (3) 조동사

① 평서문

  • I **can** do it. 나는 그것을 할 수 있다.

② 부정문

  • I **cannot** do it. 나는 그것을 할 수 없다.

③ 의문문

  • A: **Can** you do it? 너는 그것을 할 수 있니?

    B: Yes, I can. (이때 조동사 can은 can do it을 대신한다.) 응, 난 할 수 있어.

      No, I can't. (이때 조동사 can은 부정 의미의 부사 not을 더해 can't do it을 의미한다.) 아니, 난 할 수 없어.

**03** 동사에는 □□□□, □□□□, □□□□이(가) 있다.

■ **의문문 만드는 방법**

**(1) 의문사가 없는 의문문**

① be동사 문장:
「be동사 + 주어 ~?」

② 일반동사 문장:
「Do[Does/Did] + 주어 + 동사원형 ~?」

③ 조동사 문장:
「조동사 + 주어 + 동사원형 ~?」

④ 완료형 문장:
「Have[Has/Had] + 주어 + p.p. ~?」

**(2) 의문사가 있는 의문문**

① be동사 문장:
「의문사 + be동사 + 주어 ~?」

② 일반동사 문장:
「의문사 + do[does/did] + 주어 + 동사원형 ~?」

③ 조동사 문장:
「의문사 + 조동사 + 주어 + 동사원형 ~?」

④ 완료형 문장:
「의문사 + have[has/had] + 주어 + p.p. ~?」

| 정답 | **03** be동사, 일반동사, 조동사

## 02 문장의 종류

### (1) 평서문

긍정문과 부정문으로 나뉘며 '마침표(.)'로 끝난다.

- The sun **rises** in the east. (긍정문) 해는 동쪽에서 뜬다.
- The sun **doesn't rise** in the west. (부정문) 해는 서쪽에서 뜨지 않는다.

### (2) 의문문

의문을 담아 묻는 표현으로, '물음표(?)'로 끝난다.

- A: **Was** the food delicious? 그 음식은 맛있었나요?
  B: Yes, it was. / No, it wasn't. 네, 그랬습니다. / 아니요, 그렇지 않았습니다.
- **Which is** your phone? 어느 것이 당신의 전화기입니까?

### (3) 명령문

'~해라, ~하지 말아라'라는 명령의 표현으로, 동사원형으로 시작한다.

- **Be** kind to the elderly. 노인들에게 친절하시오.

### (4) 부가의문문

평서문 끝에 추가되는 의문문으로, 긍정문에는 부정의 형태로, 부정문에는 긍정의 형태로 표현한다.

- They are Korean, **aren't they**? 그들은 한국인이에요, 그렇지 않나요?

### (5) 감탄문

'how/what' 감탄문 등으로 표현할 수 있으며 '느낌표(!)'로 끝난다.

- **How** gorgeous the actress is! 그 여배우는 얼마나 멋진지!
- **What** lovely children they are! 그들은 얼마나 사랑스러운 아이들인가!

## 03 문장의 형태

교수님 한마디 ▶ 문장의 구조는 용어보다도 그 의미가 심상으로 떠오르는 것이 중요하다. 아래 이미지를 통해서 문장의 확장 원리를 파악하자. 이후 문장을 보면 문장의 관계가 파악될 것이다.

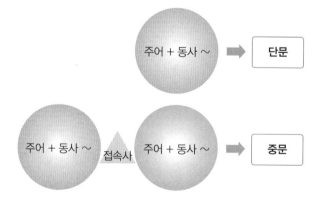

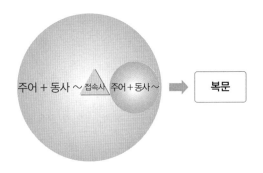

複문

**(1) 단문**

주어(S)와 동사(V)가 한 번만 나오는 문장이다.

· He has lived in L.A. 그는 L.A에서 살아 왔다.

**(2) 중문**

대등한 두 문장이 등위접속사(and, but, or, so 등)로 연결된 하나의 문장이다.

① S + V, 등위접속사 S + V.

· She has lived in New York, **and** her husband has lived in Florida.

그녀는 뉴욕에서 살아 왔고, 그녀의 남편은 플로리다에서 살아 왔다.

② S + V; 접속부사 S + V.

· She has lived in New York; **however**, her husband has lived in L.A.

그녀는 뉴욕에서 살아 왔으나, 그녀의 남편은 L.A에서 살아 왔다.

※ 세미콜론은 접속부사와 결합하여 문장에서 접속사의 역할을 대신할 수 있다.

**(3) 복문**

주절과 종속절이 종속접속사로 연결된 하나의 문장이다.

· She has lived in New York **since** she was 13 years old. 그녀는 13살 이후로 뉴욕에서 살아 왔다.

## 04 자동사

전치사 + 명사(구)

**(1) 완전자동사**

① 완전타동사로 착각하기 쉬운 완전자동사

| happen | 일어나다, 발생하다 | occur | 일어나다, 발생하다 |
| --- | --- | --- | --- |
| emerge | 나타나다, 드러나다 | apologize | 사과하다 |
| lurk | 숨어 있다, 도사리다 | flow | 흐르다 |

POINT CHECK

**05** 가장 기본적인 문장의 구조로, 둘 이상의 절이 접속되지 않고 일반적으로 하나의 주어에 하나의 □ □을(를) 갖는 형태를 단문이라고 한다.

**06** 자동사는 □□□ 없이 목적어를 가질 수 없다.

| 정답 |  **05** 동사  **06** 전치사

| wait | 기다리다 | matter | 중요하다 |
|---|---|---|---|
| interfere | 간섭하다, 개입하다 | stay | 머무르다, 남다 |
| suffice | 충분하다 | die | 죽다, 사망하다 |
| fail | 실패하다 | yawn | 하품하다 |

동사만으로 상태나 동작의 표현이 가능하며, 보어가 필요하지 않은 동사이다.

· The river **flows** into the sea. 강은 바다로 흘러간다.

· The train doesn't **stop** at the station. 그 기차는 그 역에서 멈추지 않는다.

◯ He **disappeared** at that time. 그는 그때 사라졌다.

✕ He **was disappeared** at that time.

➡ 자동사는 원칙적으로 수동태가 불가능하다.

② 자동사와 타동사로 쓸 때 각각 의미가 달라지는 동사들

| 구분 | 타동사일 때 | 자동사일 때 |
|---|---|---|
| do | ~을 하다 | 충분하다, 적절하다 |
| pay | ~을 지불하다 | 이익이 되다, 수지가 맞다, 대가를 치르다 |
| count | ~을 세다 | 중요하다(=matter) |
| tell | ~을 말하다 | 효과가 있다 |
| play | ~을 하다 | 연기하다, 상연되다 |
| work | ~을 하다 | 효과가 있다, 작동하다, 작용하다 |
| contribute | ~을 기여하다, 기부하다 | 기여하다, 원인이 되다 |
| approve | ~을 승인하다, ~을 인가하다 | 찬성하다 |

③ 유도부사 구문: 「There/Here + 완전자동사 + 주어」

　㉠ 주어가 일반명사인 경우: 「There/Here + 완전자동사 + 주어(일반명사)」의 어순으로 사용

　　· **There are two cats** in the living room. 거실에 고양이 두 마리가 있다.

　　　➡ 이때 완전자동사 be의 수 일치 기준은 뒤에 오는 일반명사 cats이며 복수이므로 are가 온다.

　　· **Here comes the train!** 그 열차가 온다!

　　　➡ 이때 완전자동사 come의 수 일치 기준은 뒤에 오는 일반명사 train이며 단수이므로 comes가 온다.

　㉡ 주어가 대명사인 경우: 「There/Here + 주어(대명사) + 완전자동사」의 어순으로 사용
　　대명사인 경우, 「동사 + 주어」로 어순 변경을 하지 않는다.

　　· **There it is.** 저기 있다.

　　· **Here it comes!** 그것이 온다!

◯ There **is** so much money in my pocket. 내 주머니에 아주 많은 돈이 있다.

✕ There **are** so much money in my pocket.

➡ 「there + be동사」 구문에는 주어가 be동사 이후에 있으므로, 먼저 주어를 파악하여 단수라면 단수로, 복수라면 복수로 동사의 수를 일치시켜야 한다.

**(2) 불완전자동사** 　교수님 한마디 ▶ 불완전자동사의 종류가 다양하고, 우리말에는 해당하는 문법 항목이 없는 만큼 주의하자.

불완전자동사는 동사만으로 표현이 불완전하므로 보어를 사용한다. 보어로는 원칙적으로 형용사와 명사가 온다.

① 감각동사

'~인 것처럼 …한다'라는 의미로 불완전자동사의 2형식 대표 문형이다.

| 불완전자동사 | 주격 보어 | 불완전자동사 | 주격 보어 |
|---|---|---|---|
| look | 형용사 | sound | 형용사 |
| | like + 명사 | | like + 명사 |
| | as if/as though/like + 절 | | as if/as though/like + 절 |
| | to부정사 | smell | 형용사 |
| feel | 형용사 | | like + 명사 |
| | like + 명사 | | of + 명사 |
| | as if/as though/like + 절 | taste | 형용사 |
| | | | like + 명사 |
| | | | of + 명사 |

㉠ 감각동사 look : ～인 것처럼 보인다

- You **look** tired.  너는 피곤해 보인다.
- Japanese alphabets **look** like drawings.  일어 문자들은 그림들처럼 보인다.

  ※ 위 문장에서 「like + 명사」는 전명구로서 형용사 역할을 하며 look의 보어로 사용되었다.

- It **looks** like you have a problem.  네게 문제가 있는 것처럼 보인다.
- It **looks** to be a consequence of success.  그것은 성공의 결과로 보인다.

㉡ 감각동사 feel : ～인 것처럼 느끼다

- The client **feels** comfortable.  그 고객은 편안한 것처럼 느낀다(편안하게 느껴진다).
- It can **feel** like an annoying interruption.  그것은 귀찮은 방해로 느껴질 수 있다.
- It can **feel** as if Koreans were overstressed.

  한국인들은 지나친 스트레스를 받는 것처럼 느껴질 수 있다.

㉢ 감각동사 sound : ～인 것처럼 들리다

- That **sounds** good.  그거 좋게 들린다(좋아요).
- That **sounds** like a good idea.  그것은 좋은 생각인 것 같다.
- It **sounds** as if somebody were calling you.  누군가가 너를 부르고 있는 것처럼 들린다.

㉣ 감각동사 smell : ～인 것처럼 냄새가 나다

- It **smells** good.  그것은 좋은 향기가 난다.
- The toy **smells** like her baby.  그 장난감은 그녀의 아기와 같은 냄새가 난다.
- The room **smells** of apples.  그 방은 사과 향이 난다.

  ※ smell of는 '～한 냄새가 나다'라는 비유의 의미로 사용된다.

㉤ 감각동사 taste : ～인 것처럼 맛이 나다

- The food **tastes** so good.  그 음식은 정말 맛있다.
- It just **tastes** like a chunk of salt.  그것은 꼭 소금덩어리 같은 맛이 난다.
- This yoghurt **tastes** of strawberries.  이 요구르트는 딸기 맛이 난다.

  ※ taste of는 '～의 맛이 나다'의 의미로 쓰일 수 있다.

② become동사류

'~이 되다'라는 의미로 다양한 성향으로의 변화를 나타낸다.

| 불완전자동사 | 주격 보어 | 불완전자동사 | 주격 보어 |
|---|---|---|---|
| become/get | 형용사 | turn | 형용사 |
| | 명사 | grow | 형용사 |
| go/run/fall | 형용사 | | to부정사 |
| come | 형용사 | make | 명사 |

㉠ become, get : ~이 되다

- He **bacame[got]** happy. (He = happy) 그는 행복해졌다.
- He **became** a teacher. (He = a teacher) 그는 선생님이 되었다.

㉡ go, run, fall : (부정적인 변화) ~하게 되다

- The students **went** mad. 학생들은 미쳐 갔다.
- The dogs **ran** loose. 그 개들은 뿔뿔이 흩어졌다.
- They **fell** asleep. 그들은 잠들어 버렸다.

㉢ come : (긍정적인 변화) ~하게 되다(해결되다, 풀어지다)

- His dream will **come** true someday. (His dream = true)
  그의 꿈은 언젠가 이루어질 것이다.

㉣ turn : (색상의 변화) ~하게 변하다

- In fall, the leaves **turn** red. 가을에, 잎사귀는 붉게 변한다.

㉤ grow : (시간의 점진적 변화) ~하게 되다

- As time goes by, your parents **grow** old. 시간이 지나면서, 당신의 부모님은 늙어간다.
- He is **growing** to like me. 그는 나를 좋아하기 시작하고 있다.

㉥ make : (명사 보어를 취하여) ~이 되다

- She **made** a wise wife. 그녀는 현명한 아내가 되었다.

③ remain동사류

'계속해서 ~한 상태를 유지하다'라는 의미를 나타낸다.

| 불완전자동사 | 주격 보어 | 불완전자동사 | 주격 보어 |
|---|---|---|---|
| remain | 명사 | keep | 형용사 |
| | 형용사 | | 분사 |
| | 분사 | | |
| stay | 형용사 | continue | 형용사 |
| | 분사 | | (to be) 형용사 |
| hold | 형용사(true/good/valid) | | |

㉠ 「remain/keep/stay + 형용사/분사」: ~한 상태를 유지하다

- The priest **remained** silent. 그 사제는 침묵을 유지했다.
- John **remained** standing. John은 서 있었다.
- The firm **remains** stuck in the domestic market. 그 회사는 국내 시장에 갇혀 있다.
- The clothes **keep** warm. 그 옷들은 따뜻함을 유지한다.

- It **kept** raining for a week.  일주일 내내 비가 계속 내렸다.
- He **stays** young.  그는 젊음을 유지한다.
- The students **stayed** talking.  그 학생들은 계속 이야기를 나누었다.
- You can **stay** motivated.  당신은 동기 부여된 상태를 유지할 수 있다.

  ◎ All of the audience kept **silent**.  모든 관중은 침묵했다.

  ✗ All of the audience kept **silently**.

    ➡ 불완전자동사는 부사를 보어로 가질 수 없다는 점을 기억하자.

ⓒ 「continue + (to be) 형용사」: 계속 ~하다

- This area will **continue** (to be) sunny.  이 지역은 계속 화창할 것이다.

ⓒ 「hold + 형용사(true/good/valid)」: 유효하다

- The theory **holds true** until now.  그 이론은 지금까지 유효하다.

④ seem동사류

| 불완전자동사 | 주격 보어 | 불완전자동사 | 주격 보어 | 불완전자동사 | 주격 보어 |
|---|---|---|---|---|---|
| seem | 형용사 | prove | 형용사 | appear | 형용사 |
| | 명사 | | 명사 | | 명사 |
| | like + 명사/동명사 | | to부정사 | | to부정사 |
| | as if/as though/like + 절 | turn out | 형용사 | | |
| | | | to부정사 | | |
| | to부정사 | | that + 절 | | |

㉠ seem: ~인 것 같다, ~인 것처럼 보이다

- It **seemed** very old.  그것은 매우 낡아 보였다.
- She **seems** a very young woman.  그녀는 아주 젊은 여성인 것처럼 보인다.
- It **seemed** like raining.  비가 내리는 것 같았다.
- It **seemed** as if the end of the world came.  마치 세상의 종말이 온 것 같았다.
- He **seems** to be angry.  그는 화가 나 보인다.
- The teacher **seems** to know everything.  그 선생님은 모든 것을 알고 있는 것 같다.

  ◎ Some traditions seem to be **strange**.  몇몇 전통들은 이상해 보인다.

  ✗ Some traditions seem to be **strangely**.

㉡ prove: ~임이 드러나다, 판명되다

- It **proved** true.  그것은 사실인 것으로 밝혀졌다.
- Shares in the industry **proved** a good investment.

  그 산업 부문의 주식은 좋은 투자인 것으로 판명되었다.

- The theory **proved** to be false.  그 이론은 거짓인 것으로 밝혀졌다.

※ prove는 불완전자동사 외에도 완전타동사와 불완전타동사로 사용될 수 있다.

- She constantly feels that she has to **prove** herself to others. (완전타동사)

  그녀는 다른 사람들에게 자기 자신을 입증해야 한다고 끊임없이 느낀다.

    ➡ prove는 완전타동사로 쓰여 「prove+목적어(절)」의 형태를 갖는다.

- She **proved** herself determined to succeed. (불완전타동사)

  그녀는 그녀가 기어코 성공할 작정임을 입증하였다.

    ➡ prove는 불완전타동사로 사용되어 「prove + 목적어 + 목적격 보어」의 형태를 가진다.

ⓒ turn out: ∼인 것으로 드러나다, 밝혀지다

- The theory **turns out** to be false. 그 이론은 틀린 것으로 밝혀진다.
- He **turned out** to be a German. 그는 독일인으로 밝혀졌다.
- It **turns out** that I miss you. 내가 너를 그리워한다는 것이 밝혀진다.

  ※ 「It turns out that + 절」 구문은 '∼임이 밝혀진다'의 의미로 쓰인다.

ⓔ appear: ∼인 것 같다

- He **appears** rich. 그는 부유한 것 같다.
- This **appears** a good solution. 이것은 좋은 해결책인 것 같다.
- He **appeared** to be poor. 그는 가난한 것 같았다.
- His father **appeared** to hesitate. 그의 아버지는 망설이는 듯했다.

## (3) 유사보어

1형식 문장(S + V) 뒤, 즉 완전자동사 뒤에는 원칙적으로 보어가 오지 못하나, 이때 형용사가 오면서 주어에 대한 추가적인 설명을 하는 것을 '유사보어'라 한다. 단, 유사보어가 쓰인 1형식 문장을 2형식으로 분류하기도 한다.

| 유사보어의 종류와 의미 | | | | |
|---|---|---|---|---|
| 주어 | + | live, die, go, marry, stand, sit, come, return | + | 명사 보어 |
| | | | | 주어 = 명사 보어 |
| | | | | 형용사 보어 |
| | | | | 주어의 상태 설명 |
| | | | | 현재분사 보어 |
| | | | | 주어의 능동적 동작 |
| | | | | 과거분사 보어 |
| | | | | 주어의 수동적 동작 |

- My brother lives **independent** of my parents. (My brother = independent)

  우리 형은 부모님과 독립해서 산다.

- She married very **young**. 그녀는 매우 젊어서 결혼했다.
- The soldier returned **safe**. 그 군인은 안전하게 돌아왔다.

● 유사보어의 관용 표현

| marry young | 젊어서 결혼하다 | **die a beggar** | 무일푼으로 죽다 |
|---|---|---|---|
| **return penniless** | 무일푼으로 돌아오다 | **die famous** | 유명한 상태로 죽다 |

◎ They didn't come back **safe**. (주어의 상태 = safe)

그들은 안전한 상태로 돌아오지 않았다.

◎ They didn't come back **safely**. (동사의 상태 = safely)

그들은 안전하게 돌아오지 않았다.

➡ 유사보어는 주어를 수식하기 때문에 해석상의 차이가 존재하므로 유의해야 한다.

## 05 타동사

POINT CHECK

07 타동사는 반드시 하나 이상
의 □□□을(를) 갖는다.

### (1) 완전타동사

타동사의 목적어는 다양한 명사 형태가 가능하다.

- The early bird catches **the worm**. (명사구) 일찍 일어나는 새가 벌레를 잡는다.
- She enjoyed **reading a novel**. (동명사구) 그녀는 소설을 읽는 것을 즐겼다.
- I don't know **what to do**. (명사구) 나는 무엇을 해야 할지 모르겠다.
- I believe **that he is honest**. (명사절) 나는 그가 정직하다고 믿는다.

### (2) 타동사구

「동사＋전치사[부사]」류 형태의 타동사구는 완전타동사처럼 목적어를 갖는다. 아래 다양한 유형들은 꼭 암기해야 하며, 뒤에 군동사의 수동태편에서 다시 응용되는 개념이기도 하다.

- The principal **blamed** the teacher **for** the accident.

  교장선생님은 그 사고에 대해서 그 선생님을 비난했다.

  = The principal **blamed** the accident **on** the teacher.

① 「타동사＋부사」형

| call up | ～을 상기시키다 | figure out | ～을 이해하다, 알아내다 |
|---|---|---|---|
| do over | ～을 다시 하다 | give up | ～을 포기하다 |
| fix up | ～을 고치다 | set back | ～을 저지하다, 방해하다 |
| read through | ～을 독파하다 | take back | ～을 철회하다 |
| turn in | ～을 제출하다, 돌려주다 | leave out | ～을 생략하다 |
| watch around | ～ 주위를 살펴보다 | hand down | ～을 물려주다 |
| line up | ～을 일렬로 배열하다, 준비하다 | get across | ～을 건너다, 이해시키다 |

※ line up은 「자동사＋부사」 형태로 쓰여 '줄을 서다'의 의미를 나타내기도 한다.

- The 2002 World Cup **calls up** Korean fans' passion.

  2002년 월드컵은 한국 팬들의 열정을 떠올리게 한다.

② 「자동사＋전치사」형

| depend on | ～에 의존하다 | care for | ～을 돌보다, 좋아하다 |
|---|---|---|---|
| refrain from | ～을 삼가다 | take after | ～을 닮다 |
| correspond to | ～에 상당하다, 해당하다 | complain of | ～에 대해 불평하다 |
| consist in | ～에 존재하다 | dream of | ～을 꿈꾸다 |
| pass for | ～으로 통하다 | deal with | ～을 다루다 |
| see into | ～을 조사하다 | rely on | ～에 의존하다 |
| see about | ～을 고려하다 | laugh at | ～을 비웃다 |
| amount to | ～에 달하다 | consist of | ～로 구성되다 |

| 정답 |   07 목적어

· She **takes after** her mother. 그녀는 그녀의 엄마를 닮았다.

◎ He **listened to** the radio. 그는 라디오를 들었다.

✕ He **listened** the radio.

➡ 자동사는 전치사 없이 목적어를 가질 수 없음에 주의하자.

③ 「타동사 + 명사 + 전치사」형

| take care of | ~을 돌보다, 관리하다 | take part in | ~에 참가하다, 참여하다 |
|---|---|---|---|
| get hold of | ~을 얻다, 이해하게 되다 | make way for | ~에 길을 양보하다 |
| give rise to | ~을 일으키다 | take charge of | ~을 맡다 |
| take notice of | ~을 주목하다 | take pride in | ~을 자랑하다 |
| have faith in | ~을 믿고 있다 | take advantage of | ~을 이용하다 |

· The gentleman **made way for** the ladies. 그 신사는 숙녀들에게 길을 양보했다.

④ 「자동사 + 부사 + 전치사」형

| come up to | ~에 이르다, 동등하다 | make up for | ~을 보상하다, 보충하다 |
|---|---|---|---|
| put up at | ~에 숙박하다 | put in for | ~을 신청하다, 지원하다 |
| look up to | ~을 존경하다 | make up to | ~에게 아첨하다 |

· This break time **makes up for** lost time. 이 휴식 시간은 잃어버린 시간을 보충한다.

⑤ 「타동사 + 목적어 + 전치사 + 명사」형

㉠ 「S + 공급동사 + A(대상) with B」 → A(대상)에게 B를 (공급)하다

| endow(기부하다), equip(갖추다), fill(채우다), replenish(보충하다), furnish(공급하다) | A with B |
|---|---|
| provide(제공하다), supply(공급하다) | A with B → B for/to A |
| present(주다), entrust(맡기다), credit(입금하다) | A with B → B to A |

· They **provided** the poor **with** relief.

그들은 불우한 사람들에게 구호품을 제공했다.

→ They **provided** relief **for[to]** the poor.

㉡ 「S + 비교/대조 동사 + A with B」 → A를 B와 (비교/대조)하다

| compare(비교하다), contrast(대조하다), confuse(혼동하다), replace(바꾸다), connect(연결하다), correlate(연관시키다), combine(혼합하다) | A with B |
|---|---|

· He **compared** his idea **with** her idea[hers]. 그는 자신의 생각을 그녀의 생각과 비교했다.

㉢ 「S + 제거/박탈 동사 + A(대상) + of B」 → A에게서 B를 (제거/박탈)하다

| rob(도둑질하다), deprive(빼앗다), rid(제거하다), cure(치료하다), relieve(없애주다), clear(치우다, 비우다), empty(비우다), strip(벗기다) | A of B |
|---|---|
| steal(훔치다), clear(치우다, 비우다), strip(벗기다) | B from A |

· The thief **robbed** him **of** the money. 그 도둑이 그에게서 돈을 훔쳤다.

→ He **was robbed of** the money by the thief. 그는 그 도둑에 의해 돈을 빼앗겼다.

※ 제거/박탈 동사는 수동태 문장에서 매우 중요하게 응용되는 개념임에 유의하자.

○ The thief **robbed** him **of** the money.  그 도둑이 그에게서 돈을 훔쳤다.

☒ The thief **robbed** him **from** the money.

➡ 특정 전치사를 지정하는 타동사의 경우 짝을 이루는 전치사의 종류를 반드시 먼저 파악해야 한다.

ⓔ 「S＋통고/확신 동사＋A of B」 → A에게 B를 (통고/확신)하다

| remind(상기시키다), convince(확신시키다), inform(알리다), tell(말하다), accuse(고소하다), assure(보증하다, 단언하다), warn(경고하다), notify(통지하다) | A(사람) of B(사물): 3형식<br>A(사람)＋that절: 4형식 |
|---|---|

※ 해당 동사들은 뒤따라오는 문장의 구조에 따라 동사의 쓰임이 달라진다.

· The doctor **warned** me **of** the danger of smoking.

그 의사는 흡연의 위험에 대해 내게 경고했다.

→ The doctor **warned** me **that** smoking is dangerous.

· The doctor **warned that** smoking is dangerous.

그 의사는 흡연이 위험하다는 것을 경고했다.

※ warn은 완전타동사로 that절을 목적어절로 갖기도 함에 유의하자.

○ I **informed** the members **of** the location.  나는 그 위치를 회원들에게 알렸다.

☒ I **informed** the members **for** the location.

➡ 특정 동사와 결합하는 전치사 암기에 주의하자.

## (3) 일반타동사

완전타동사는 목적어를 반드시 가져야 하며, 이때 목적어의 의미와 품사에 주의해야 한다.

### ① 완전타동사

| reach | ～에 도착하다, 이르다 | yield | ～을 생산하다 |
|---|---|---|---|
| accompany | ～와 동행하다 | emphasize | ～을 강조하다 |
| influence | ～에 영향을 주다 | oppose | ～에 반대하다 |
| enter | ～에 들어가다, 적어 넣다[기입하다] | | |

※ reach와 enter는 자동사로 쓰여 다른 의미를 나타내기도 한다.

reach to: ～에 뻗다, 퍼지다, 닿다

reach for: ～향해 (손,발을) 뻗치다. 뻗다

enter into: ～을 시작하다, (프로젝트에) 적극적으로 참여하다, (논문 작성이나 회의에) 참석하다

### ② 감정동사

08 surprise: 놀라다 ( T / F )

사람의 감정을 유발시키는 타동사이므로 항상 감정의 영향을 받는 대상(목적어)은 사람이 되어야 하며, 이후에 감정형 분사편에서 중요한 개념이 된다.

| interest | ～을 재미있게 하다 | tire | ～을 피곤하게 하다 |
|---|---|---|---|
| surprise | ～을 놀라게 하다 | amuse | ～을 즐겁게 하다 |
| satisfy | ～을 만족하게 하다 | exhaust | ～을 지치게 하다 |
| embarrass | ～을 당황하게 하다 | please | ～을 기쁘게 하다 |
| confuse | ～을 혼란스럽게 하다 | bore | ～을 따분하게 하다 |
| excite | ～을 흥분하게 하다 | thrill | ～을 오싹하게 하다 |
| amaze | ～을 놀라게 하다 | disappoint | ～을 실망시키다 |

· His present **pleased** me. 그의 선물은 나를 기쁘게 했다.

→ I was **pleased** with his present. (I = pleased) 나는 그의 선물에 기뻤다.

('나'의 상태에 대한 설명을 과거분사 pleased(기쁜)로 해 주고 있다.)

· His present was **pleasing**. (His present = pleasing) 그의 선물은 만족스러웠다.

('그의 선물'이 주는 감정에 대해서 현재분사 pleasing(기쁘게 하는)으로 서술하고 있다.)

09 Will you marry with me?
( T / F )

③ 「자동사로 착각하기 쉬운 타동사 + 오답 유도 전치사」

타동사는 반드시 전치사 없이 목적어를 갖는다. 아래 출제가 유력한 타동사들은 반드시 암기가 필요하다.

| enter (into) | ~에 들어가다 | attend (in) | ~에 참석하다 |
|---|---|---|---|
| reach (at/in/to) | ~에 도착하다 | approach (to) | ~에 접근하다 |
| marry (with) | ~와 결혼하다 | mention (about) | ~에 관하여 언급하다 |
| discuss (about) | ~에 관하여 토론하다 | follow (behind) | ~의 뒤를 따르다 |
| obey (to) | ~에 복종하다, 따르다 | greet (to) | ~에게 인사하다 |
| resemble (with/like) | ~을 닮다 | influence (on) | ~에 영향을 주다 |
| accompany (with) | ~와 동행하다 | oppose (to) | ~에 반대하다 |
| equal (to) | ~와 같다 | access (to) | ~에 접근하다 |
| emphasize (on) | ~을 강조하다 | contact (to) | ~와 접촉하다, 연락하다 |
| nerve (for) | ~에 용기를 북돋우다 | mention (about) | ~에 대해 언급하다 |

※ attend의 경우 '~에 참석하다'의 의미로는 타동사이지만, 다른 의미의 자동사로 쓰이기도 한다. attend on은 '~의 시중을 들다' (결과로서) 수반하다'의 의미이고, attend to는 '~을 처리하다'나 '~을 돌보다'의 의미로 쓰인다.

※ follow는 '뒤따르다, 잇따르다'의 의미일 경우 자동사로도 사용될 수 있다.

· Would you **marry** me? 나랑 결혼할래요?

· She **approaches** me. 그녀가 나에게 다가온다.

· She **resembles** her father. 그녀는 그녀의 아버지를 닮았다.

· We **discussed** the matter. 우리는 그 문제에 관해 토론했다.

④ 타동사로 착각하기 쉬운 자동사

자동사는 반드시 전치사를 동반한 상태에서 목적어를 가질 수 있음에 유의하자.

| account for | ~을 설명하다, (비율 등을) 차지하다 | reply to | ~에 응답하다 |
|---|---|---|---|
| operate on | ~을 수술하다, ~에 작용하다 | wait for | ~을 기다리다 (= await) |
| apologize to | ~에게 사과하다 | add to | ~에 더하다 |
| sympathize with | ~을 동정하다 | start from | ~에서 출발하다 |
| arrive at | ~에 도착하다 | look for | ~을 찾다 |
| interfere with | ~을 방해하다 | object to | ~에 반대하다 |
| go into | ~에 들어가다 | listen to | ~의 말을 듣다 |
| graduate from | ~을 졸업하다 | confess to | ~을 고백하다, 자백하다 |
| depend on | ~에 의존하다 | respond to | ~에 대답[응답]하다 |

⑤ 4형식 수여동사로 착각하기 쉬운 3형식 동사

수여동사로 착각하기 쉬운 3형식 동사는 타동사로서 반드시 목적어를 갖지만 수여동사처럼 '누구'와 '무엇'에 해당되는 간접목적어와 직접목적어를 동시에 사용할 수 없음에 유의하자.

| propose | ~을 제안하다 | allege | ~을 진술하다 |
| admit | ~을 인정하다 | explain | ~을 설명하다 |
| confess | ~을 고백하다 | describe | ~을 묘사하다 |
| announce | ~을 알리다 | suggest | ~을 제안하다 |
| say | ~을 말하다 | introduce | ~을 소개하다 |

※ confess는 자동사와 타동사 모두 사용 가능하니 주의하자.

- To save money, he suggested me a new idea. (×)
  → To save money, he **suggested** a new idea **to me**.
  돈을 절약하기 위해, 그는 새로운 아이디어를 나에게 제안했다.

- He explained me the matter. (×)
  → He **explained** the matter **to me**. 그는 그 문제를 나에게 설명했다.
  → **To me**, he **explained** the matter. 나에게, 그는 그 문제를 설명했다.

(4) **수여동사**: '~에게 …을 제공하다'라는 의미로, 목적어가 2개이다.

- I gave **my dog some meat**. → I gave some meat to my dog.
  나는 나의 개에게 약간의 고기를 주었다.

- I bought **him a watch**. → I bought a watch for him.
  나는 그에게 시계를 사 주었다.

- He asked **me a question**. → He asked a question of me.
  그는 나에게 질문을 하였다.

① 수여동사의 간접목적어와 직접목적어 위치 변환

수여동사의 간접목적어와 직접목적어의 위치는 바뀔 수 있으며 이때는 특정 전치사가 필요하다. 다음은 간접목적어와 직접목적어의 위치 변경 시 사용되는 전치사의 종류(4형식 수여동사 → 3형식 완전타동사 전환)이다.

| | give somebody something → give something **to** somebody | | |
| --- | --- | --- | --- |
| give류 동사 | give | tell | show |
| | sell | offer | send |
| | write | read | teach |
| | buy somebody something → buy something **for** somebody | | |
| buy류 동사 | buy | build | leave |
| | make | cook | find |
| | | | choose |
| | ask somebody something → ask something **of** somebody | | |
| ask 동사 | ask | | |

※ 직접목적어가 대명사인 경우: 직접목적어가 it, them과 같은 대명사인 경우에는 4형식 형태로 쓸 수 없고, 「주어＋동사＋직접목적어＋to/for/of＋간접목적어」의 3형식 문장으로만 쓴다.

◎ She **gave** it **to me**. 그녀는 그것을 나에게 주었다.

✕ She **gave** me it.

POINT CHECK

10 explain: …에게 ~을 설명하다
( T / F )

11 수여동사는 □□□□□와
(과) □□□□□, 두 개의 목적
어를 가진다.

| 정답 |  10 F
11 간접목적어, 직접목적어

■ 절대 4형식 동사별 3형식 전치사
「동사＋사람＋전치사＋사물」 순서로
만 쓰이는 경우
−envy, pardon, forgive: for
−cost: of
−save: from
→ 절대 4형식 동사는 3형식으로의 '전
환'은 불가하지만 단독으로 완전타동
사로 쓰일 수 있다. 위의 전치사가 전
명구를 추가로 이끌 수 있다.

12 「envy＋간접목적어＋직접목
적어」→「envy＋직접목적어＋
전치사＋간접목적어」( T / F )

13 「remind＋(타동사의) 목적어＋of
＋(전치사의) 목적어」→「remind
＋간접목적어＋□ □ □ □＋
주어＋동사」

② 3형식으로 전환이 불가능한 수여동사

다음은 4형식 동사이지만 3형식으로 '전환'이 불가능한 동사로서, 타동사 뒤에 오는 2개의
목적어가 모두 직접목적어로 간주되기 때문에 문형 전환을 할 수 없는 경우이다.

| envy | …에게 ~을 부러워하다 | take | …에게 (시간 등)을 걸리게 하다 |
| cost | …에게 비용을 들게 하다 | forgive | …에게 ~을 용서해 주다 |
| answer | …에게 ~에 대한 답을 하다 | pardon | …에게 ~을 용서해 주다 |
| save | …에게 ~을 줄여 주다 | | |

· I **envy** you your great promotion. (4형식)

　나는 당신의 대단한 승진이 부럽다.

　→ I **envy** you **for** your great promotion. (3형식)

　→ I **envy** your great promotion. (3형식)

　→ I **envy** your great promotion for you. (×)

　　※ 수여동사 envy의 간접목적어(일반적으로 대상이 되는 사람)는 절대 직접목적어 뒤에 위치할 수 없다는
　　　점에 유의하자.

　◎ This new machine will **save** people a lot of time.

　　이 새로운 기계가 사람들에게 많은 시간을 줄여 줄 것이다.

　✕ This new machine will **save** a lot of time for people.

　◎ The trip **took** the young students half of the day.

　　그 여행은 어린 학생들에게 한나절이 걸렸다.

　✕ The trip **took** half of the day for the young students.

③ 직접목적어로 절(that절)이 올 수 있는 동사

통고/확신 동사류에 해당되며, 전명구를 가질 때는 3형식으로 쓰이고, 절을 가질 때는 4형
식 수여동사로 쓰일 수 있다.

| convince | | ~에게 …에 대해 / ~가 …라고 확신시키다 |
| remind | | ~에게 …에 대해 / ~가 …라고 상기시키다 |
| inform, advise | 3형식: 목적어 + of + 명사(구) | ~에게 …에 대해 / ~가 …라고 알리다 |
| assure | 4형식: 목적어 + that + 주어 + 동사 | ~에게 …에 대해 / ~가 …라고 장담하다 |
| warn | | ~에게 …에 대해 / ~가 …라고 경고하다 |
| notify | | ~에게 …에 대해 / ~가 …라고 통지하다 |
| tell | | ~에게 …에 대해 / ~가 …라고 말하다 |

· The teacher **reminded** his students **that** light travels at the high speed.

　선생님은 학생들에게 빛이 빠른 속도로 이동한다는 것을 상기시켰다.

· We **advised** them **that** they should start earlier than usual.

　우리는 그들에게 평소보다 일찍 출발해야 한다고 충고했다.

· He **warned** me **that** it was dangerous. (4형식) 그는 나에게 그것이 위험하다고 경고했다.

· He **warned** me **of** the danger. (3형식) 그는 나에게 위험을 경고했다.

· He **warned** me not **to go** there alone. (5형식) 그는 나에게 혼자 거기에 가지 말라고 경고했다.

※ warn, tell은 간접목적어 그리고 직접목적어로 that절을 갖는 경우 4형식 수여동사로 사용될 수 있다. 또한 5
　형식 불완전타동사로서 목적격 보어로 to부정사를 취하기도 하므로 문장 구조에 유의해야 하는 동사이다.

(5) **주의해야 할 자동사와 타동사** ┌교수님 한마디▶ 이중에서 lay 동사가 가장 중요하며 문맥상 자/타동사로의 사용
└여부와 시제를 동시에 고려해야 한다는 점에 유의하자.

① lie – lied – lied: (자동사) 거짓말하다

lie – lay – lain: (자동사) 눕다, 놓여 있다

lay – laid – laid: (타동사) ～을 놓다, 알을 낳다

· She **lied** about her age. 그녀는 자기 나이에 대해 거짓말을 했다.

· She **lay** down on the grass. 그녀는 잔디에 누웠다.

· She **laid** the baby down on the bed. 그녀는 아기를 침대에 내려놓았다.

② sit – sat – sat: (자동사) 앉다

seat – seated – seated: (타동사) 앉히다

· She **sat** down on a chair. 그녀는 의자에 앉았다.

· She **seated** herself on a chair. 그녀는 의자에 앉았다. (그녀 자신을 의자에 앉혔다.)

③ rise – rose – risen: (자동사) 일어나다, 물가가 오르다

raise – raised – raised: (타동사) ～을 올리다, ～을 재배하다, ～을 제기하다, (자금을) 모으다

· She **rose** from the floor. 그녀는 바닥에서 일어났다.

· We **raised** her to her feet. 우리는 그녀를 일으켜 세웠다.

> **헷갈리지 말자**    rise vs. raise
>
>
> · I **rise** at eight every morning.
>   나는 매일 아침 여덟 시에 일어난다.
>
>
> · Please **raise** your hand.
>   손을 드십시오.
>
> · His company **raised** funds for the poor family.
>   그의 회사는 그 불쌍한 가족을 위한 기금을 모았다.
>
> · The farmers there **raise** crops and cattle.
>   그곳의 농부들은 농작물과 가축을 기른다.
>
> ➡ 혼동하기 쉬운 자동사와 타동사의 경우, 자동사가 '스스로 행위를 하다'로 쓰인다면, 타동사는 '～을
> 하다'라는 의미로 쓰인다. 여기서는 rise는 자동사로 '일어나다'의 의미인 반면 raise는 '～을 올리다'의
> 의미이다. 단, 타동사 raise는 여러 가지 의미로 사용되는 만큼 해석에 유의해야 한다.

④ find – found – found: (타동사) ～을 찾다

found – founded – founded: (타동사) ～을 설립하다

· She **finds** a new nation. 그녀는 새로운 국가를 찾는다.

· She **founds** a new nation. 그녀는 새로운 국가를 세운다.

※ find와 found는 둘 다 타동사이므로 문장의 구조가 아니라 해석에 유의해야 한다.

⑤ fall – fell – fallen: (자동사) 떨어지다, 넘어지다

fell – felled – felled: (타동사) ～을 넘어뜨리다

· The price of oil **falls** sharply. 석유값이 급격히 떨어진다.

· The lumberjack **fells** the tree near the river. 그 벌목꾼은 강 근처에 있는 그 나무를 넘어뜨린다.

  → The tree near the river **is felled** by the lumberjack.

    강 근처에 있는 그 나무는 그 벌목꾼에 의해 넘어진다.

POINT CHECK

**14** lay는 자동사이면서 또한 □□
□ 이다.

| 정답 | **14** 타동사

### (6) 쓰임에 주의할 동사들

① '말하다'류의 동사들

| | |
|---|---|
| **say** | say + 목적어: 말하다 |
| | say + that + 주어 + 동사: (주어 + 동사)라고 말하다 |
| **tell** | tell: 효과가 있다(드물게 사용), 말하다 |
| | tell on: ~에 대해 고자질하다 |
| | tell of: ~에 대해서 말하다 |
| | tell + A + about + B: A에게 B에 대해 말하다 |
| | tell + A + from + B: A를 B로부터 구별하다 (= know + 목적어 + apart) |
| | tell + 목적어 + that + 주어 + 동사: …에게 ~라고 말하다 |
| | tell + 목적어 + to부정사: …에게 ~하라고 말하다 |
| **talk** | talk about: ~에 대해서 이야기하다 |
| | talk with: ~와 이야기하다 |
| | talk A into B: A를 설득해서 B하게 하다 |
| | talk A out of B: A를 설득해서 B를 못하게 하다 |
| **speak** | speak + 언어: 언어를 말하다 |
| | speak to + 대상: ~에게 말하다 |

㉠ say: 일반적으로 3형식 동사로서 목적어는 반드시 대화의 내용에 해당된다. 「say + 명사구/that절」로 쓰인다.

· My watch **says** nine o'clock. 내 시계는 9시를 가리킨다.

· He **said that** the flight was delayed. 그는 비행기가 지연되었다고 말했다.

㉡ tell: tell은 다양한 형태로 사용이 가능하나 가장 두드러지는 특징은 3형식 say 동사와 달리 4형식 수여동사로도 사용이 가능하다는 것이다. 또한 직접목적어로 절을 가질 수 있다는 점에 유의하자.

· He **told** a good joke. (말하다) 그는 재치 있는 농담을 했다.

· Money is bound to **tell**. (효과가 있다) 돈이면 다 된다.

· Don't **tell on** your friend. (고자질하다) 친구에 대해 고자질하지 마라.

· He **told of** his experience. (말하다) 그는 그의 경험에 대해서 이야기했다.

· I **told** you **about** the dancer yesterday. (말하다) 나는 어제 너에게 그 댄서에 대해서 말했다.

· I can't **tell** them **apart**. (구분하다) 나는 그것들을 구분할 수 없다.

· He **told** me **that** it was boring. (말하다) 그는 그것이 지루하다고 나에게 말했다.

· He **told** me **to do** it. (말하다) 그는 나에게 그것을 하라고 말했다.

㉢ talk: 완전자동사와 완전타동사로서 사용할 수 있으며 따라오는 전치사에 따라 그 의미가 달라진다.

ⓐ talk about: ~에 대해서 이야기하다

· She **talks about** her children. 그녀는 그녀의 아이들에 대해서 이야기한다.

ⓑ talk with: ~와 이야기하다

· Please **talk with** me for a while. 제발 저와 잠시만 이야기해요.

ⓒ talk A into B: A를 설득해서 B하게 하다

· I **talked** my father **into** seeing a doctor. 나는 아버지를 설득해서 병원에 가시게 했다.

ⓓ talk A out of B: A를 설득해서 B를 못하게 하다

- Can you **talk** her **out of** her foolish plan?

  그녀를 설득해서 그녀의 어리석은 계획을 실행 못하게 해 줄래요?

ⓔ speak: '언어를 말하다'일 때는 완전타동사이며, '말하다'라는 의미의 완전자동사로도 쓴다.

- He can **speak** English. He will **speak to** everyone about it.

  그는 영어를 말할 수 있다. 그가 그것에 대해 모두에게 이야기할 것이다.

- It is respectful not to **speak** at the dinner table until you are **spoken to**.

  저녁 식사 자리에서 다른 사람이 너에게 말을 걸 때까지 이야기를 하지 않는 것이 공손한 것이다.

② '영향을 미치다' 류의 동사들

㉠ affect: ~에 영향을 미치다

- Whatever **affects** one directly, **affects** all indirectly.

  한 사람에게 직접적으로 영향을 주는 것은 무엇이든, 모든 사람에게 간접적으로 영향을 미친다.

㉡ effect: (변화·결과 등을) 초래하다(= cause)

- The mistake **effected** the terrible accident.  그 실수는 그 끔찍한 사고를 초래했다.

  = The mistake **caused** the terrible accident.

㉢ influence: ~에 영향을 미치다

- Money **influences** man.  돈은 인간에게 영향을 미친다.

  참 She has a good **influence** on him.  그녀는 그에게 좋은 영향을 미친다.

  ◎ Does television **affect** children's behavior?

  텔레비전이 아이들의 행동에 영향을 미치는가?

  ✕ Does television **effect** children's behavior?  텔레비전이 아이들의 행동을 초래하는가?

  ➡ affect는 '영향을 주다', effect는 '초래하다'라는 의미로 쓰인다. effect는 '영향을 주다'라는 의미로는 사용할 수 없음에 유의한다.

③ hang 동사의 쓰임

㉠ hang – hung – hung: 걸다

  참 hang up: 전화를 끊다

- She **hangs up** on me.  그녀는 일방적으로 내 전화를 끊는다.

㉡ hang – hanged – hanged: 교수형에 처하다, 목을 매달다

- The accused **hanged** himself last night.  그 피고인은 어젯밤에 목을 매어 자살했다.

④ arise/arouse 동사의 쓰임

㉠ arise – arose – arisen: 발생하다, 나타나다, (바람이) 일다

- A wind was **arising**.  바람이 일고 있었다.

㉡ arouse – aroused – aroused: 깨우다, ~을 불러일으키다, 각성시키다

- He **aroused** me from my deep sleep.  그는 나를 깊은 잠에서 깨웠다.

⑤ want/hope 동사의 쓰임

| want + to부정사 (○) | want + 목적어 + to부정사 (○) | want + that + 주어 + 동사 (×) |
| --- | --- | --- |
| hope + to부정사 (○) | hope + 목적어 + to부정사 (×) | hope + that + 주어 + 동사 (○) |

- I **want to meet** you.  나는 너를 만나고 싶다.

- They **wanted her to be** here.  그들은 그녀가 여기에 있길 원했다.

· I **hope to see** you again.  나는 당신을 다시 만나기를 바랍니다.

🔾 I **hope** that they will **visit** the city hall.  나는 그들이 시청을 방문하기를 바란다.

✕ I **hope** them **to visit** the city hall.

➡ hope는 5형식 문장에 쓰일 수 없다. 공시에서 특히 자주 출제되는 부분이니 꼭 챙겨두자.

15 불완전타동사가 쓰인 문장은 「주어＋동사＋목적어＋□□ □ □□」의 어순이다.

## (7) 불완전타동사

| 주어 | 동사 | 목적어 | 목적격 보어 | |
|---|---|---|---|---|
| | | | 명사 | 신분/이름 |
| | | | to 동사원형 | 능동(~하고 있는) |
| | | | 동사원형 | 능동(~하고 있는) |
| | | | 형용사(구) | 성질, 상태 |
| | | | 현재분사 | 능동(~하고 있는, ~하고 있도록) |
| | | | 과거분사 | 수동(~ 당한) |

🔾 I observed him **sing** in the room.  나는 그가 방에서 노래하는 것을 목격했다.

✕ I observed him **sung** in the room.

➡ him과 sing은 수동의 관계가 아니므로 과거분사 형태인 sung을 쓴 것은 틀린 문장이다.

· I think him a great musician. (him: 목적어/a great musician: 목적격 보어)

나는 그가 아주 훌륭한 음악가라고 생각한다.

· I want you to do the work. (you: 목적어/to do the work: 목적격 보어)

나는 당신이 그 일을 하기를 원한다.

· They painted the house white. (the house: 목적어/white: 목적격 보어)

그들은 그 집을 흰색으로 칠했다.

· Somebody left the water running. (the water: 목적어/running: 목적격 보어)

누군가 물을 틀어 놓은 채로 두었다.

· You must leave your room locked. (your room: 목적어/locked: 목적격 보어)

너는 너의 방을 잠가 두어야 한다. [교수님 한마디] 지각동사는 목적어와 목적격 보어의 관계가 문맥상 능동인지 수동인지의 여부를 반드시 확인하여 목적격 보어의 형태를 결정해야 한다.

① 지각동사: 「S＋지각동사＋O＋원형부정사/현재분사/과거분사」 형태로 쓰이며, 외부의 상황에 대해서 보고, 듣고, 느끼는 것을 나타내는 불완전타동사의 대표 동사이다.

> see, watch, look at, hear, listen to, feel, observe, overhear, notice, perceive

· I **saw** him **cross** the bridge. (건너간 것을 봄: 행동에 중점)

나는 그가 다리를 건너는 것을 보았다.

· I **saw** him **crossing** the bridge. (건너가고 있는 것을 봄: 상태에 중점, 행동의 진행)

나는 그가 다리를 건너고 있는 것을 보았다.

· He **heard** the bell **ring**. (목적격 보어: 원형부정사)

그는 벨이 울리는 것을 들었다.

- I **heard** my name **called**. (목적격 보어: 과거분사)

  나는 내 이름이 불리는 것을 들었다.

- He **observed** the thief **open** the lock of the door. (목적격 보어: 원형부정사)

  그는 도둑이 문의 자물쇠를 여는 것을 목격했다.

- He **observed** the thief **running**. (목적격 보어: 현재분사)

  그는 도둑이 달려가는 중인 것을 목격했다.

- She **felt** her dog **lick** her face. (목적격 보어: 원형부정사)

  그녀는 그녀의 개가 그녀의 얼굴을 핥는 것을 느꼈다.

- I **felt** something **moving** on the back. (목적격 보어: 현재분사)

  나는 등에서 무언가가 움직이고 있는 것을 느꼈다.

- I **felt** myself **lifted** up. (목적격 보어: 과거분사)

  나는 몸이 들려지는 것을 느꼈다.

- You will **perceive** the fish **rise** out of the water. (목적격 보어: 원형부정사)

  당신은 물고기가 물 밖으로 뛰어오르는 것을 보게 될 것이다.

- He **perceives** someone **approaching** in the mist. (목적격 보어: 현재분사)

  그는 안개 속에서 누군가가 다가오고 있는 것을 보았다.

② 사역동사: '～을 시키다'라는 의미로 불완전타동사의 대표 동사이다. 단, make와 have는 '누군가에게 무엇을 하도록 시킨다'는 의미를 갖는 반면에, let은 '자유롭게 할 수 있는 것을 허용한다'의 의미로 쓰인다.

| make, have, let | | | | |
|---|---|---|---|---|
| make | | | 원형부정사(능동) | ～을 …하도록 시키다 |
| have | + | 목적어 | 원형부정사(능동) | ～을 …하도록 시키다 |
| | | + | 현재분사(능동) | ～을 …하도록 시키다 |
| | | | 과거분사(수동) | ～이 …되도록[당하도록] 하다 |
| let | | | 원형부정사(능동) | ～이 …하는 것을 허락하다 |

- I'll **make** him **go** there. 나는 그를 거기에 보낼 것이다.
- She **had** the project **done**. 그녀는 그 프로젝트를 완성시켰다.
- His mother **had** him **come** early. 그의 엄마는 그가 일찍 오게 했다.
- I **have** him **fixing** my car. 나는 그에게 내 차를 수리하도록 한다.
- He **had** his wallet **stolen** on the subway. 그는 지하철에서 지갑을 도난당했다.
- He won't **let** anyone **enter** the house. 그는 아무도 그 집에 들어보내지 않을 것이다.

③ 준사역동사

| help | | | 원형부정사/to부정사 | ～이 …하는 것을 돕다 |
|---|---|---|---|---|
| get | + | 목적어 + | to부정사/현재분사 | ～이 …하도록 하다 |
| | | | 과거분사 | ～이 …을 당하다 |

- I **helped** my mother **wash** the dishes.

  나는 어머니가 설거지하시는 것을 도왔다.

· I **helped** him **to find** his things.

나는 그가 그의 물건을 찾는 것을 도왔다.

· He **got** his wallet **stolen** on the subway.

그는 지하철에서 지갑을 도난당했다.

　◎ He got me **to hand** in the papers.

　　그는 내가 서류를 제출하게 했다.

　☒ He got me **hand** in the papers.

　　➡ get은 준사역동사로, 목적격 보어로 원형부정사를 쓸 수 없다.

· I **got** him **to prepare** for our journey.

나는 그가 우리의 여행 준비를 하게 했다.

④ to부정사를 목적격 보어로 갖는 불완전 타동사

> want, ask, expect, cause, force, compel, enable, require,
> forbid, allow, permit, encourage, warn, urge, order

· The teacher **encouraged** his student **to have** a dream.

그 선생님은 그의 학생에게 꿈을 가지라고 격려했다.

● 한눈에 보는 불완전타동사 분류

| | | | |
|---|---|---|---|
| S + V + O + O.C.(명사) | elect<br>appoint<br>call | make<br>name<br>declare | consider<br>think |
| S + V + O + O.C.(형용사) | find<br>leave | keep<br>paint | feel<br>make |
| S + V + O + O.C.(to부정사) | want<br>tell<br>advise<br>order<br>expect<br>allow<br>believe | warn<br>urge<br>require<br>persuade<br>ask<br>consider<br>get | permit<br>forbid<br>force<br>encourage<br>cause<br>imagine |
| S + V + O + O.C.(원형부사) | 지각동사 | | |
| | see<br>notice | hear<br>watch | feel<br>perceive |
| | 사역동사 | | |
| | make | have | let |
| | help 동사: S + V + O + O.C.(to부정사/원형부사)<br>have, get 동사: 유리할 때 – 시키다, 불리할 때 – 당하다 | | |
| S + V + O + O.C.(as + 명사/형용사) | think of<br>(= regard, look upon)<br>see(= regard) | consider<br>treat<br>accept | describe<br>refer to<br>view |
| S + V + it(가목적어) + O.C. + to부정사(진목적어) | make<br>consider | believe<br>find | think<br>imagine |

※ 단, imagine은 5형식 불완전 타동사로 목적격 보어로 to부정사와 현재분사를 모두 취할 수 있다.

※ 지각동사/사역동사 have는 목적어에 대한 목적격 보어로, '진행'의 의미를 강조할 때는 '현재분사'를 사용한다.

## (8) 불규칙 동사

### ① 불규칙 동사의 변화 형태

#### ㉠ A − A − A형

| 현재형 | 과거형 | 과거분사형 | 의미 |
|---|---|---|---|
| burst | burst | burst | 터지다, 파열하다 |
| cast | cast | cast | 던지다 |
| cost | cost/costed | cost/costed | 비용이 들다/(~에 들어갈) 비용[원가]를 산출하다 |

#### ㉡ A − B − A형

| 현재형 | 과거형 | 과거분사형 | 의미 |
|---|---|---|---|
| become | became | become | ~이 되다 |
| come | came | come | 오다 |

#### ㉢ A − B − B형

| 현재형 | 과거형 | 과거분사형 | 의미 |
|---|---|---|---|
| stick | stuck | stuck | 찌르다 |
| strike | struck | struck | 치다 |
| swing | swung | swung | 흔들다 |

#### ㉣ A − B − C형

| 현재형 | 과거형 | 과거분사형 | 의미 |
|---|---|---|---|
| begin | began | begun | 시작하다 |
| bite | bit | bitten | 물다 |
| blow | blew | blown | 불다 |

### ② 뜻에 따라 활용이 달라지는 불규칙 동사: bear

| 현재형 | 의미 | 과거형 | 과거분사형 |
|---|---|---|---|
| bear | 참다, 지니다 | bore | borne |
| | 낳다 | bore | born |

#### ㉠ 참다, 가지고 있다, 지니다, 가지고 가다

- The music can't be **borne**.

  그 음악은 참을 수가 없다.

- The check **bore** his signature.

  그 수표에는 그의 서명이 기재되어 있었다.

#### ㉡ 낳다

- He was **born** in 2002.

  그는 2002년에 태어났다.

- He was **born** into a low-income family.

  그는 저소득 가정에서 태어났다.

③ 형태가 비슷하여 혼동하기 쉬운 불규칙 동사

| 현재형 | 과거형 | 과거분사형 | 의미 |
| --- | --- | --- | --- |
| bind | bound | bound | 묶다 |
| bound | bounded | bounded | 껑충껑충 달리다, 공이 튀다 |
| fall | fell | fallen | 떨어지다, 쓰러지다 |
| fell | felled | felled | ~을 쓰러뜨리다 |
| find | found | found | ~을 발견하다 |
| found | founded | founded | ~을 창립하다, 세우다 |
| wind | wound | wound | 구불구불하다, 감다 |
| wound | wounded | wounded | 상처를 입히다 |

㉠ fall − fell − fallen(떨어지다, 쓰러지다) vs. fell − felled − felled(~을 쓰러뜨리다)

· The vase **fell** from the table to the floor.

그 화병은 탁자에서 바닥으로 떨어졌다.

· The temperature **fell** gradually.

기온이 점점 내려갔다.

· The old man **fells** trees in the mountains.

그 노인은 산에서 나무를 벤다.

· The comedian **felled** his enemy with a single blow.

그 코미디언은 적을 일격에 쓰러뜨렸다.

㉡ wind − wound − wound(구불구불하다, 감다) vs. wound − wounded − wounded

(상처를 입히다)

· The Han River **winds** its way to the sea.

한강은 구불구불 바다로 흘러든다.

· The narrow path **wound** up the hillside.

좁은 길은 산허리를 구불구불 올라갔다.

· The gentleman **wound** up his watch.

그 신사는 시계 태엽을 감았다.

· Many children were **wounded** in Iraq.

이라크에서 많은 아이들이 부상을 당했다.

# 01 동사

[01~05] 다음 중 어법상 옳은 것을 고르시오.

01 He [ entered / entered into ] the classroom.

02 The teacher [ helps / gets ] them study hard.

03 Jane [ saw / expected ] the accident happen.

04 The girl [ lays / lies ] down on the bed.

05 The company [ rose / raised ] the price of the product.

## 정답&해설

**01 entered**

| 해석 | 그는 교실에 들어갔다.

| 해설 | 'enter(~에 들어가다)'는 자동사로 착각하기 쉬운 타동사로, 전치사 'into'와 함께 쓰지 않는다. 'enter'는 자동사인 경우에도 '들어가다' 의 의미가 있지만, 현대 영어에서는 '방에 들어가다'를 나타내는 경우 타동사 'enter'를 사용한다.

**02 helps**

| 해석 | 선생님은 그들이 열심히 공부하도록 돕는다.

| 해설 | 준사역동사 'help'의 경우 목적격 보어로 원형부정사 또는 to부정사를 사용할 수 있으나 'get'은 목적격 보어로 원형부정사를 사용할 수 없다.

**03 saw**

| 해석 | Jane은 그 사고가 일어나는 것을 보았다.

| 해설 | 'see'는 지각동사로 쓰인 경우 목적격 보어로 원형부정사를 사용할 수 있으나 'expect'는 목적격 보어로 원형부정사가 아니라 to부정사를 취한다.

**04 lies**

| 해석 | 그 소녀는 침대 위에 눕는다.

| 해설 | 해당 문장에서 'lies'는 완전자동사이며 'lie'의 3인칭 단수 현재형으로 목적어 없이 사용하지만 'lays'는 완전타동사 'lay'의 3인칭 단수 현재형으로 목적어가 반드시 있어야 한다.

**05 raised**

| 해석 | 그 회사는 그 제품의 가격을 올렸다.

| 해설 | 'raise(올리다)'는 완전타동사로 전치사 없이 목적어를 가지지만 'rise(오르다)'는 완전자동사로 전치사 없이 목적어를 가질 수 없다.

# 01 동사

**교수님 코멘트▶** 동사는 문장의 중심에 해당한다. 따라서 단문과 복문의 형태를 골고루 포함한 문제들로 선별하였다. 수험생들은 분석을 통해 제대로 된 문제 접근법과 분석법을 익히는 데 초점을 두고 문제풀이에 임해야 한다.

## 01

**밑줄 친 부분 중 어법상 옳지 않은 것은?**

> As Gandhi stepped ① <u>aboard a train</u> one day, one of his shoes slipped off and landed on the track. He was unable to retrieve it as the train was moving. To the amazement of his companions, Gandhi calmly took off his other shoe and threw it back along the track ② <u>to land</u> close to the first. Asked by a fellow passenger ③ <u>why he did so</u>, Gandhi smiled. "The poor man who finds the shoes ④ <u>lied on the track</u>," he replied, "will now have a pair he can use."

**01** lie vs. lay

④ 주어진 자리에는 'the shoes'를 수식하는 분사 형태의 준동사가 들어가야 한다. 'lied'는 'lie(거짓말하다)'의 과거형, 과거분사형으로 'the shoes'를 수식하기에는 적합하지 않다. 문맥상 신발이 '놓여지다'라는 의미이므로 'lied'는 'the shoes'를 꾸며 주는 자동사 'lie(눕다, 놓여 있다)'의 현재분사 형태인 'lying'이나 타동사 'lay(놓다)'의 과거분사 형태인 'laid'로 바꾸는 것이 옳다.

→ The poor man who finds the shoes (which are) <u>lying</u> on the track will now have a pair he can use.

→ The poor man who finds the shoes (which are) <u>laid</u> on the track will now have a pair he can use.

단, 선행사인 'the shoes'를 수식하는 「주격 관계대명사 + be동사」는 생략되어 분사가 선행사인 'the shoes'를 직접 수식한다고 볼 수 있다. 또한 find는 5형식 불완전타동사로 쓰여서 「find + 목적어 + 목적격보어」에서 목적격 보어 자리에 현재분사인 'lying' 또는 과거분사인 'laid'가 쓰였다고도 볼 수 있다.

|오답해설| ① 'step aboard'는 '~에 탑승하다'의 의미로 전치사(aboard)의 목적어로 'a train'이 올바르게 쓰였다. 'aboard'는 '(배·항공기·열차·버스 등의) 안으로[에서]'의 의미이다.

② 'to land'는 '떨어지도록 하기 위해서'라는 to부정사의 부사적 용법이다.

③ 「why(의문사) + he(주어) + did(대동사) + so(부사)」의 순서이다. 의문문이 명사절로 쓰일 때는 간접의문문의 어순을 따른다.

| 해석 | 어느 날 간디가 기차에 올라타는데, 신발 한 짝이 벗겨져 선로에 떨어졌다. 기차가 움직이고 있어서 그는 그것을 되찾아 올 수 없었다. 그의 일행이 놀라게도, 간디는 조용히 다른 쪽 신발을 벗어 첫 번째 신발 가까이에 떨어지도록 선로를 따라 던져버렸다. 왜 그렇게 했냐는 다른 승객의 질문에 간디는 미소 지었다. "저 신발이 선로 위에 떨어져 있는 것을 발견하는 불쌍한 사람이 이제 자신이 사용할 수 있는 한 켤레의 신발을 갖게 되었잖소."라고 그는 대답했다.

## 02

**우리말을 영어로 잘못 옮긴 것을 고르시오.**

① 경찰 당국은 자신의 이웃을 공격했기 때문에 그 여성을 체포하도록 했다.
→ The police authorities had the woman arrested for attacking her neighbor.

② 네가 내는 소음 때문에 내 집중력을 잃게 하지 말아라.
→ Don't let me distracted by the noise you make.

③ 가능한 한 빨리 제가 결과를 알도록 해 주세요.
→ Please let me know the result as soon as possible.

④ 그는 학생들에게 모르는 사람들에게 전화를 걸어 성금을 기부할 것을 부탁하도록 시켰다.
→ He had the students phone strangers and ask them to donate money.

**02** 사역동사의 목적격 보어

② 사역동사 'let'은 목적격 보어로 과거분사를 취할 수 없고 원형부정사를 취한다. 목적격 보어가 수동인 경우에는 「be + 과거분사」 형태로 써야 한다. 따라서 'distracted'는 'be distracted'가 되어야 옳다. 또는 과거분사를 목적격 보어로 취할 수 있는 준사역동사 'get'을 이용해 'Don't get me distracted by the noise you make.'로 고칠 수도 있다.

|오답해설| ① 사역동사 'have'의 목적어와 목적격 보어가 수동의 관계이므로 과거분사 'arrested'가 알맞게 쓰였다.

③ 사역동사 'let'은 원형부정사를 목적격 보어로 취한다. 해당 문장에서는 원형부정사 'know'가 목적격 보어로 알맞게 쓰였다.

④ 사역동사 'have'는 목적어가 행위의 주체일 때 목적격 보어로 원형부정사 또는 현재분사를 쓸 수 있다. 여기에서는 목적어가 전화를 거는 주체인 'the students' 이므로 목적격 보어로 원형부정사 'phone'이 알맞게 쓰였다. 또한 등위접속사 'and'는 동일한 문장 성분을 연결하므로 원형부정사 'phone'과 병렬 구조로 원형부정사 'ask'가 적절하게 쓰였다. 'ask'는 불완전타동사로 to부정사 'to donate'를 목적격 보어로 알맞게 취했다.

| 정답 | 01 ④ 02 ②

# 02 전치사

## VISUAL G

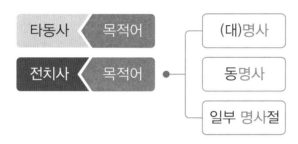

| POINT CHECK |
| --- |

---

## 01 전치사의 특징

### (1) 전치사의 역할

전치사는 단독으로 사용되지 못하며 목적어를 갖는다. 전명구는 문장에서 형용사 또는 부사의 역할을 한다.

- I write a letter **in English.** (전명구 – 형용사구의 역할) 나는 영문으로 된 편지를 쓴다.
- I write a letter **in England.** (전명구 – 부사구의 역할) 나는 영국에서 편지를 쓴다.

### (2) 전치사의 목적어 종류

① 전치사는 주로 명사 또는 대명사 목적어와 결합하여 형용사구나 부사구를 만든다.

- He received a love letter **in the box.** (형용사구) 그는 상자 안에 있는 연애편지를 받았다.
- I studied biology **in Germany for three years.** (부사구)

  나는 독일에서 3년 동안 생물학을 공부했다.

- He is staying **at the hotel.** (부사구) 그는 호텔에 머무르고 있다.
- He got angry **with his wife.** (부사구) 그는 부인에게 화가 났다.

② 명사(구), 동명사, 일부 명사절 외에도 형용사, 부사, 분사, to부정사도 목적어로 취할 수 있다.

ㄱ 형용사

- He is far **from happy.** 그는 행복과는 거리가 멀다.

01 전치사는 반드시 □□□을(를) 갖는다.

| 정답 | **01** 목적어

ⓛ 부사
- They will come **before long**. 그들은 곧 올 것이다.

ⓒ 동명사
- He came in **without greeting anybody**. 그는 누구와도 인사를 나누지 않고 들어왔다.

ⓔ 분사
- Most people take it **for granted** that they make mistakes.

대부분의 사람들은 그들이 실수를 하는 것을 당연하게 받아들인다.

ⓜ to부정사
- Nothing remains **but to win**.

이기는 것 외에는 남은 것이 없다. (이제는 이기는 것뿐이다.)

※ but은 여기서 to부정사를 목적어로 갖는 전치사로 쓰인 것이다.

ⓗ 의문사절
- They talked **about where they should go first**.

그들은 어디에 먼저 가야 할지에 대해 이야기했다.

- I have no **idea** (**about**) **what** you are saying.

나는 네가 무슨 말을 하고 있는지 모르겠다.

ⓢ 접속사절
- We know nothing about her **save that she is a school teacher**.

우리는 그녀가 학교 교사라는 것을 제외하고는 그녀에 대해 아는 것이 아무것도 없다.

- I like this shirt, **except that** it's a bit too small for me.

나는 이 셔츠가 크기가 약간 작은 것을 제외하고는, 이것을 좋아한다.

※ save, except, but은 전치사로 쓰일 때 '~임을 제외하고는'을 뜻하며, that절을 목적어로 가질 수 있다.

- We're in a dilemma **as to whether we should maintain the status quo**.

우리는 현상태를 유지해야 할지에 대해 딜레마에 빠져 있다.

🔵 There is some misunderstanding **between him and her**.

그와 그녀 사이에는 약간의 오해가 있다.

❌ There is some misunderstanding **between him and she**.

➡ 전치사의 이중 목적어의 격에 유의한다.

## 02 전치사의 다양한 활용

교수님 한마디 ▶ 전치사는 단순하게 암기하기보다는, 전치사가 가지고 있는 시각적 이미지를 구체화하여 주어진 상황 속에서 유연하게 사용해야 한다.

● 한눈에 보는 전치사

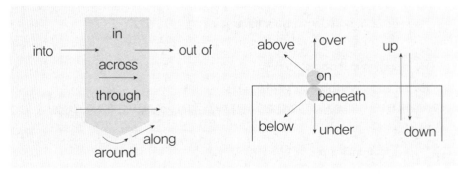

## (1) 시간을 나타내는 주요 전치사: 좁은 시점부터 넓은 시점까지 사용한다.

| at | ~에<br>(주로 시간에 사용) | at noon(정오에), at night(밤에), at the end of this year(올해 말에) |
|---|---|---|
| on | ~에<br>(주로 날짜와<br>요일에 사용) | on May 5(= on May 5th, on the 5th of May, 5월 5일에), on Sunday(일요일에),<br>on Monday(월요일에), on Sunday morning(일요일 아침에) |
| in | ~에<br>(주로 월, 년,<br>계절에 사용) | in the morning(아침에), in the afternoon(오후에), in the evening(저녁에),<br>in January(1월에), in May(5월에), in 2014(2014년에), in (the) summer(여름에) |

◎ What do you say to playing tennis **on** Monday morning?

월요일 아침에 테니스를 치는 게 어때?

✕ What do you say to playing tennis **in** Monday morning?

➡ 시간의 명사들은 위의 표와 같이 각각 다른 전치사와 함께 쓰이지만, 특정한 시점을 지칭하는 Monday morning 또는 전명구로 수식받는 경우 전치사 on을 이용해서 「on + 시간 표현」을 사용한다.

**헷갈리지 말자** | on Sunday vs. on Sundays

 • They'll go on a picnic **on Sunday**.
그들은 일요일에 피크닉을 갈 것이다.

 • They'll go on a picnic **on Sundays**.
그들은 일요일마다 피크닉을 갈 것이다.

➡ on Sunday는 '(어느 하루인) 일요일에'라는 뜻이지만 on Sundays는 '일요일마다'의 뜻으로 every Sunday의 의미이다. 주로 계속되는 습관을 나타내는 문장에서 쓰인다.

## (2) 장소를 나타내는 주요 전치사

| at | ~에, ~에서<br>(주로 좁은 장소에 사용) | at home(집에), at the bus stop(버스 정류장에), at the zoo(동물원에) |
|---|---|---|
| in | ~에, ~에서<br>(주로 넓은 장소에 사용) | in Seoul(서울에), in New York(뉴욕에), in Korea(한국에) |

## (3) 위치를 나타내는 주요 전치사

| at | ~에 | at the door(문 앞에), at the top(꼭대기에) |
|---|---|---|
| in | ~ (안)에 | in the kitchen(주방에), in a car(차 안에) |
| on | (~에 붙어서) 위에 | on the bed(침대에), on the wall(벽에) |
| beneath | ~의 바로 밑에 | beneath my feet(나의 발 밑에) |
| over | (~에서 떨어져서 바로) 위에 | over the rainbow(무지개 위에), over the bridge(다리 위에) |
| under | (~에서 떨어져서 바로)<br>아래에 | under the desk(책상 아래에), under the bridge(다리 아래에) |
| above | (~보다) 위에[위쪽에] | above the desk(책상 위에), above the peak(산꼭대기 위에) |
| below | (~보다) 아래에[아래쪽에] | below the desk(책상 아래에),<br>below the rainbow(무지개 아래에) |
| in front of | ~ 앞에 | in front of the gate(입구 앞에) |
| behind | ~ 뒤에 | behind the sofa(소파 뒤에), behind the wall(벽 뒤에) |
| by, next to,<br>beside | ~ 옆에 | by me(내 옆에), next to my office(나의 사무실 옆에),<br>beside the shop(가게 옆에) |

| near | ~ 근처에[가까이에] | near my school(우리 학교 근처에), near my house(우리 집 근처에) |
|------|------------------|--------------------------------------------------------|
| around, round | ~ 주위에 | around me(내 주위에), round the campfire(캠프파이어 주변에) |
| between | (둘) 사이에 | between my mom and dad(우리 엄마와 아빠 사이에), between the two guys(두 남자들 사이에) |
| among | (셋 이상) 사이에 | among students(학생들 사이에), among brothers(형제들 사이에) |

---

**헷갈리지 말자**　beside vs. besides

　• beside: ① ~ 옆에, ~ 가까이에
　　　　　　 ② ~에 비해

　• besides: ① 부사: 게다가, 덧붙여
　　　　　　 ② 전치사: ~이외에도,~을 제외하고(주로 부정문, 의문문)

➡ beside는 '~ 옆에'를 의미하는 전치사이다. besides는 '게다가'라는 뜻의 부사 또는 '~이외에도'라는 뜻의 전치사이다.

## (4) 방향/이동을 나타내는 주요 전치사

| up | 위쪽으로 | up the stairs(계단 위쪽으로) |
|----|---------|---------------------------|
| down | 아래쪽으로 | down the stairs(계단 아래쪽으로) |
| over | (바로) 위로 | over the mountain(산 위로) |
| under | (바로) 아래로 | under the mountain(산 아래로) |
| into | ~ 안으로 | into the room(방 안으로) |
| out of | ~ 밖으로 | out of the world(세상 밖으로)<br>out of date(구식의)<br>out of order(고장난)<br>out of the blue(갑자기)<br>out of the question(불가능한)<br>out of question(틀림없이) |
| along | ~을 따라서 | along the bank(강둑을 따라서) |
| across | ~을 건너 | across the intersection(교차로를 건너) |
| through | ~을 통해 | through the door(문을 통해) |
| to | ~에, ~로 | to the house(집으로) |
| toward, towards | ~ 쪽으로 | toward home(집을 향해) |
| against | ~에 기대어, ~에 반하여 | against the wall(벽에 기대어)<br>against the law(법에 반하여) |
| from | ~로부터, ~로 미루어 | from far and near(여기저기에서)<br>from one's viewpoint(~의 관점으로 판단하건대) |
| for | ~을 향하여, ~을 위해서, ~ 동안 | for sale(판매용의)<br>for the sake of argument(의논하기 위해서) |

for vs. during

 • He spent his vacation surfing in Hawaii **for** a month.
그는 한 달 동안 하와이에서 파도타기(서핑)를 하며 휴가를 보냈다.

 • He spent his vacation surfing in Hawaii **during** a month.

➡ 전치사 for는 '~ 동안'이라는 의미로 뒤에 보통 숫자로 된 기간이 온다. 반면, during의 경우에는 어떤 일이 발생한 특정 기간인 구간의 시간 개념이 온다. 또한 while은 접속사로 전치사의 쓰임과 구별되어야 하는데 「while + 주어 + be동사 + -ing」의 경우 주절의 주어와 같거나 불특정 다수를 지칭할 때는 「주어 + be동사」는 함께 생략이 가능하다.

• during the weekend[my absence/the summer/the night/the crisis]

## 03 구 전치사

2개 이상의 단어가 모여 하나의 전치사 역할을 하는 것을 '구 전치사'라고 한다.

02 두 개 이상의 단어가 모여 하나의 전치사 역할을 하는 것을 □□□□(이)라고 한다.

| at odds with | ~와 마찰을 빚는 | such as | ~와 같은 |
|---|---|---|---|
| in defiance of | ~에 저항하는, ~을 무시하고 | owing to | ~ 때문에 |
| in charge of | ~에 책임이 있는, ~을 맡은 | thanks to | ~ 덕분에 |
| in the face of | ~에도 불구하고 | instead of | ~ 대신에 |
| because of | ~ 때문에 | due to | ~ 때문에 |
| in spite of | ~에도 불구하고 | regardless of | ~에 상관없이 |
| on[in] behalf of | ~을 대신하여 | by way of | ~을 경유하여 |
| in accordance with | ~에 따라서, ~와 일치하여 | in comparison with | ~와 비교하여 |
| at the mercy of | ~의 처분대로 | | |

• Baseball games are often delayed **because of** rain.
야구 경기는 비 때문에 종종 연기된다.

• All classes were canceled **due to** the blackout.
모든 수업이 정전 때문에 취소되었다.

• He didn't get the job **in spite of** having all the qualifications.
그는 모든 자격 요건을 갖췄음에도 불구하고 그 일자리를 얻지 못했다.

• We accepted all the applicants **regardless of** age or gender.
우리는 나이나 성별에 상관없이 모든 지원자를 받았다.

### (1) 이유를 나타내는 구 전치사

on account of ~ = because of ~ = on the ground of ~ = owing to ~ = due to ~: ~ 때문에

• He cannot accept her invitation **on account of** his illness.
그는 그의 병 때문에 그녀의 초대를 받아들일 수 없다.

**헷갈리지 말자** 「be due to + 명사/동명사」 vs. 「be due to + 동사원형」

• Her failure **is due to** idleness.
그녀의 실패는 게으름 때문이다.

• She **is due to take** the class.
그녀는 그 수업을 들을 예정이다.

➡ 「be due to + 명사/동명사」는 '～ 때문이다'라는 의미이며, 「be due to + 동사원형」은 '～할 예정이다'라는 의미이다. 뒤에 어떤 품사가 오느냐에 따라 의미가 전혀 달라진다.

### (2) 양보를 나타내는 구 전치사

in spite of ～ = in the face of ～ = with all ～ = for all ～: ～에도 불구하고(= despite)

• The dog went out **in spite of** a storm.
그 개는 폭풍에도 불구하고 나갔다.

### (3) 수단을 나타내는 구 전치사

by means of ～ = by dint of ～ = by virtue of ～: ～의 덕택으로, ～에 의해서

• The heavy boxes were lifted **by means of** a crane.
그 무거운 상자들은 기중기에 의해 들렸다.

### (4) 목적을 나타내는 구 전치사

for the purpose of ～ = with the object of ～ = with a view to[of] ～: ～ 할 목적으로

• He entered college **for the purpose of** studying electric engineering.
그는 전기 공학을 공부하기 위해 대학에 들어갔다.

• He waited **with a view to** seeing me.
그는 나를 만나기 위해 기다렸다.

※ with a view to에서 to는 전치사이므로 뒤에 동사원형이 아니라 동명사가 온다는 것에 유의해야 한다.

### (5) 대상을 나타내는 구 전치사

for the sake of ～ = for the good of ～ = for the benefit of ～: ～을 위하여, ～의 이익을 위해

• They argue **for the sake of** winning. 그들은 이기기 위해 주장을 한다.

### (6) 조건을 나타내는 구 전치사

in case of ～ = in the event of ～: ～할 경우에는

• **In case of** fire, ring any of the alarm bells.
화재가 발생할 경우, 아무 경보 벨이나 울려 주십시오.

• We will cover you **in the event of** theft.
우리는 도난 발생 시 보상을 할 것입니다.

## 04 특정 동사와 함께 쓰이는 전치사

### (1) 방해/금지의 타동사: 「S + V + A(대상) + from + -ing」

keep, prevent, hinder, prohibit, deter, stop, disable, dissuade, discourage

· We should **prevent** them **from** making a trip.

우리는 그들이 여행을 가는 것을 금지시켜야 한다.

= We should **forbid** them **to make** a trip.

※ 불완전타동사 forbid의 경우 목적격 보어로 to부정사를 취한다. 다른 방해/금지의 타동사와 쓰임을 혼동하지 않도록 유의해야 한다.

### (2) 비난/감사/칭찬의 타동사: 「S + V + A(대상) + for + something」

blame, bless, criticize, praise, punish, reprimand, reward, scold, thank, upbraid

· He does not **blame** anyone **for** his mother's death.

그는 어머니의 죽음에 대해 아무도 탓하지 않는다.

= He does not **blame** his mother's death **on** anyone.

· Some people **criticize** us **for** going on strike.

어떤 사람들은 우리가 파업을 계속하는 것을 비난한다.

※ 기타: 「S + V + O(사람) + for + something(사물)」

excuse, exchange, forgive, mistake, name, substitute, take

03 「blame + A + □□□ + B」: A 를 B에 대해서 비난하다

### (3) 「걱정/근심에 관한 표현 + about something」

be concerned about, be worried about(= be anxious about)

· She **was** extremely **concerned about** her husband.

그녀는 그녀의 남편을 매우 걱정했다.

### (4) 구별의 타동사: 「주어 + V + A(대상) from something」

distinguish, differentiate, tell, know, mark off, discriminate

· She was not able to **differentiate** a potato **from** a sweet potato.

그녀는 감자와 고구마를 구별할 수 없었다.

### (5) 「유명/악명에 관한 표현 + for something」

be known for(= be famous for), be noted for

· She **was known for** the sculpture. 그녀는 그 조각으로 유명했다.

### (6) 결과 변화의 타동사: 「주어 + V + A(대상) into something」

convert, translate, change, develop

· He **translated** the scenario **into** Spanish. 그는 그 시나리오를 스페인어로 번역했다.

| 정답 | 03 for

# 02 전치사

[01~05] 다음 중 어법상 옳은 것을 고르시오.

01 Big companies are modifying their strategies in accordance [ with / at ] this new trend.

02 People must adjust [ at / to ] this new way of life.

03 She spent her vacation painting [ for / during ] three months.

04 The project was canceled because [ of / for ] a small mistake.

05 He must ask for forgiveness from the war victims on behalf [ of / for ] Japan.

## 정답&해설

**01 with**

| 해석 | 대기업들은 이러한 새로운 추세에 따라 그들의 전략을 수정 중이다.

| 해설 | 「in accordance with + 목적어」는 '~와 일치하여, ~에 따라서'를 뜻한다.

**02 to**

| 해석 | 사람들은 이러한 새로운 생활방식에 적응해야 한다.

| 해설 | 「adjust to + 목적어」는 '~에 맞추다, ~에 적응하다'를 뜻한다.

**03 for**

| 해석 | 그녀는 세 달 동안 그림을 그리면서 휴가를 보냈다.

| 해설 | 'for'는 불특정 기간을 나타내는 명사(구)를 목적어로 가지며 'during'은 특정 기간을 나타내는 명사(구)를 목적어로 가진다.

**04 of**

| 해석 | 그 프로젝트는 사소한 실수 때문에 취소되었다.

| 해설 | '~때문에'라는 뜻으로 이유를 나타내는 구 전치사는 'because of'이다.

**05 of**

| 해석 | 그는 일본을 대표하여 전쟁 희생자들로부터 용서를 구하여야 한다.

| 해설 | 「on behalf of + 목적어」는 '~을 대표하여'를 뜻한다.

# 02 전치사

**교수님 코멘트▶** 전치사는 수식 요소이므로 단독으로 출제되는 경우는 드물지만 동사구 표현 등으로 학습해야 하는 요소이다. 이에 최대한 전치사의 다양한 역할을 살펴볼 수 있는 문제들을 선별하였다. 관용 표현은 암기가 선행되어야 하니 이 점도 유의하자.

## 01

### 우리말을 영어로 잘못 옮긴 것은?

① 내 고양이 나이는 그의 고양이 나이의 세 배이다.
　→ My cat is three times as old as his.
② 우리는 그 일을 이번 달 말까지 끝내야 한다.
　→ We have to finish the work until the end of this month.
③ 그녀는 이틀에 한 번 머리를 감는다.
　→ She washes her hair every other day.
④ 너는 비가 올 경우에 대비하여 우산을 갖고 가는 게 낫겠다.
　→ You had better take an umbrella in case it rains.

## 02

### 어법상 옳은 것은?

① A horse should be fed according to its individual needs and the nature of its work.
② My hat was blown off by the wind while walking down a narrow street.
③ She has known primarily as a political cartoonist throughout her career.
④ Even young children like to be complimented for a job done good.

---

**01　전치사 until과 by의 쓰임**

② 전치사 'until'은 '～까지 (죽)'이라는 시간의 계속을 나타내므로 주어진 문장처럼 '기한의 완료'를 나타내는 의미로 사용되는 것은 어색하다. 따라서 '완료'의 의미를 지닌 전치사 'by(～까지)'로 고쳐야 옳다.

|오답해설| ① 배수를 나타낼 때는 「배수사＋as＋형용사/부사의 원급＋as」의 원급 비교를 활용할 수 있다. 해당 문장에서는 원급 비교인 'as old as' 앞에 배수사 'three times'가 적절히 사용되었다. 또한 문장의 주어인 'My cat'과 비교 대상인 '그의 고양이'에 해당하는 표현은 'his cat'이라는 명사 반복 표현 대신 소유대명사인 'his(그의 것 = 그의 고양이)'를 적절히 사용했다.

③ 주어진 우리말 의미처럼 습관을 나타내는 표현에 현재시제인 'washes'를 사용한 것은 적절하다. 또한 '이틀에 한 번'이라는 표현은 'every other day'로 나타낼 수 있다.

④ 「had better + 동사원형」은 '～하는 것이 낫다'라는 조동사 표현이므로, 동사원형인 'take'가 알맞게 쓰였다. 'in case (that)'는 '～에 대비해서'라는 조건 부사절을 이끄는 연결사이며 'that'은 생략할 수 있다. 시간과 조건을 나타내는 부사절에서는 현재시제가 미래시제를 대신하므로 3인칭 단수 현재형 동사인 'rains'가 적절히 사용되었다.

---

**02　「according to ＋ 명사(구)」**

① 주어인 'A horse'는 먹이를 공급받는 대상이므로 수동형인 'should be fed'가 올바르게 사용되었다. 또한 'according to'는 전치사구이므로 명사구 'its individual needs and the nature of its work'를 알맞게 이끌고 있다.

|오답해설| ② 주절과 종속절의 주어가 같은 경우 종속절의 주어를 생략하고 「접속사＋분사」 형태로 쓸 수 있으나, 해당 문장에서는 주절의 주어가 'My hat'이고 종속절의 주어는 'I'로 서로 다르기 때문에 종속절의 주어와 be동사를 생략할 수 없다. 따라서 'My hat was blown off by the wind while I was walking down a narrow street.'으로 고쳐야 알맞다.

③ 주어인 'She'는 정치 만화가로 알려져 있는 대상이므로 동사는 수동태로 써야 한다. 따라서 'She has been primarily known as ～.'가 되어야 알맞다.

④ 'done'은 과거분사이므로 부사의 수식을 받아야 한다. 'good'은 형용사이므로 부사인 'well'로 고쳐야 알맞다.

| 해석 　| ① 말은 각자의 요구와 일의 종류에 따라 먹이를 공급받아야 한다.

② 내가 좁은 길을 걷고 있을 때, 바람 때문에 모자가 날아갔다.

③ 그녀는 경력 내내 정치 만화가로 주로 알려져 왔다.

④ 어린아이들조차도 잘한 일에 대해서는 칭찬받기를 좋아한다.

| 정답 | 　**01** ②　　**02** ①

# 03 시제

POINT CHECK

## VISUAL G

| 대과거 | 과거 | 현재 | 미래 |
| had gone | went | go(es) | will go |
| | 과거진행 | 현재진행 | 미래진행 |
| | was going<br>were going | am going<br>are going<br>is going | will be going |
| | 과거완료 | 현재완료 | 미래완료 |
| had gone | had gone | have[has] gone | will have gone |
| | 과거완료진행 | 현재완료진행 | 미래완료진행 |
| | had been going | have[has] been going | will have been going |

| 동사의 12시제 | | | |
|---|---|---|---|
| 현재 | am, are, is | 현재진행 | am[are/is] –ing |
| 과거 | was, were | 과거진행 | was[were] –ing |
| 미래 | will + 동사원형 | 미래진행 | will be –ing |
| 현재완료 | have[has] p.p. | 현재완료진행 | have[has] been –ing |
| 과거완료 | had p.p. | 과거완료진행 | had been –ing |
| 미래완료 | will have p.p. | 미래완료진행 | will have been –ing |

**01** **단순 시제_현재**  교수님 한마디▶ 단순 시제의 출제 포인트는 상식적인 시제가 아닌 예외적인 규칙이므로 규칙을 먼저 이해하고 암기하자.

### (1) 현재의 습관, 직업, 성격

· He **gets** up at six every morning.  그는 매일 아침 6시에 일어난다.

· He **doesn't tell** a lie.  그는 거짓말을 하지 않는다.

## (2) 불변의 진리, 격언

- The Earth **moves** round the sun.  지구는 태양을 돈다.
- Practice **makes** perfect.  연습이 완벽을 만든다.
- ◎ The teacher taught that the Earth **moves** round the sun.

  그 선생님은 지구가 태양을 돈다고 가르쳤다.

- ✕ The teacher taught that the Earth **moved** round the sun.

  ➡ 종속절로 쓰인 경우에도 불변의 진리는 시제 일치가 필요 없는 절대시제이니 잊지 말자.

## (3) 현재의 상태

- I **have** a brother.  나는 남자 형제가 한 명 있다.
- He **lives** in England.  그는 영국에 산다.

## (4) 왕(往)·래(來)·발(發)·착(着)·시(始)·종(終) 동사 + 가까운 미래를 나타내는 부사어구

come, go, arrive, reach, leave, depart, open, close, start, begin, end

왕래발착시종 동사와 가까운 미래를 나타내는 부사어구가 함께 쓰일 때 현재시제나 현재진행
시제로 예정이 확실한 미래 또는 가까운 미래를 대신할 수 있다.

- They **leave** for L.A. tomorrow.  그들은 내일 L.A로 떠난다.
- 참 We **will leave** for London the day after tomorrow.  우리는 모레 런던으로 떠날 것이다.
- I **start** for Spain tomorrow.  나는 내일 스페인으로 출발한다.

## (5) 미래의 일을 나타낼 때

확정되고 정해진 미래는 현재시제를 쓴다. 미래를 의미하는 부사어구와 쓰여서 가까운 미래
를 나타낸다.

- Tomorrow **is** Monday.  내일은 월요일이다.
- My school **starts** next week.  우리 학교는 다음 주에 시작한다.

## (6) 인용, 생생한 표현

- Bill Gates **says** that life is not fair.  빌 게이츠는 삶은 공평하지 않다고 말한다.

## 02  단순 시제_과거

### (1) 과거의 습관적 행위, 반복적 동작, 경험, 사실

과거 시간 부사어구와 같이 쓰이는 경우 → 과거시제

- He usually **got** up at six when he was young.  그는 젊었을 때 보통 6시에 일어났다.

### (2) 과거완료시제의 대용

시간 접속사로 연결되어 시간적 전후 관계가 명백할 때 과거완료시제 대신 과거시제를 사용
할 수 있다.

- ◎ My girlfriend **left** before I got to the terminal.  내 여자친구는 내가 터미널에 도착하기 전에 떠났다.

POINT CHECK

01 불변의 진리 및 격언은 반드
시 □□ 시제로 나타낸다.

02 왕래발착시종 동사는 가까운
미래를 □□, □□□□, □□
시제로 나타낼 수 있다.

| 정답 |   01 현재
         02 현재, 현재진행, 미래

◎ My girlfriend **had left** before I got to the terminal.

### (3) 과거의 역사적 사실

· The general told us that World War II **broke** out in 1939.

장군은 우리에게 제2차 세계대전이 1939년에 발발했다고 말해 주었다.

◎ It was said that Columbus **discovered** America in 1492.

콜럼버스가 1492년에 아메리카를 발견했다고 회자되었다.

⊠ It was said that Columbus **had discovered** America in 1492.

➡ 과거의 역사적 사건은 단순 과거시제로 나타내는 것이 시제의 절대적 규칙이다.

## 03 단순 시제_미래

● will과 shall의 쓰임

| I will<br>(나는 ～하겠다) | You will<br>(너는 ～할 것이다) | He will<br>(그는 ～할 것이다) |
|---|---|---|
| I shall<br>(나는 ～하게 될 것이다) | You shall<br>((내가) 너를 ～하도록 하겠다) | He shall<br>((내가) 그를 ～하도록 하겠다) |
| Shall I ～?<br>(내가 ～할까요?) | Will you ～?<br>(～하겠어요?) | Shall he ～?<br>((내가) 그를 ～하도록 할까요?) |

### (1) 미래

· I **will** give you the money.  나는 너에게 그 돈을 줄 것이다.

· I **shall** be twenty next year.  나는 내년에 20살이 될 것이다.

· You **shall** join the club.  당신을 클럽에 참여하도록 하겠다. (ㅇ) / 당신이 클럽에 참여할 것이다. (×)

※ shall은 '～에게 …하도록 하겠다'라는 의미로 사용된다. 이때 shall은 미래에 자연히 일어나는 '단순 미래'를 나타내지만, 현대 영어에서는 구분이 중요하지 않다.

### (2) 미래를 나타내는 다양한 표현

| be going to | ～할 예정이다 | be supposed to | ～하기로 되어 있다(예정)<br>～해야만 한다(의무) |
|---|---|---|---|
| intend to | ～할 작정이다 | be + to부정사 | ～할 예정이다(be to 용법: 예정) |

· He **is going to** buy some shoes.  그는 신발을 살 예정이다.

· I **intend to** go there.  나는 그곳에 갈 작정이다.

· They **are supposed to** meet here.  그들은 여기서 만나기로 되어 있다.

· He **is to** arrive tomorrow morning. (be to 용법)  그는 내일 아침에 도착할 예정이다.

> · 시간 부사절: till, until, after, before, when, as soon as, whenever, by the time, once
> · 조건 부사절: if (only), provided that, unless, in case, on condition that, so long as(= as long as)

· We must wait **till** he **comes**.  우리는 그가 올 때까지 기다려야 한다.

· Let's start **when** it **stops** raining.  비가 그치면 출발하자.

· I will be told the reason **when** he **comes** back.  그가 돌아오면, 나는 그 이유를 듣게 될 것이다.

• Phone me **when** you **arrive**. 네가 도착하면 나에게 전화해.

※ 주절의 동사가 미래형이 아니어도 미래의 일 또는 상태를 의미한다면 종속절의 현재시제는 미래를 나타내는 것으로 보아야 한다.

◎ We will be pleased **if** he **comes** again. 그가 다시 온다면 우리는 기쁠 것이다.

※ 시간, 조건의 부사절에서 미래시제를 현재시제가 대신할 때, 종속절의 주어가 3인칭 단수일 경우 동사의 형태(-s(es))에 주의해야 한다.

✕ We will be pleased **if** he **will come** again.

➡ 시간, 조건의 부사절에서는 미래시제 대신 현재시제를 사용해야 한다.

참 I don't know **when** he **will come** back. (명사절을 이끄는 의문사 when절)
나는 그가 언제 돌아올지 모른다.

참 I don't know **if** he **will come** back. (명사절을 이끄는 접속사 if절)
나는 그가 돌아올지 모른다.

참 I don't know the time **when** he **will come** back. (형용사절을 이끄는 관계부사 when절)
나는 그가 돌아오는 시간을 모른다.

※ 시간, 조건의 부사절을 제외한 그 외 부사절, 명사절, 형용사절의 경우에는 미래시제를 그대로 사용해야 한다. 암기문법

● It will be long before 관용 표현

| 조만간 ~하게 될 것이다 | | |
|---|---|---|
| It will not be long | before | 주어 + 현재동사 ~. |
| **~하려면 아직 멀었다** | | |
| It will be long | | |

• **It will not be long before** they **meet** again. 조만간 그들은 다시 만날 것이다.

• **It will be long before** they **meet** again. 그들이 다시 만나려면 아직 멀었다.

## 04 구간 시제_현재완료

과거부터 현재까지: have[has] + 과거분사

• I **have** never **been to** America. 나는 미국에 가 본 적이 없다.

참 I **didn't go to** America last year. 나는 작년에 미국에 가지 않았다.

**(1) 현재완료** 교수님 한마디 현재완료를 완료, 계속, 경험, 결과로 나누는 기준이 학습 포인트가 아니다.
이 영역은 완료시제에 어울리는 적절한 부사구를 파악해서 현재완료를 이해하는 것이 목적이다.

과거에 시작되어 현재 끝난 상황 혹은 현재까지 상태나 동작이 계속 이어지는 상황을 나타내는 표현이며 「have[has] p.p.」로 쓴다. 현재완료시제는 완료, 계속, 경험, 결과의 유형으로 나뉜다.

| 완료 | 과거의 상태 또는 동작이 현재 종료 |
|---|---|
| 계속 | 과거부터 현재까지 계속되는 상태 또는 동작 |
| 경험 | 과거부터 현재까지의 경험 |
| 결과 | 과거의 사건이 현재의 상태에 영향을 미침 |

① 완료: '(과거부터 현재까지) ∼했다'의 의미로 현재의 시점에서 동작의 완료를 나타낸다. just, already, today, recently, not yet, by this time 등과 함께 사용된다.

- She **has just read** the book through. 그녀는 그 책을 막 다 읽었다.
- He **has already finished** his work. 그는 벌써 그의 일을 다 끝마쳤다.
- My husband **has not yet come** back home. 내 남편은 아직 집에 돌아오지 않았다.
  - ◎ My husband **came** home **just now**.
  - ✕ My husband **has come** home **just now**.
    - ➡ just now는 현재 및 과거 시제와는 사용되지만, 현재완료시제와 같이 사용되는 경우는 없다.

② 계속: 과거부터 진행되던 사건이 현재에도 계속되고 있음을 나타낸다. 「since + 과거 시점」, 「for + 기간」과 함께 사용될 수 있다.

- I **have known** them **since** I was a child. 나는 내가 어릴 때부터 그들을 알고 지냈다.
- I **have known** them **for** 10 years. 나는 10년 동안 그들을 알고 지냈다.

③ 경험: 과거부터 현재까지의 기간 중 어떤 일의 경험 유무와 빈도를 나타낸다. ever, never, once, before, seldom, sometimes, often 등을 이용해서 빈도를 나타낼 수 있다.

- **Have** you **ever seen** snow? 눈을 본 적이 있습니까?
- She **has never seen** snow. 그녀는 눈을 본 적이 없다.

④ 결과: 과거의 사건이 현재에 영향을 미치는 것을 나타낸다. 특별한 부사구는 존재하지 않지만 결과 용법으로 쓰이는 동사가 있다.

- have[has] been to(현재완료 경험 용법)와 have[has] gone to(현재완료 결과 용법)의 차이

  > - 「have[has] been to + 장소 명사」: ∼에 가 본 적이 있다, ∼에 갔다 왔다
  > - 「have[has] gone to + 장소 명사」: ∼로 가 버렸다 (주어는 3인칭만 가능)
  > - 「have[has] gone + 장소 부사」: ∼로 가 버렸다 (주어는 3인칭만 가능)

- She **has gone to** Tokyo. (결과) 그녀는 도쿄에 가 버렸다. (지금 여기 없다.)
  - 참 She **has been to** Tokyo. (경험) 그녀는 도쿄에 가 본 적이 있다.
  - ◎ She **has gone to** Miami. 그녀는 Miami에 가 버렸다.
  - ✕ I **have gone to** Miami.
    - ➡ 1인칭 주어는 have gone (to) 표현을 사용할 수 없다.

### (2) 현재완료를 쓰지 못하는 경우

현재완료시제는 명백한 과거를 나타내는 부사와 절대로 같이 쓸 수 없다. 즉, ago, then, last, past, that time, those days, yesterday, 「in + 지난 연도」와 같이 명백한 과거를 나타내는 부사들은 현재완료시제가 아니라 과거시제와 쓴다.

- They **met** me three years **ago**. 그들은 3년 전에 나를 만났다.
  - ◎ I **was** there three years **ago**. 나는 그곳에 3년 전에 있었다.
  - ✕ I **have been** there three years **ago**.
    - ➡ ago와 같이 명백한 과거를 나타내는 부사는 과거시제와 함께 사용한다.
  - ◎ They met me **before**. 그들은 이전에 나를 만났다.
  - ✕ They met me **ago**.
    - ➡ before는 단독 사용이 가능하고, ago는 단독으로 사용할 수 없다.

**참** They said that they **had met** me **three years before**.

그들은 3년 전에 나를 만난 적이 있다고 말했다.

※ 「기수＋시간을 나타내는 단위명사＋ago」는 과거시제와만 사용하고, 「기수＋시간을 나타내는 단위명사＋before」는 과거완료시제와 사용할 수 있다. 단, before가 단독으로 쓰이는 경우 과거, 현재완료, 과거완료시제 모두와 함께 사용할 수 있다.

**◎** I **arrived** in Japan **last year**. 나는 작년에 일본에 도착했다.

**✕** I **have arrived** in Japan **last year**.

➡ 현재완료시제는 특정 시점의 과거 부사구와 함께 사용할 수 없다.

**◎** **When did** they **finish** the operation? 그들은 언제 수술을 끝냈니?

**✕** **When have** they **finished** the operation?

➡ 의문사 when은 현재완료시제와 함께 쓸 수 없다.

### (3) 현재완료와 함께 쓰는 since와 for의 차이점

주어＋현재완료 ～ since＋과거 시점→주어＋현재완료 ～ for＋과거 기간→It is＋시간 ～ since＋과거 시점

· She **died in 2012**. 그녀는 2012년에 죽었다.

→ She **has been** dead **since 2012**.

→ She **has been** dead **for 10 years**.

→ Ten years **have[has] passed since** she **died**.

※ 'Ten years'와 같이 주어가 시간의 개념을 나타내는 경우, 하나의 단위로 보아 단수 형태의 동사를 사용할 수 있다.

→ It **has been** ten years **since** she **died**.

→ It **is** ten years **since** she **died**.

· She **got married** 10 years **ago**. 그녀는 10년 전에 결혼했다.

→ She **has been** married **for 10 years**.

→ Ten years **have passed since** she **got** married.

→ It **has been** 10 years **since** she **got** married.

→ It **is** 10 years **since** she **got** married.

### (4) 시제 관련 관용 표현

● '～하자마자 …했다' 관용 표현

| ～하자마자 | | …했다 |
|---|---|---|
| 주어＋had no sooner p.p. ～<br>No sooner had＋주어＋p.p. ～ | than | |
| 주어＋had hardly p.p. ～<br>Hardly[Scarcely] had＋주어＋p.p. ～ | when/before | 주어＋과거동사 …. |
| As soon as＋주어＋과거동사 ～,<br>On[Upon] -ing ～,<br>The moment[minute/instant]＋주어＋과거동사 ～,<br>Instantly[Immediately/Directly] (after)＋주어＋과거동사 ～, | － | |

08 '～하자마자'를 나타내는 구문에서 scarcely가 문두에 올 때, 따라오는 절은 □□□ 어순이다.

| 정답 | 08 의문문

- The rabbit had **no sooner** seen the hunter **than** it ran away.

  토끼가 사냥꾼을 보자마자, (토끼는) 달아났다.

  = **No sooner had** the rabbit **seen** the hunter **than** it ran away.

  = **Hardly[Scarcely] had** the rabbit **seen** the hunter **when** it ran away.

  = **As soon as** the rabbit **saw** the hunter, it ran away.

  = **On[Upon] seeing** the hunter, the rabbit ran away.

  = **The moment[minute/instant]** the rabbit **saw** the hunter, it ran away.

  = **Instantly[Immediately/Directly]** the rabbit **saw** the hunter, it ran away.

● '~하지 않아 …했다' 관용 표현

| ~하지 않아 | | when<br>before | …했다 |
|---|---|---|---|
| 주어 + had + 부정어 + p.p. ~ far/long | | | 주어 + 과거동사 …. |

- He **had not gone** far **before** he **came** to his destination.

  그는 얼마 가지 않아 목적지에 도착했다.

- He **had not waited** long **before** she came.

  그가 오래 기다리지 않아 그녀가 왔다.

## 05 구간 시제_과거완료

### (1) 과거완료

과거완료는 대과거에서 시작된 사건이나 상태가 과거까지 지속되는 상황을 「had + 과거분사」로 나타낸 시제이다.

① 완료: 대과거부터 과거 사이에 일어난 사건이나 상태의 완료

- He **had** already **finished** his homework when his mom came back.

  그는 엄마가 돌아왔을 때 이미 숙제를 끝냈다.

② 계속: 대과거부터 과거 사이에 일어난 사건이나 상태의 계속

- We **had lived** there for ten years when we received the letter.

  그 편지를 받았을 때 우리는 거기에서 10년 동안 살고 있었다.

③ 경험: 대과거부터 과거 사이에 일어난 사건 및 상태의 경험

- He **had watched** the movie twice before he was 10 years old.

  그는 10살 전에 그 영화를 2번 봤다.

④ 결과: 대과거부터 과거 사이에 일어난 사건이나 상태가 과거에 영향을 미치는 상황

- My mother **had** already **gone** to work when I woke up.

  내가 일어났을 때 어머니는 벌써 회사에 가셨다.

### (2) 대과거

교수님 한마디 ▶ 과거완료와 대과거는 형태가 동일하고 의미도 유사하다. 이 둘을 구분하는 것은 문맥을 보고 결정해야 한다.

과거보다 먼저 일어난 사건이나 상태에 대한 시점 서술로서 반드시 과거 시점을 기준으로 더 이전에 일어난 사건에 사용한다.

- When I arrived at the airport, my plane **had** already **taken** off.

  내가 공항에 도착했을 때, 내가 탈 비행기는 이미 이륙해 버렸다.

09 과거완료시제는 □□, □□, □□, □□의 4가지 용법이 있다.

10 □□보다 더 이전의 시점이 대과거이다.

| 정답 | 09 완료, 계속, 경험, 결과
10 과거

- I **had come** back before he called me. 나는 그가 내게 전화하기 전에 돌아왔다.

    = I **came** back before he called me.

    ※ 접속사 before 또는 after가 사용될 경우, 문맥상 선후 관계가 확실할 때는 대과거, 과거 시제 모두 사용할 수 있다.

## 06 구간 시제_미래완료

### (1) 미래완료

미래완료는 현재 또는 과거의 알 수 없는 시점에서부터 미래의 특정한 시점까지 일어날 사건 이나 상태를 나타낸 시제이다.

① 완료: 현재나 과거의 알 수 없는 시점부터 미래의 특정 시점까지 일어날 사건/상태의 완료

- Beckham **will have finished** his homework by dinner time.

    Beckham은 저녁 식사 시간까지는 숙제를 끝낼 것이다.

② 계속: 현재나 과거의 알 수 없는 시점부터 미래의 특정 시점까지 일어날 사건/상태의 계속

- My aunt **shall have stayed** here for ten days. (shall을 이용한 의지 미래)

    (내가) 우리 이모를 열흘간 여기에 머물게 할 것이다.

③ 경험: 현재나 과거의 알 수 없는 시점부터 미래의 특정 시점까지 일어날 사건/상태의 경험

- We **will have been** to L.A. three times if we visit there next month.

    우리가 다음 달에 그곳을 방문하면 L.A에 3번째 방문하는 게 될 것이다.

④ 결과: 현재나 과거의 알 수 없는 시점에 일어난 사건/상태가 미래에 영향을 미치는 상황

- By the time I come home, they **will have gone.**

    내가 집에 왔을 때 쯤에는 그들은 가 버렸을 것이다.

### (2) 미래완료 사용 시 주의해야 할 사항

By the time + S + V, S + V ~

- **By the time** you **get back**, the children **will have gone** to bed.

    당신이 돌아올 때 쯤, 아이들은 자러 갔을 것이다.

    ※ by the time절의 현재시제는 문맥상 미래를 나타내므로 주절의 시제는 미래 또는 미래완료를 사용한다.

    참 **By the time** you **got back**, the children **had gone** to bed.

    당신이 돌아왔을 때 쯤, 아이들은 자러 가고 없었다.

- His grandmother **will have been** in hospital **for two weeks** by next Sunday. (상태)

    그의 할머니는 다음 주 일요일이면 2주째 병원에 입원 중일 것이다.

    ※ 과거 사건의 결과가 미래에 영향을 미치고 있음을 나타낼 때는 기간 부사구를 동반할 수 있다.

    ◎ It will be the best book **when** it **is** completed.

    그것이 완성되었을 때 그것은 최고의 책이 될 것이다.

    ☒ It will be the best book **when** it **will be** completed.

    ➡ 시간, 조건의 부사절에서 미래시제를 현재시제로 나타내야 한다.

## 07 복합 시제_완료진행

**(1) 현재완료진행**: 과거부터 현재까지 계속되는 동작(have[has] been -ing)

· **I've been waiting** for an hour and he still has not turned up.

나는 한 시간째 기다리고 있는데 그는 여전히 모습을 드러내지 않았다.

> **헷갈리지 말자** It has rained ~ vs. It has been raining ~
>
>  · It **has rained** for three days.
> 비가 3일 동안 오고 있어.
>
>  · It **has been raining** for three days.
> 비가 3일째 오고 있는 중이야.
>
> ➡ 현재완료시제와 현재완료진행시제의 의미는 거의 비슷하다. 단, 현재완료진행시제의 경우에는 동사의 진행형이 필요한데, 감정, 소유, 인지, 상태 동사 등은 진행형이 불가능하므로, 현재완료 용법 중 '계속' 용법으로 나타낼 수 있다. 두 문장 모두 옳고 실생활에서는 'It has been raining ~'을 더 많이 사용한다.

**(2) 과거완료진행**: 과거 이전부터 과거까지 계속되는 동작(had been -ing)

· He **had been looking** out of the window for the last half hour.

그는 지난 30분 동안 창밖을 보고 있었다.

**(3) 미래완료진행**: 미래 어떤 시점까지 계속되는 동작(will have been -ing)

· By the end of the month, he **will have been teaching** English for 10 years.

월말이면, 그는 10년 동안 영어를 가르치고 있을 것이다. (그가 영어를 가르친 지 10년이 될 것이다.)

## 08 진행형을 쓸 수 없는 동사

● 진행시제가 불가능한 동사

| 존재 | lie(놓여 있다), consist, exist |
|---|---|
| 상태 | resemble, lack, remain, seem |
| 무의지 감각 | look, smell, sound, taste |
| 무의지 지각 | see, hear |
| 소유 | have(가지다), possess, belong to, include, own, contain |
| 감정 | want, like, hate, prefer, mind |
| 인지 | think(판단하다), know, believe |

참 He is the worker **belonging** to the labor union. 그는 노동 조합에 속한 근로자이다.

※ belong이 동사로 사용된 경우 진행형이 불가하나 분사구를 이끌 때는 현재분사 형태로도 사용될 수 있다.

**(1) 존재/상태를 나타내는 동사**

· She **resembles** her mother.

그녀는 그녀의 어머니를 닮았다.

| 헷갈리지 말자 | resemble vs. resemble with |
| --- | --- |

- She **is resembling** her father.
- She resembles **with** her father.
- She **is resembled by** her father.

- She **resembles** her father.
  그녀는 그녀의 아버지를 닮았다.

➡ resemble은 진행형으로 쓸 수 없는 상태동사이면서 타동사이므로 전치사 with와 함께 쓸 수 없고 수동태로도 쓸 수 없다.

참 You **are resembling** your father more and more as you grow older.

넌 커 가면서 네 아빠를 점점 더 닮아가는구나.

※ 진행형 불가 동사라 하더라도 정중한 표현이나 일시성을 강조할 목적으로 진행시제를 쓰기도 한다.

### (2) 무의지 감각/지각을 나타내는 동사

- He **looks** better.  그는 더 좋아 보인다.
- He **sees** her playing the piano.  그는 그녀가 피아노를 치고 있는 것을 본다.

  참 Some tourists **are seeing** the sights of London.

  몇몇 관광객들이 런던의 관광지를 구경하고 있다.

  ※ see가 의지동사로서 '구경하다, 면회하다'의 뜻일 때는 진행형이 가능하다.

  참 We **are hearing** his lectures.  우리는 그의 강의를 듣고 있다.

  ※ hear가 '청강하다'의 뜻일 때는 진행형이 가능하다.

### (3) 소유를 나타내는 동사

- Does she **own** the house?

  그녀가 그 집을 소유하고 있나요?

◎ I **have** an umbrella with me.  나는 우산이 있다.

✕ I **am having** an umbrella with me.

참 They **are having** breakfast.  그들은 아침을 먹고 있다.

  ※ have가 소유의 뜻이 아닌 '먹다' 등 다른 의미로 쓰이면 진행형이 가능하다.

◎ This car **belongs to** my father.  이 차는 나의 아버지의 소유이다.

✕ This car **is belonging to** my father.

  ➡ belong to는 '~에 속하다, ~의 소유이다'의 뜻이므로 진행형으로 쓸 수 없다.

### (4) 주의해야 할 진행시제

① 일시적 동작을 강조하는 진행형

- She **is getting** up in the early morning.  그녀는 (최근에) 이른 아침에 일어나고 있다.

② 불만을 나타내는 표현

- She **is always nagging** me.  그녀는 나에게 항상 잔소리한다.

  ※ always, constantly, continuously, unceasingly, forever 등의 부사를 수반할 때, 불만을 나타낼 수 있다.

## 09 시제와 부사(구)

교수님 한마디 시제 편의 핵심은 시제에 부응하는 부사(구)이다. 앞서 배운 시제들과 어울리는 특정 부사(구)를 여기에서 다시 한 번 정리하여 실전에 대비하자!

### (1) when

특정한 시점을 나타내는 when은 현재완료시제와 함께 사용할 수 없다.

- **When did** you see him? 당신은 언제 그를 만났습니까?
- **When will** you see him? 당신은 언제 그를 만날 것입니까?

◎ **How long have** you **seen** him? 그를 만난 지 얼마나 되었습니까?

✕ **When have** you **seen** him?

➡ 의문사 when은 완료시제와 함께 사용할 수 없으나 how long은 완료시제와 함께 사용될 수 있다.

### (2) before

숫자를 동반하지 않고 단독으로 쓰이면 막연히 '전에, 이전에'의 뜻으로 과거, 과거완료, 현재완료 시제에 모두 쓰인다.

● before와 관련하여 주의해야 할 표현

| the day before | 그 전날 | long before | 오래 전에 |
|---|---|---|---|
| before long | 조만간 | before and after | ~ 전후로 |

- She **has met** him **before**. 그녀는 전에 그를 만난 적이 있다.
- I heard that he **had left** for New York **three years before**.

  그가 3년 전에 뉴욕으로 떠났다는 것을 나는 들었다.

  참 He **left** for New York **three years ago**. 그는 3년 전에 뉴욕으로 떠났다.

  ※ 「기간 + ago」는 과거시제와 함께 사용하고 「기간 + before」는 과거완료시제와 함께 사용한다.

### (3) till/until

접속사 및 전치사로 쓰인다.

① 긍정문: ~까지 계속되다

- The driver drove carelessly, **till** he ran into a truck. (= and at last)

  그 운전사는 난폭하게 운전해서 마침내 트럭과 충돌했다.

② 부정문: ~되어서야 …하다(not A until[till] B: B하고 나서야 비로소 A하다)

- I did **not** learn the truth **until** she told me of it.

  그녀가 나에게 그것을 말해 주고 나서야 나는 비로소 진실을 알게 되었다.

  → It was **not until** she told me of it **that** I learned the truth.

---

**헷갈리지 말자** | by vs. till

 • He will finish the work **by tomorrow**.
그는 내일까지 일을 끝마칠 것이다.

 • He worked on the project **till midnight**.
그는 자정까지 그 프로젝트 작업을 했다.

➡ by와 till 둘 다 '~까지'라는 의미를 가지고 있지만, by는 상태의 완료를 나타내고, till은 상태의 지속을 나타낸다. finish는 행위를 계속하는 것이 아니라 행위가 완료되는 것이므로 여기서는 by를 사용해야 한다. 그에 반해서 work라는 행동은 자정까지 계속되는 것이므로 till을 사용한다.

---

## (4) ago

ago는 '~ 전에'라는 의미로 명백한 과거를 나타내는 부사이므로 과거시제와 함께 쓰이며, 현재완료시제와는 사용할 수 없다.

· I **met** her two months **ago.** 나는 두 달 전에 그녀를 만났다.

● 완료시제와 함께 사용할 수 없는 시간의 부사구

| just now | last year | then |
|---|---|---|
| in + 특정 시점 | when(언제) | what time |

※ 특정 시점을 나타내는 부사(구)와 현재완료시제는 함께 사용할 수 없다.

☒ **When** have you **been** there?

---

**헷갈리지 말자**   just now vs. just vs. now

 · I **have finished** it **just now.**

 · I **finished** it **just now.**
나는 그것을 방금 전에 끝냈다.

· My son **has just come** back home.
아들이 막 집으로 돌아왔다.

· The festival **has begun now.**
축제가 이제 시작되었다.

➡ just now는 특정 시점을 의미하므로 현재완료시제와는 사용할 수 없으나, just나 now는 현재완료시제와 함께 사용이 가능하다.

---

● 시제에 따른 시간의 부사구/절

| 미래 | next + 시간 표현<br>as of + 미래 | by the time + S + 현재동사<br>someday(언젠가) |
|---|---|---|
| 현재완료 | in the past[last] + 숫자 + 단위 복수<br>for the past[last] + 숫자 + 단위 복수<br>during the past[last] + 숫자 + 단위 복수<br>so far(= up to now: 지금까지)<br>as yet<br>since + 과거(since절이 과거시제이면, 주절은 완료시제)<br>before | ※ lately(현재완료)<br>※ these days(현재완료, 현재 가능)<br>※ nowadays(현재완료, 현재 가능)<br>※ recently(현재완료, 과거 가능)<br>※ today(현재완료, 현재 가능)<br>※ for(현재완료, 과거, 미래 가능)<br>※ in recent years(현재완료, 과거 가능) |
| 현재 | for now<br>at present<br>today<br>these days | nowadays<br>this year<br>this time |
| 과거 | once<br>last<br>시간 + ago<br>in + 지난 연도<br>at that time<br>after + 과거 시점<br>역사적 사실 | then<br>in those days(그 당시에)<br>the other day(며칠 전에)<br>※ before(과거, 과거완료, 현재완료 가능)<br>yesterday<br>when<br>the last[first] time + 주어 + 과거동사<br>just now |

# 03 시제

[01~05] 다음 중 어법상 옳은 것을 고르시오.

01  Jane [ was / has been ] a vegetarian since she was ten.

02  His father [ has died / died ] ten years ago.

03  She will not move until they [ will arrive / arrive ].

04  I found that he [ had left / leaves ] three years before.

05  Hardly [ had / did ] the Welsh corgi heard the sound of footsteps when he barked loudly.

## 정답&해설

01  **has been**

| 해석 | Jane은 그녀가 열 살이었던 이래로 채식주의자였다.

| 해설 | 열 살부터 현재까지 죽 채식주의자였으므로, 현재완료시제 'has been'이 알맞다.

02  **died**

| 해석 | 그의 아버지는 10년 전에 돌아가셨다.

| 해설 | 「시간＋ago」는 과거시제와 함께 쓰이는 시간의 부사구이다.

03  **arrive**

| 해석 | 그들이 도착할 때까지 그녀는 움직이지 않을 것이다.

| 해설 | 'until'이 이끄는 시간의 부사절이 미래를 나타내는 경우, 현재시제를 사용한다.

04  **had left**

| 해석 | 나는 그가 3년 전에 떠났다는 것을 알게 되었다.

| 해설 | 주절의 시제가 과거형이며 종속절에 「기간＋before」라는 시간 부사구가 있으므로 종속절의 시제는 과거완료 'had left'가 옳다.

05  **had**

| 해석 | 그 웰시코기는 발자국 소리를 듣자마자 크게 짖었다.

| 해설 | 「Hardly had＋주어＋p.p. ～ when[before]＋주어＋과거동사 …」는 '～하자마자 …했다'를 뜻한다.

# 03 시제

**교수님 코멘트▶** 시제는 동사와 밀접한 관계가 있는 영역이다. 시제에 대한 이해뿐만 아니라 시간의 부사구와 결합된 표현들을 익혀 문제에서 정답을 선택하고, 헷갈릴 수 있는 매력적인 오답을 골라내는 것에 주력할 수 있는 문제들로 선별하였다.

## 01

어법상 옳은 것은?

① This guide book tells you where should you visit in Hong Kong.
② I was born in Taiwan, but I have lived in Korea since I started work.
③ The novel was so excited that I lost track of time and missed the bus.
④ It's not surprising that book stores don't carry newspapers any more, doesn't it?

## 02

어법상 옳지 <u>않은</u> 것은?

① A few words caught in passing set me thinking.
② Hardly did she enter the house when someone turned on the light.
③ We drove on to the hotel, from whose balcony we could look down at the town.
④ The homeless usually have great difficulty getting a job, so they are losing their hope.

---

**01** 「주어 + 현재완료동사 ~ since + 주어 + 과거동사 …」
② 'since'는 '~ 이래로'라는 의미로 since가 포함된 전명구 또는 시간 부사절의 시간 표현은 과거로 나타내며, 주절의 시제는 현재완료 또는 현재완료진행이어야 하므로 옳게 사용되었다.

**|오답해설|** ① 의문사 'where'이 이끄는 절이 직접목적어로 사용되었으므로 where 절의 주어와 동사는 의문문 어순으로 바뀌지 않는다. 따라서 'where you should ~' 어순으로 수정해야 한다.
③ 감정 형용사가 '감정 제공'을 나타내며 사람 또는 사물의 상태를 설명할 때는 현재분사형(-ing)이 쓰이며, 사람의 '감정 상태'를 설명할 때는 과거분사형(-ed)으로 나타낸다. 여기에서는 사물인 'novel'의 상태를 '감정 상태', 즉 '흥분한' 상태가 아니라 '감정 제공', 즉 '흥미진진한'으로 나타내야 하므로 'excited'가 'exciting'으로 바뀌어야 옳다.
④ 부가의문문은 주절이 긍정이면 부정형, 주절이 부정이면 긍정형이어야 하며, 주절의 동사가 be동사이면 be동사로, 일반동사이면 대동사(do)로 써야 하고 수와 시제 또한 주절에 일치시켜야 한다. 주절의 동사가 'is not'으로 be동사의 부정형이므로 부가의문문에는 긍정형 be동사가 사용되어야 한다. 따라서 'doesn't'가 'is'로 바뀌어야 한다.

**| 해석 |** ① 이 안내 책자는 홍콩에서 어디를 방문해야 하는지 당신에게 말해 준다.
② 나는 대만에서 태어났지만, 일을 시작한 이래로 한국에 살고 있다.
③ 그 소설이 너무 재미있어서 나는 시간 가는 줄 몰랐고 버스를 놓쳤다.
④ 서점들이 신문을 더 이상 취급하지 않는다는 것은 놀랍지 않아, 그렇지?

---

**02** 「Hardly[Scarcely] had + 주어 + p.p. ~ when[before] + 주어 + 과거동사 …」
② 「Hardly + had + 주어 + p.p. ~ when + 주어 + 과거동사 …」는 '~하자마자 …했다'라는 의미이다. 따라서 'did she enter'는 'had she entered'가 되어야 한다.

**|오답해설|** ① 「set + 목적어 + -ing」는 '~에게 …을 하게 하다'라는 의미로 목적어와 목적격 보어의 관계가 능동일 때 사용하므로 옳다. 또한 'caught in passing'은 앞에 있는 'words'를 수식하는 분사구인데, 수동 관계이므로 과거분사 'caught'를 쓴 것은 옳다.
③ 소유격 관계대명사 'whose'의 선행사는 'the hotel'이다. 관계대명사와 연결되는 전치사는 관계대명사 앞으로 나올 수 있으므로 'from whose balcony'는 옳은 표현이다.
④ 「have (great) difficulty (in) -ing」는 '~하는 데 (무척) 고생하다'의 의미로 옳게 쓰였다. 이때 'in'은 생략될 수 있다. 또한 「the + 형용사(homeless)」는 복수 취급하므로 복수동사 'have'를 사용한 것도 옳다.

**| 해석 |** ① 지나면서 들은 몇몇 단어들이 나를 생각하게 만들었다.
② 그녀가 그 집에 들어가자마자 누군가 불을 켰다.
③ 우리는 호텔까지 차를 몰고 갔는데, 그곳의 발코니에서 우리는 마을을 내려다볼 수 있었다.
④ 노숙자들은 대개 직업을 구하는 데 무척 고생하므로 그들은 희망을 잃고 있다.

**| 정답 |** **01** ② **02** ②

# 04 태

---

**POINT CHECK**

## VISUAL G

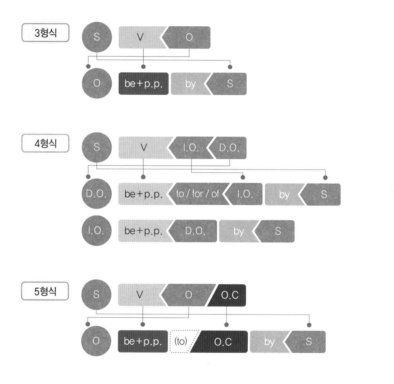

---

01 능동태는 □□□ 중심의 서술
이며, 수동태는 행위를 당하는
대상 중심의 서술이다.

### (1) 능동태와 수동태

동작의 주체를 바라보는 관점의 차이에 의해서 생기는 표현 방식으로, 주어 뒤에 따라오는 동사의 형태에 변화를 주어 나타낼 수 있다.

① 능동태: 주어가 동작을 행하여 '주어가 ~하다'라는 의미의 문장
② 수동태: 주어가 동작을 받아 '주어가 ~당하다, ~하여지다'라는 의미의 문장

| 구분 | 현재 | 과거 | 미래 |
|---|---|---|---|
| 단순형 | It is done. | It was done. | It will be done. |
| 완료형 | It has been done. | It had been done. | It will have been done. |
| 진행형 | It is being done. | It was being done. | × (사용 빈도 낮음) |

## (2) 수동태 만드는 방법

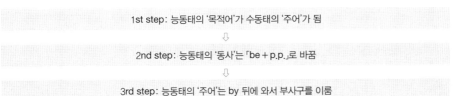

1st step: 능동태의 '목적어'가 수동태의 '주어'가 됨
⇩
2nd step: 능동태의 '동사'는 「be + p.p.」로 바꿈
⇩
3rd step: 능동태의 '주어'는 by 뒤에 와서 부사구를 이룸

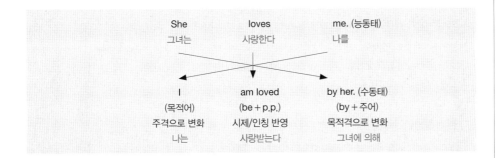

## 01 시제와 수동태

교수님 한마디▶ 모든 시제는 수동태 표현이 가능하다. 진행시제의 경우에는 현재진행형이나 과거진행형의 수동태 표현이 주가 되고 미래진행형의 수동태는 실제 사용 빈도가 극히 낮다.

### (1) 현재시제 수동태

· Beckham **builds** the stadium for his children.

Beckham은 그의 아이들을 위한 경기장을 만든다.

→ The stadium for his children **is built** by Beckham.

Beckham에 의해서 그의 아이들을 위한 경기장이 만들어진다.

### (2) 과거시제 수동태

· Beckham **built** the stadium for his children.

Beckham은 그의 아이들을 위한 경기장을 만들었다.

→ The stadium for his children **was built** by Beckham.

Beckham에 의해서 그의 아이들을 위한 경기장이 만들어졌다.

### (3) 미래시제 수동태

· Beckham **will build** the stadium for his children.

Beckham은 그의 아이들을 위한 경기장을 만들 것이다.

→ The stadium for his children **will be built** by Beckham.

Beckham에 의해서 그의 아이들을 위한 경기장이 만들어질 것이다.

### (4) 현재완료 수동태

· Beckham **has built** the stadium for his children.

Beckham은 그의 아이들을 위한 경기장을 만들었다.

→ The stadium for his children **has been built** by Beckham.

Beckham에 의해서 그의 아이들을 위한 경기장이 만들어졌다.

02 수동태 「be + p.p.」 형태에서 be는 □ □와(과) □ □을(를), p.p.는 □□이나 □□을(를) 의미한다.

| 정답 | 02 시제, 인칭, 동작, 상태

### (5) 과거완료 수동태

- Beckham **had built** the stadium for his children.

  Beckham은 그의 아이들을 위한 경기장을 만들었었다.

  → The stadium for his children **had been built** by Beckham.

  Beckham에 의해서 그의 아이들을 위한 경기장이 만들어졌었다.

### (6) 미래완료 수동태

- Beckham **will have built** the stadium for his children.

  Beckham은 그의 아이들을 위한 경기장을 만들었을 것이다.

  → The stadium for his children **will have been built** by Beckham.

  Beckham에 의해서 그의 아이들을 위한 경기장이 만들어졌을 것이다.

### (7) 현재진행형 수동태

- Beckham **is building** the stadium for his children.

  Beckham은 그의 아이들을 위한 경기장을 만들고 있다.

  → The stadium for his children **is being built** by Beckham.

  Beckham에 의해서 그의 아이들을 위한 경기장이 만들어지고 있다.

### (8) 과거진행형 수동태

- Beckham **was building** the stadium for his children.

  Beckham은 그의 아이들을 위한 경기장을 만들고 있었다.

  → The stadium for his children **was being built** by Beckham.

  Beckham에 의해서 그의 아이들을 위한 경기장이 만들어지고 있었다.

### (9) 조동사의 수동태

- Beckham **can build** the stadium for his children.

  Beckham은 그의 아이들을 위한 경기장을 만들 수 있다.

  → The stadium for his children **can be built** by Beckham.

  Beckham에 의해서 그의 아이들을 위한 경기장이 만들어질 수 있다.

## 02  수동태의 행위를 나타내는 전명구

능동태의 주어는 수동태에서 대개 전치사구로 나타나는데, 일반적으로 전치사는 **by**를 사용한다. 단, 동사에 따라 다른 전치사가 오기도 한다. 이때 전명구는 어법상 생략 가능하다.

### (1) 「by + 행위자」를 사용하지 않는 예외의 경우

① with

- Snow **covers** the field. 눈이 들판을 뒤덮고 있다.

  → The field **is covered with** snow. 들판이 눈으로 뒤덮여 있다.

② at
- Her sudden death **surprised** him. 그녀의 갑작스러운 죽음이 그를 놀라게 했다.
  - → He **was surprised at** her sudden death. 그는 그녀의 갑작스러운 죽음에 놀랐다.

③ in
- This movie **interests** me. 이 영화는 나의 관심을 끈다.
  - → I **am interested in** this movie. 나는 이 영화에 관심이 있다.

④ from/of
- He **was tired from** the long flight. 그는 긴 비행으로 피곤했다.
- The old man **was tired of** his quiet life. 그 노인은 조용한 삶에 지쳤다.

## (2) 일반적으로 「by + 행위자」를 나타내지 않는 경우

① 행위자가 일반인일 때 생략한다.
- English **is spoken** in Singapore (by them).

  싱가포르에서는 영어가 말해진다.

② 행위자가 명백하지 않을 때, 또는 누군지 알 수 없을 때 생략한다.
- The bridge **was built** in 1450 (by somebody).

  그 다리는 1450년에 지어졌다.

③ 행위자가 누군지 표현할 필요가 없을 때 생략한다.
- Beckham and his wife **were invited** to a party (by the host and hostess).

  Beckham과 그의 아내는 한 파티에 초대받았다.

## 03 타동사의 수동태

3형식 문장: 주어 + 동사 + 목적어

- I **saw** him there. 나는 그가 거기 있는 것을 봤다.
  - → He **was seen** there by me. 그가 거기 있는 것이 나에 의해 보여졌다.
- They **have spoken** English in Singapore since 1890.

  그들은 1890년 이래로 싱가포르에서 영어로 말해 왔다.
  - → English **has been spoken** in Singapore since 1890 (by them).

  1890년 이래로 싱가포르에서는 (그들에 의해) 영어가 말해져 왔다.

## 04 수여동사의 수동태

**[교수님 한마디]** 수여동사는 목적어가 2개라는 특징이 있어서 출제 포인트가 많은 만큼, 정확하게 이해하고 분류해야 한다. 간접목적어를 수동태의 주어로 만드는 경우, 직접목적어를 수동태의 주어로 만드는 경우, 그 외 목적어의 제한을 받는 경우까지 파악해야 한다.

4형식 문장: 주어 + 동사 + 간접목적어 + 직접목적어

- I **told** him a story. 나는 그에게 하나의 이야기를 말해 주었다.
  - → He **was told** a story by me. 그는 나에 의해 하나의 이야기를 들었다.
  - → A story **was told to** him by me. 하나의 이야기가 나에 의해 그에게 들려졌다.

04 수동태에서 「by + 행위자」는 반드시 표시해 주어야 한다. ( T / F )

05 반드시 □ □ □이(가) 있는 문장만 수동태로 전환될 수 있다.

06 목적어가 2개인 수여동사 문장은 최대 □개의 수동태 문장으로 전환될 수 있다.

■ 4형식의 3형식 전환 방법

주어 + 동사 + 간접목적어 + 직접목적어
S        V       I.O.        D.O.

S + V + D.O. + 전치사(to/for/of) + I.O.

| 정답 | **04** F  **05** 목적어  **06** 2

## (1) 직접목적어(D.O.)가 수동태의 주어인 경우 「전치사 + 목적어」의 형태

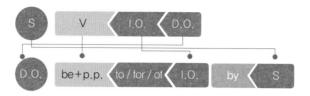

### ① to를 사용하는 동사

> send, tell, lend, give, offer, bring, owe, teach, show, write, read

- He **gave** her a letter.  그는 그녀에게 편지 한 통을 주었다.
  - → A letter **was given to** her by him.  편지 한 통이 그에 의해 그녀에게 주어졌다.
  - → She **was given** a letter by him.  그녀는 그에 의해 편지 한 통을 받았다.

### ② for를 사용하는 동사

> buy, make, build, cook, leave, find, get

- She **cooked** me tomato soup.  그녀는 나에게 토마토 수프를 요리해 주었다.
  - → Tomato soup **was cooked for** me by her.  토마토 수프가 나를 위해 그녀에 의해 요리되어졌다.
  - ☒ I was cooked tomato soup by her.
    - ➡ cook은 간접목적어를 주어로 하는 수동태 문장은 만들 수 없다. (의미상 불가)

### ③ of를 사용하는 동사

> ask

- He **asked** the teacher some questions.  그는 선생님께 질문을 몇 개 했다.
  - → Some questions **were asked of** the teacher by him.
    질문 몇 개가 그에 의해 선생님께 물어보아졌다.
  - → The teacher **was asked** some questions by him.
    선생님은 그에 의해 질문을 몇 개 받았다.

## (2) 직접목적어(D.O.)만 수동태의 주어로 사용하는 동사

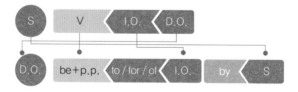

> make, write, read, get, send, throw, pass, return, wire, hand, sell, sing, do, buy, cook

- She **made** me a cake.  그녀는 내게 케이크를 만들어 주었다.
  - → **A cake was made** for me by her.  케이크가 나를 위해 그녀에 의해 만들어졌다.
  - ☒ I was made a cake by her.
    - ➡ make는 간접목적어를 주어로 하는 수동태 문장은 만들 수 없다. (의미상 불가)

- She **wrote** him a letter.  그녀는 그에게 편지 한 통을 썼다.

  → **A letter was written** to him by her.  편지 한 통이 그녀에 의해 그에게 쓰여졌다.

  ✕ He was written a letter by her.

- I **bought** her a hat.  나는 그녀에게 모자 하나를 사 주었다.

  → A hat **was bought** for her by me.

    모자 하나가 나에 의해 그녀를 위해 구입되었다.

  ✕ She was bought a hat by me.

09 수여동사 envy는 수동태로 문장 전환을 할 때 □□□□□만을 주어로 사용한다.

## (3) 간접목적어(I.O.)만 수동태의 주어로 사용하는 동사

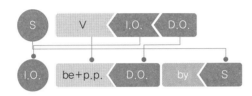

envy, kiss, answer, save, spare

- We **envied** him his fortune.  우리는 그의 행운을 부러워했다.

  → **He was envied** his fortune (by us).  그는 그의 행운으로 (우리에 의해) 부러움을 샀다.

  ✕ His fortune was envied him by us.

- They **kissed** the baby goodnight.  그들은 그 아기에게 굿나잇 키스를 했다.

  → **The baby was kissed** goodnight by them.  그 아기는 그들에 의해 굿나잇 키스를 받았다.

  ✕ Goodnight was kissed the baby by them.

## 05 불완전타동사의 수동태
**교수님 한마디** ▶ 불완전타동사의 수동태에서 핵심은 목적격 보어의 형태이다. 목적격 보어의 형태 및 위치를 파악하는 것이 관건이다.

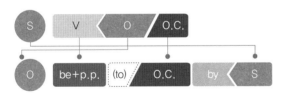

- I **found** the book interesting.  나는 그 책을 재미있다고 여겼다.

  → The book **was found** interesting by me.  그 책은 나에 의해 재미있다고 여겨졌다.

- I **forced** him to go there.  나는 그에게 그곳에 가라고 강요했다.

  → He **was forced** to go there by me.  그는 나에 의해 그곳에 가라고 강요받았다.

10 5형식 문장 「주어＋동사＋목적어＋목적격 보어」의 수동태는 「목적어＋be＋p.p.＋□□□ □□＋by＋주어」로 쓴다.

## (1) 목적격 보어가 원형부정사인 능동태의 수동태 전환
지각동사, 사역동사가 있는 5형식 문장에서 목적격 보어가 원형부정사인 경우, 수동태로 전환 시 보어는 to부정사로 써야 한다.

- He **heard** her sing a song.  그는 그녀가 노래를 부르는 것을 들었다.

  → She **was heard to sing** a song by him.  그녀는 그에 의해서 노래부르는 것을 들려주게 되었다.

11 지각동사와 사역동사의 수동태는 「be＋p.p.＋□□□□□」이다.

| 정답 | 09 간접목적어
　　　 10 목적격 보어
　　　 11 to부정사

• He **made** me do it.

그는 나에게 그것을 하도록 했다.

→ I **was made to do** it by him.

나는 그에 의해서 그것을 하도록 강요받았다.

---

**헷갈리지 말자** 지각동사의 수동태 변환

 • He heard her singing a song.

→ She **was heard singing** a song by him.

 • He heard her sing a song.

→ She **was heard to sing** a song by him.

➡ 지각동사의 보어로는 원형부정사와 현재분사가 쓰인다. 수동태로 전환 시, 목적격 보어가 현재분사인 경우는 to부정사로 만들지 않고, 그대로 분사 형태를 사용해야 한다.

---

**12** 사역동사 let과 have는 동사 형태 그대로 수동태 전환이 □□□ 하다.

사역동사 let, make, have 가운데 make만 make동사 그대로 수동태로 전환 가능하며, let이나 have 동사는 유사한 의미의 다른 동사로 바꾸어 수동의 의미를 표현한다.

• 사역동사 let의 수동 표현: 「be allowed + to부정사」
• 사역동사 have의 수동 표현: 「be asked + to부정사」

• He **let** his daughter go to the concert.

그는 딸이 그 콘서트에 가도록 허락했다.

→ ☒ His daughter was let go to the concert by him.

→ ☒ His daughter was let to go to the concert by him.

→ ◎ His daughter **was allowed to go** to the concert by him.

그의 딸은 그에 의해 그 콘서트에 가는 것이 허락되었다.

• She **had** the waiter bring him a cup of tea.

그녀는 종업원이 차 한 잔을 그에게 가져다주게 했다.

→ ☒ The waiter was had bring him a cup of tea by her.

→ ☒ The waiter was had to bring him a cup of tea by her.

→ ◎ The waiter **was asked to bring** him a cup of tea by her.

종업원은 그녀에 의해 차 한 잔을 그에게 가져다줄 것을 요청받았다.

• You **made** me drink it. 당신은 나에게 그것을 마시게 했다.

→ ☒ I was made drink it by you.

→ ◎ I **was made to drink** it by you.

→ ◎ I **was forced to drink** it by you.

나는 당신에 의해 그것을 마시도록 강요받았다.

※ 사역동사 make는 수동태 전환 시 make를 이용해서 「be made + to부정사」로 표현하며, 또한 유사한 표현으로 「be forced + to부정사」로 나타낼 수 있다.

**주의해야 할 수동태** 능동태의 수동태 전환은 주어와 목적어의 위치를 바꾸고 동사를 「be + p.p.」 형태로 만드는 것만으로 그치지 않는다. 절 형태의 수동태를 비롯한 기타 수동태에 주의를 기울여 학습해야 한다.

POINT CHECK

**(1) 목적어절을 수동태의 주어로 취하는 경우**

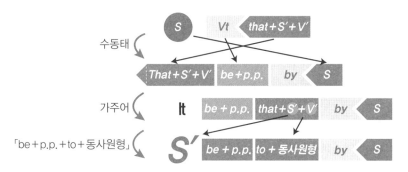

| 능동태 | S | V | that + S′ + V′ |
|---|---|---|---|
| → 수동태 | That + S′ + V′ | be p.p. | (by + S) |
| → 가주어 | It | be p.p. | that + S′ + V′ ( + by + S) |
| 복문 → 단문 | S′ | be p.p. | to + V′/to have p.p. |

① 주절과 종속절의 시제가 같은 경우

· They say that he is rich. 그들은 그가 부유하다고 말한다.

→ That he is rich **is said** (by them).

→ It **is said that** he is rich (by them).

→ He **is said to be** rich (by them).

② 주절과 종속절의 시제가 다른 경우

· They say that he was rich. 그들은 그가 부유했다고 말한다.

→ That he was rich **is said** (by them).

→ It **is said that** he was rich (by them).

→ He **is said to have been** rich (by them).

③ 「It + be + p.p. + that + 주어 + 동사」 구문 암기문법

| It is believed (~라고 믿어진다) | |
|---|---|
| It is alleged (~라고 주장된다) | |
| It is said (~라고 회자된다) | |
| It is kept (~라고 유지된다) | that + 주어 + 동사 |
| It is expected (~라고 기대된다) | |
| It is ensured (~라고 확신된다) | |
| It is thought (~라고 생각된다) | |

◎ **It is said that** she is a genius. 그녀는 천재라고 회자된다.

◎ **She is said to be** a genius.

✕ **She is said that** she is a genius.

※ 「It is said that + 주어 + 동사」 또는 「주어 + be said + to + 동사원형」의 형태가 적절한 문장이다.

13 타동사가 목적어절을 취하는 문장의 수동태 전환 시, that절의 주어가 문장 전체의 주어가 되면 동사는 「□□ + □□ + □□□□□」 형태로 쓴다.

### (2) 의문문의 수동태

의문문을 수동태로 전환할 때는 '평서문 → 수동태 → 의문문'의 순서로 바꾸어서 진행하면 혼동을 피할 수 있다.

· Did you **plant** these flowers? 당신이 이 꽃들을 심었습니까?

　→ You **planted** these flowers. (평서문) 당신은 이 꽃들을 심었다.

　　· These flowers **were planted** by you. (평서문의 수동태) 이 꽃들은 당신에 의해서 심어졌다.

　→ **Were** these flowers **planted** by you? (의문문의 수동태) 이 꽃들은 당신에 의해서 심어졌습니까?

### (3) 명령문의 수동태

① 「Let + 목적어 + be + p.p.」의 형태를 사용한다.

· Do it right now. 지금 바로 그것을 해라.

　→ **Let** it **be done** right now. 지금 바로 그것이 되게 하라.

② 부정 명령문의 수동태는 두 가지가 있다.

| · 「Don't let + 목적어 + be + p.p.」 | · 「Let + 목적어 + not + be + p.p.」 |
|---|---|

· Don't touch the statue. 그 동상을 만지지 마시오.

　→ **Don't let** the statue **be touched.**

　→ **Let** the statue **not be touched.**

### (4) 부정문의 수동태

① 「be + not p.p.」의 형태를 사용한다.

· She **is not given** anything. 그녀는 아무것도 받지 못한다.

14 부정문의 수동태에서 no는 「not + □□□」(으)로 바뀐다.

② 부정 주어(「no + 명사」)는 부사 not을 이용하여 「not ~ by any + 명사」 형태로 만든다.

| · no → not ~ any | · nobody → not ~ anybody |
|---|---|
| · never → not ~ ever | · nothing → not ~ anything |
| · neither → not ~ either | · no one → not ~ anyone |

· **Nobody** can solve the problem. 누구도 그 문제를 풀 수 없다.

　→ ○ The problem can**not** be solved by **anybody.**

　→ ✕ The problem can be solved by **nobody.**

　　➡ 부정 주어는 수동태가 될 때 by 뒤에 그대로 쓰일 수 없다.

15 look up to와 같은 □□□도 수동태가 가능하다.

### (5) 군동사의 수동태 [교수님 한마디] 군동사의 수동태 개념을 이해한 후, 반드시 해당 동사의 패턴을 암기해 전치사 누락에 주의해야 한다.

자동사는 원칙적으로 수동태가 될 수 없으나 하나의 의미 덩어리로 쓰이는 군동사의 경우 수동태가 가능하다.

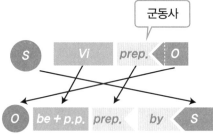

① 「타동사 + 부사」로 이루어진 타동사구의 수동태

| be brought up | 양육되다 | be taken on | 맡아지다 |
|---|---|---|---|
| be turned in | 제출되다 | | |

- My friend **took on** more work.  나의 친구는 더 많은 일을 맡았다.
  - → More work **was taken on** by my friend.  더 많은 일이 내 친구에 의해 맡아졌다.

② 「자동사 + 전치사」로 이루어진 타동사구의 수동태

| be laughed at | 비웃음 받다 | be talked about | 토의되다 |
|---|---|---|---|
| be dealt with | 다뤄지다 | be relied on | 의지되어지다 |
| be run over | 치이다 | be listened to | 청취되다 |
| be depended on | 의존되어지다 | be added to | 더해지다 |
| be accounted for | 설명되다 | be thought of | 생각되다 |
| be agreed on | 동의되어지다 | be spoken to | (누가) 말을 걸다 |
| be referred to (as ~) | (~로) 불리다 | be looked at | 목격되다 |

※ add는 자동사와 타동사 쓰임이 모두 가능하니 주의하자.

- I **laughed at** them.  나는 그들을 보고 비웃었다.
  - → ◎ They **were laughed at** by me.
    그들은 나에 의해 비웃음을 받았다.
  - → ✕ They were laughed by me.
- This century **is referred to as** the digital age.
  이 세기는 디지털 시대라고 불린다.

③ 「타동사 + 명사 + 전치사」로 이루어진 타동사구의 수동태

| be taken care of | 돌보아지다 | be paid attention to | 주의가 기울여지다 |
|---|---|---|---|
| be taken advantage of | 이용되다 | be made use of | 이용되다 |
| be made fun of | 놀림받다 | be caught sight of | 발견되다 |

- She **took good care of** her children.
  그녀는 그녀의 아이들을 잘 돌보았다.
  - → ◎ Her children **were taken good care of** by her.
    그녀의 아이들은 그녀에 의해 잘 돌봐졌다.
  - → ◎ Good care **was taken of** her children by her.

④ 「자동사 + 부사 + 전치사」로 이루어진 타동사구의 수동태

| be well spoken of | 칭찬받다 | be looked up to | 존경받다 |
|---|---|---|---|
| be ill spoken of | 욕을 먹다 | be looked down on | 무시당하다 |
| be done away with | 폐지되다 | | |

- People **spoke well of** the girl.  사람들은 그 소녀를 칭찬했다.
  - → ◎ The girl **was well spoken of** by people.
    그 소녀는 사람들에게서 칭찬을 받았다.

→ ☒ The girl was spoken well of by people.

➡ 수동태가 되면서 well은 과거분사인 spoken을 수식하므로 그 앞에 오도록 위치가 바뀌어야 한다.

**16** have, resemble, belong to, sit, disappear는 수동태로 쓰일 수 ( 있다 / 없다 ).

### (6) 수동태 불가 동사

수동형으로 출제되었을 때 오답을 불러오는 표현들이다. 익숙해 보일 수 있지만 비문이므로 주의해야 한다.

① 완전자동사형

| disappear | 사라지다 | | be disappeared (×) |
|---|---|---|---|
| happen | 발생하다 | | be happened (×) |
| occur | 발생하다 | | be occurred (×) |
| take place | 발생하다 | | be taken place (×) |
| belong to | ~에 속하다 | | be belonged to (×) |
| consist of | ~로 구성되다 | ➡ | be consisted of (×) |
| rise | 일어나다 | | be risen (×) |
| arrive | 도착하다 | | be arrived (×) |
| come | 오다 | | be come (×) |
| emerge | 나타나다 | | be emerged (×) |
| result | 기인하다 | | be resulted (×) |
| lie | 눕다 | | be lain (×) |

② 불완전자동사형

| sit | 앉다 | | be sat (×) |
|---|---|---|---|
| remain | 남다, 남아 있다 | | be remained (×) |
| become | 되다 | | be become (×) |
| stand | 서 있다 | ➡ | be stood (×) |
| appear | 보이다, ~인 듯 보이다 | | be appeared (×) |
| expire | 만료되다, 숨을 거두다 | | be expired (×) |

③ 완전타동사형

| resemble | 닮다 | | be resembled (×) |
|---|---|---|---|
| have | 소유하다 | | be had (×) |
| possess | 소유하다 | ➡ | be possessed (×) |
| meet | 만나다 | | be met (×) |
| cost | (금액을) 쓰게 하다 | | be cost(ed) (×) |

※ possess는 타동사로 '~을 소유하다'의 의미인 경우 수동형이 불가능하나, 'be possessed'는 '사로잡히다'의 의미로 사용 가능하다.

※ meet이 '~을 만나다'의 의미일 경우 수동형이 불가능하나, '(요구 등을) 충족시키다'의 의미일 경우 수동형 사용이 가능하다.

※ cost가 '(금액을) 쓰게 하다'의 의미인 경우 수동형이 불가능하나, '(~에 들어갈) 비용[원가]을 산출하다'의 의미인 경우 수동형 사용이 가능하다.

· He felt as if he **were possessed.** 그는 사로잡힌 기분이었다.

· She **resembles** her mother. 그녀는 그녀의 어머니를 닮았다.

☒ Her mother is resembled by her.

| 정답 | 16 없다

- She **has** a pretty doll.  그녀는 예쁜 인형을 가지고 있다.

  ◎ A pretty doll **belongs to** her.  예쁜 인형은 그녀의 것이다.

  ✕ A pretty doll **is had** by her.

  ➡ have는 수동태 대신에 **belong to**를 사용해서 수동의 소속 관계를 나타낼 수 있다.

## (7) 수동태 관용 표현

### ① 주의해야 할 be known 표현

| be known | + | by + 주체 | ~에 의해서 알려지다 |
|---|---|---|---|
| | | to + 대상 | ~에게 알려지다 |
| | | as + 이름/자격/직위 | ~로서 알려지다 |
| | | for + 특산품/소유물/재능 | ~ 때문에[로] 알려지다 |
| | | to + 동사원형 | ~한 것으로 알려지다 |

※ know의 수동태 표현들은 우리말로는 구별이 어렵지만 「A be known as B」 표현의 경우에는 'A = B'라는 특징을 가지고 있다.

- He **is** well **known as** a great novelist. (~로서 알려지다, He = a great novelist)

  그는 훌륭한 소설가로서 잘 알려져 있다.

- He **is known as** a doctor. (~로서 알려지다, He = a doctor)

  그는 의사로서 알려져 있다.

- He **is** well **known for** his writing skills. (~로 알려지다, He ≠ his writing skills)

  그는 작문 실력으로 잘 알려져 있다.

- She **was known for** her beauty. (~으로 알려지다, she ≠ her beauty)

  그녀는 그녀의 아름다움으로 알려졌다.

- A man **is known by** the company he keeps. (~에 의해서 알려지다)

  사람은 그가 사귀는 친구를 보면 알 수 있다.

- His name **is known to** all the people. ((대상)에게 알려지다)

  그의 이름은 모든 사람들에게 알려져 있다.

- She **is known to** be healthy.

  그녀는 건강한 것으로 알려져 있다.

### ② 기타 관용 표현

- Butter **is made from** milk. (~로부터 만들어지다(성분 변화 있음))

  버터는 우유로부터 만들어진다.

- This desk **is made of** wood. (~로부터 만들어지다(성분 변화 없음))

  이 책상은 나무로 만들어진다.

- They **are interested in** my hobby. (~에 관심 있다)

  그들은 내 취미에 관심이 있다.

- She **was surprised at** the news. (~에 깜짝 놀라다)

  그녀는 그 뉴스에 깜짝 놀랐다.

- Her boss **was satisfied with** her good job. (~에 만족하다)

  그녀의 상사는 그녀가 일을 잘한 것에 만족했다.

- Her eyes **were filled with** tears. (~으로 가득 차다)

  그녀의 눈은 눈물로 가득 찼다.

- I **was pleased at[with]** her coming back. (~에 기쁘다)

  나는 그녀가 돌아와서 기뻤다.

- The top of the mountain **is covered with** snow. (~으로 덮이다)

  산꼭대기가 눈으로 덮여 있다.

- I **am tired of** eating boiled eggs. (~에 질리다)

  나는 삶은 달걀을 먹는 것에 질린다.

- She **got married to** a rich man. (~와 결혼하다)

  그녀는 부자와 결혼했다.

### (8) 능동형 수동태

주어와 동사의 관계가 수동의 의미를 갖지만 수동태가 아니라 능동태로 써야 하는 것으로, 간혹 '중간태'라는 말을 쓰기도 한다. 하지만 대부분 자동사의 의미가 숨겨져 있는 경우가 많다. 단독으로 쓰이지 않고 보통 양태부사인 well, easily, quickly, better 또는 이에 준하는 전명구와 함께 사용된다.

| peel | 껍질이 벗겨지다 | close | 닫히다 |
|---|---|---|---|
| wash | 세탁되다 | open | 열리다 |
| sell | 팔리다 | build | 지어지다 |
| photograph | 사진에 찍히다 | break | 깨지다 |
| read | 읽히다 | cut | 베다 |

- The oranges **peel** well.  그 오렌지들은 껍질이 잘 벗겨진다.
- The book **sells** like hot cakes.  그 책은 날개 돋친 듯 팔린다.
- The door **opens** well.  그 문은 잘 열린다.
- Glass **breaks** well.  유리는 잘 깨진다.
- The bank **closes** at 4 p.m.  그 은행은 오후 4시에 문이 닫힌다(문을 닫는다).
- The artist **photographed** well.  그 예술가는 사진에 잘 찍혔다(사진을 잘 받았다).
- ⊙ This tablecloth **washed well.**  이 식탁보는 잘 세탁되었다.
- ☒ This tablecloth **washed.**

※ 능동형 수동태는 주로 「주어＋동사＋양태부사」의 구조로 쓰인다. 위의 문장처럼 양태부사 well을 삭제하면 어색한 표현이 된다.

# 04 태

[01~05] 다음 중 어법상 옳은 것을 고르시오.

01  Jack [ was appeared / appeared ] suddenly.

02  The mechanic [ was had / was asked ] to fix the car by me.

03  John [ was laughed / was laughed at ] by them.

04  He [ was resembled / resembled ] Jim.

05  Jack [ was run over / ran over ] by the taxi.

## 정답&해설

**01  appeared**

| 해석 |  Jack이 갑자기 나타났다.

| 해설 |  'appear'는 완전자동사로 수동태로 사용할 수 없다.

**02  was asked**

| 해석 |  그 정비공은 나에 의해 차를 수리하도록 요구받았다.

| 해설 |  사역동사 'have'의 수동태는 「주어 + be asked + to부정사」의 구조를 가진다.

**03  was laughed at**

| 해석 |  John은 그들에게 비웃음을 받았다.

| 해설 |  'laugh at'은 군동사로 수동태로 사용될 수 있으나 'laugh'는 완전자동사로 수동태로 사용될 수 없다.

**04  resembled**

| 해석 |  그는 Jim을 닮았었다.

| 해설 |  'resemble'은 수동태가 불가능한 완전타동사이다.

**05  was run over**

| 해석 |  Jack은 그 택시에 치였다.

| 해설 |  'run over'는 군동사로 능동태로 쓰일 경우 목적어가 있어야 한다.

# 04 태

교수님 코멘트▶ 출제 가능성이 많은 다양한 능동태와 수동태 문제를 골랐으며, 단순히 동사뿐만 아니라 목적어를 가질 수 있는 동사구를 포함하여 수험생들의 경쟁력을 제고하도록 문항을 배치하였다.

## 01
2018 국가직 9급

밑줄 친 부분 중 어법상 옳지 <u>않은</u> 것은?

It would be difficult ① <u>to imagine</u> life without the beauty and richness of forests. But scientists warn we cannot take our forest for ② <u>granted</u>. By some estimates, deforestation ③ <u>has been resulted in</u> the loss of as much as eighty percent of the natural forests of the world. Currently, deforestation is a global problem, ④ <u>affecting</u> wilderness regions such as the temperate rainforests of the Pacific.

## 02
2017 서울시 7급

밑줄 친 부분 중 어법상 가장 옳지 <u>않은</u> 것은?

Plastics ① <u>are</u> artificial, or human-made materials ② <u>that</u> consist of polymers — long molecules ③ <u>made</u> of smaller molecules joined in chains. Not all polymers are artificial — wood and cotton are types of a natural polymer called cellulose, but they are not considered plastics because they cannot ④ <u>melt and mold</u>.

---

### 01 수동태가 불가능한 자동사

③ 'result'는 「원인 + result in + 결과」의 형태로 쓰여 '(결과를) 낳다, 야기하다'라는 의미가 되는 자동사이므로 수동태로 쓸 수 없다. 따라서 'has been resulted in'은 현재완료 능동태인 'has resulted in'으로 고치는 것이 옳다.

|오답해설| ① 해당 밑줄이 포함된 문장에서 'it'은 '가주어'로서, to부정사 'to imagine ~'은 진주어로 사용되었다. 이때 사용된 to부정사는 문장에서 명사적 용법의 주어의 역할에 해당된다.

② 'take ~ for granted'는 '~을 당연한 것으로 여기다'라는 의미의 구문으로 사용된다. 여기서 'take' 뒤에 목적어 'our forest'가 왔으므로 옳게 사용되었다. 「take + it(가목적어) + for granted + that(진목적어)」 구문과 구별해서 사용해야 한다.

④ 문장 전체의 주어인 'deforestation'이 분사구문에서도 문맥상 능동적으로 영향을 미치는 것이므로 현재분사 'affecting'이 적절하게 쓰였다.

| 해석 | 숲의 아름다움과 풍요로움이 없는 삶을 상상하기란 어렵다. 그러나 과학자들은 우리가 숲을 당연한 것으로 여겨서는 안 된다고 경고한다. 몇몇 추정치에 따르면, 삼림 벌채는 전 세계 천연 숲의 80퍼센트에 달하는 손실을 야기했다. 현재, 삼림 벌채는 태평양의 온난한 열대우림과 같은 황무지 지역에 영향을 미치며 전 지구적인 문젯거리이다.

### 02 능동태 vs. 수동태

④ 밑줄 친 동사 'melt and mold'의 주어는 'they'로, 이는 'wood and cotton'을 가리킨다. 의미상 주어와 동사의 관계가 능동이 아닌 수동의 관계이므로 수동태인 'be melted and molded'로 고쳐야 한다.

|오답해설| ① 주어인 'Plastics'가 복수 형태이기 때문에 복수동사인 'are'는 적절하다.

② 선행사가 'materials'인 주격 관계대명사 'that'이 적절하게 쓰였다.

③ 수식받는 명사인 'long molecules'와 과거분사 'made'는 문맥상 수동의 관계이므로 옳게 사용되었다.

| 해석 | 플라스틱은 사슬로 연결되어진 더 작은 입자들로 이루어진 긴 분자인 폴리머로 구성된 인공적인, 즉 인간이 만든 물질이다. 모든 폴리머가 인공적인 것은 아니다. 나무와 목화도 셀룰로스라고 불리는 천연 폴리머 종류이지만 그것들은 녹여 성형될 수 없기 때문에 플라스틱으로 여겨지지는 않는다.

| 정답 | 01 ③   02 ④

# 05 조동사

## VISUAL G

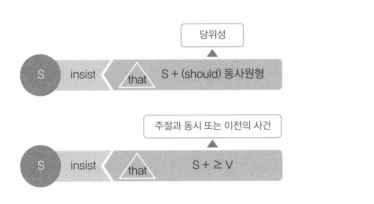

---

## 01 조동사의 특징

### (1) 「조동사 + 동사원형」

· He **can play** the guitar.  그는 기타를 연주할 수 있다.

◎ She **can** always **be** there for you.  그녀는 너를 위해 항상 그곳에 있을 수 있다.

✕ She **can** always **is** there for you.

　➡ 조동사 뒤에 동사원형이 오는 것은 당연한 것 같지만, 부사구나 삽입절이 중간에 위치하면 놓치기 쉬우므로 주의하자.

### (2) 인칭과 수에 영향을 받지 않는다.

· They **can** play the guitar.  그들은 기타를 연주할 수 있다.

· You **can** play the guitar.  당신은 기타를 연주할 수 있다.

· She **can** play the guitar.  그녀는 기타를 연주할 수 있다.

### (3) 부정문에서는 「조동사 + not」으로 나타낸다.

· He **cannot** swim.  그는 수영을 못한다.

### (4) 「조동사 + 조동사」 사용 불가

한 문장에 2가지 이상의 조동사를 사용할 수 없다.

01 조동사 뒤에는 반드시 □□□□이(가) 따라온다.

| 정답 |　01 동사원형

⊠ She will can enjoy herself there.

◉ She **will be able to** enjoy herself there.

그녀는 거기에서 즐겁게 보낼 수 있을 거야.

➡ can은 be able to로 대신할 수 있다.

## 02 조동사의 종류

조(助)동사의 기능을 크게 정리하면 아래와 같다.

| 구분 | may | might | can | could | will | would | should | must |
|------|-----|-------|-----|-------|------|-------|--------|------|
| 추측 | O | O | O | O | O(미래) | O(시제 일치) | O | O |
| 허가 | O | | O | | | | | |
| 능력[가능] | O | | O | O(과거) | O | O(과거) | | |
| 공손 | | O | | O | | O | | |
| 목적 | O | O(시제 일치) | | | | | | |
| 양보 | O | O(시제 일치) | | | | | | |
| 기원문 | O | | | | | | | |
| 암기문법 당연하다 | may well | | | | | | | |
| 암기문법 ~하는 편이 낫다 | may as well | might as well | | | | | | |
| 지나치지 않다 | | | cannot ~ too | | | | | |
| 의지 | | | | | O | O(과거) | | |
| 습관 | | | | | O | O(과거) | | |
| 고집 | | | | | O | O(과거) | | |
| 경향 | | | | | O | | | |
| 소망 | | | | | | O(현재) would like to | | |
| 차라리 낫다 | | | | | | would rather | | |
| 의무 | | | | | | | O | O |

### (1) can

| 구분 | can | be able to |
|------|-----|------------|
| 능력 | She **can** swim well. | She **is able to** swim well. |
| 가능 | The theater **can** seat 100 people. | The theater **is able to** seat 100 people. |
| 허락 | **Can** I come in for a minute? | |
| 추측 | It **can't** be true. | |

① 가능: ~할 수 있다(=「be able to + 동사원형」=「be capable of -ing」)

· He **can** answer the question.  그는 그 질문에 대답할 수 있다.

· Water **is able to** rust iron.  물은 철을 부식시킬 수 있다.

② 추측

> • 「cannot be」: ~일 리 없다(현재에 대한 부정적 추측)
> • 「cannot have p.p.」: ~이었을 리 없다(과거에 대한 추측)

• She **cannot have been** sick last week.  그녀가 지난주에 아팠을 리 없다.

③ 「cannot ~ too …」: 아무리 ~해도 지나치지 않다

> • 주어 + cannot + 동사원형 + too ~
> = 주어 + cannot + 동사원형 + ~ enough
> = 주어 + cannot over동사원형
> = It is impossible for + 의미상 주어 + to부정사 + too ~
> = It is impossible for + 의미상 주어 + to부정사 + ~ enough
> = It is impossible for + 의미상 주어 + to over동사원형

• We **cannot praise** her effort **too** much.  우리는 그녀의 노력을 아무리 칭찬해도 지나치지 않다.

= We **cannot praise** her effort **enough**.

= We **cannot overpraise** her effort.

= **It is impossible for** us **to praise** her effort **too** much.

= **It is impossible for** us **to praise** her effort **enough**.

= **It is impossible for** us **to overpraise** her effort.

◎ It is impossible for us to **overemphasize** our safety.

　우리는 우리의 안전을 아무리 강조해도 지나치지 않다.

✗ It is impossible for us to **overemphasize** our safety **enough**.

➡ over와 enough를 문장에 함께 두어 수험생을 헷갈리게 하는 기출 형태이다. 이외에도 fully, excessively 등의 부사와도 의미가 중복되므로 함께 쓸 수 없다.

④ 「cannot but + 동사원형 ~」: ~하지 않을 수 없다

> • cannot but + 동사원형 ~
> = cannot help but + 동사원형 ~
> = cannot choose but + 동사원형 ~
> = have no (other) choice but + to + 동사원형 ~
> = have no alternative but + to + 동사원형 ~
> = can do no other than + 동사원형
> = cannot help -ing
> = cannot refrain from -ing
> = cannot escape -ing
> = cannot avoid -ing

• I **cannot but laugh** at him.  나는 그를 보고 웃지 않을 수 없다.

⑤ 「cannot ~ without …」: …하지 않고 ~할 수 없다(항상 …하게 된다)

• I **cannot see** her **without** thinking of my mother.

　나는 엄마를 생각하지 않고는 그녀를 볼 수가 없다. (그녀를 보면 항상 엄마를 생각하게 된다.)

(2) **must, have to, had to**(의무, 추측)   must의 의미는 두 가지로, 그 의미의 동의·반의 표현의 관계가 복잡하다. 정확하게 그 관계와 역할을 이해해야 한다.

> 「must + 동사원형」: 의무(~해야 한다)　=　「have to + 동사원형」
>
> ↕　　　　　　　　　　　　　　　↕
>
> 「must not + 동사원형」: 금지(~하면 안 된다) ≠ 「don't have to + 동사원형」: 불필요(~할 필요가 없다)
> 　　　　　　　　　　　　　　　　　「need not + 동사원형」: ~할 필요가 없다
> 　　　　　　　　　　　　　　　　　「don't need to + 동사원형」: ~할 필요가 없다

「must + 동사원형」: 강한 긍정의 추측(~임에 틀림없다)

↕

「cannot + 동사원형」: 강한 부정의 추측(~일 리 없다)

① 필요, 의무(= have to ↔ don't have to = need not = don't need to)

• She **must** come back by midnight.  그녀는 자정까지 돌아와야 한다.

= She **has to** come back by midnight.

참 I **have only to** check the flow.  나는 흐름만 확인하면 된다.

※ 의무의 must는 have to와 같은 의미이며, 참고로 「have only to + 동사원형」은 '~하기만 하면 된다'의 의미이므로 주의해야 한다.

• You **don't have to** call me back.  당신은 내게 다시 전화할 필요가 없다.

= You **need not** call me back.

• You **have to** finish the work, but you **need not** do so at once.

당신은 그 일을 끝내야만 하지만, 지금 당장 그렇게 할 필요는 없다.

※ have to(~해야 한다)의 부정은 need not이나 don't have to, don't need to를 사용하며, '~할 필요가 없다'의 의미이다.

② 추측(must be): ~임에 틀림없다(↔ cannot be(~일 리 없다))

• She **must be** my new boss.  그녀는 나의 새로운 상사임이 틀림없다.

→ I **am sure** that she is my new boss.  나는 그녀가 나의 새로운 상사라고 확신한다.

→ It **is certain** that she is my new boss.  그녀는 나의 새로운 상사임이 확실하다.

### (3) would

• He **would** often sit for hours without saying a word.

그는 종종 몇 시간 동안 아무 말도 하지 않고 앉아 있곤 했다.

※ would는 위 문장에서 과거의 불규칙적인 습관적 동작을 나타내고 있다.

• **Would you mind opening** the door?

문을 열어 주실 수 있습니까?

※ 「Would you mind -ing ~?」= 「Do you mind -ing ~?」: ~하는 것을 꺼리십니까?, ~해 주실 수 있습니까?

• She **would like to play** basketball.

그녀는 농구를 하고 싶어 한다.

※ 「would like[love] to + 동사원형」: ~하고 싶다

• You **would rather stay** at school **than** go with him.

너는 그와 함께 가느니 차라리 학교에 머무르는 게 낫다.

※ 「would rather A than B」: B하느니 차라리 A하는 게 낫다

= You **may as well** stay at school **as** go with him.

### (4) used to(과거의 규칙적인 습관적 동작 또는 상태)

| used to + 동사원형 | ~하곤 했었다, ~이었다 |
|---|---|
| be used + to + 동사원형 | ~하기 위해서 사용되다(수동태) |
| be used to -ing(명사 계열 가능) | ~하는 것에 익숙하다 |

① 과거의 규칙적인 습관적 동작: 언제나 ~했다, ~하는 것이 보통이었다

· He **used to call** her every day.

그는 매일 그녀에게 전화를 하곤 했다. (그러나 지금은 하지 않는다.)

· We **used to go** fishing every Sunday. 우리는 매주 일요일에 낚시를 하러 가곤 했다.

→ We **didn't use to go** fishing every Sunday.

→ We **used not to go** fishing every Sunday.

우리는 매주 일요일에는 낚시를 하러 가지 않곤 했다.

※ used to의 부정형은 「didn't use to + 동사원형」이나 「used not to + 동사원형」으로 쓴다.

② 과거의 상태: 원래는[전에는] ~이었다(그러나 현재는 ~이 아니다)

현재와 대조적인 이전의 사실이나 상태를 나타낸다. 한편 would는 과거의 불규칙적 동작만을 나타내므로 혼동하지 않도록 주의한다.

· There **used to be** a big tree. 거기에 커다란 나무가 있었다. (그러나 지금은 없다.)

◎ There **used to be** a church. 거기에 교회가 있었다. (그러나 지금은 없다.)

☒ There **would be** a church.

➡ 과거의 상태를 나타낼 때는 조동사 would를 사용할 수 없다.

③ 「be used + to + 동사원형」: ~ 하기 위해서 사용되다(수동태)

· Dictionaries **are used to look** up the words we don't know.

(to look up은 to부정사의 부사적 용법 중 '목적'을 나타냄)

사전은 우리가 모르는 단어들을 찾아보기 위해서 사용된다.

④ 「be/get/become/grow used to + 명사/동명사」=「be accustomed to + 명사/동명사」

: ~하는 것에 익숙하다/익숙해지다

· She **is not used to being** treated in this way.

그녀는 이런 방식으로 대우받는 것에 익숙하지 않다.

참 They **are accustomed to eat** raw fish. 그들은 날생선을 먹는 데 익숙하다.

※ 「be accustomed to + 동사원형」의 표현도 간혹 쓰인다.

## 03 조동사 should의 특수 용법

(1) shall, should

shall은 주어의 의지로서가 아니라 주위의 사정으로 인하여 '~하지 않을 수 없다'는 의미가 내포된 미래시제 조동사이다.

① shall의 용법

㉠ 법률, 규칙

· The fine **shall** not exceed 50 dollars. 벌금은 50달러를 초과해서는 안 된다.

㉡ 예언

· All life **shall** one day be extinct. 모든 생명체는 언젠가 소멸될 것이다.

② should의 의미

㉠ 의무, 당연(= ought to)

· Every citizen **should** obey the law. 모든 시민은 법에 따라야 한다.

· Students **should** be here on time.  학생들은 제시간에 이곳에 와야 한다.

· I **should not** miss this bus.  나는 이번 버스를 놓쳐서는 안 된다.

· You **shouldn't** stay here.  너는 여기에 머물러서는 안 된다.

※ 부정형인 should not은 '금지'를 나타낸다.

ⓛ 과거 일에 대한 후회·유감: 「should have p.p.」는 '~했어야 했는데 (하지 못했다)'라는 의미이다.

· You **should[ought to] have listened** to me.

너는 내 말을 들었어야 했다. (그런데 듣지 않았다.)

→ I **am sorry** (that) you didn't listen to me.  네가 내 말을 듣지 않았어서 유감이다.

→ I **wish** you had listened to me.  네가 내 말을 들었다면 좋았을 텐데.

ⓒ 「lest ~ (should)」 = 「for fear (that) ~ should[might]」 = 「so that ~ may not」

: ~하지 않도록, ~할까 봐

· She exercised hard **lest** she **should** fail in the test.

그녀는 테스트에 떨어지지 않도록 열심히 운동을 했다.

Ⓞ Make haste **lest** you **should** be late.  늦지 않도록 서둘러라.

Ⓧ Make haste **lest** you **should not** be late.

➡ lest는 '~하지 않도록'의 의미이므로 부정부사 not을 더해 이중 부정이 되지 않도록 유의해야 한다.

· She **was afraid lest** her son should be in danger.

그녀는 그녀의 아들이 위험에 빠질까 봐 두려웠다.

· We **fear lest** he should die.  우리는 그가 죽을까 봐 두렵다.

※ fear, danger, be afraid 등과 같이 두려움, 위험을 나타내는 표현과 함께 사용되면 '~하지 않을까'라는 의미로도 해석된다.

(2) ought to( = should)

① 의무, 당연: 부정형은 「ought not to + 동사원형」이므로 주의해야 한다.

· Such a competent man **ought to** succeed.  그런 유능한 사람은 성공해야 한다.

· You **ought not to** do such things.  너는 그런 일들을 해서는 안 된다.

② 과거의 유감: 「ought to have p.p.」로 나타내며 「should have p.p.」와 같은 의미이다.

· He **ought to have checked** the prices.

그는 가격을 확인했어야 했다. (그런데 확인하지 않았다.)

→ He **should have checked** the prices.

→ I **am sorry** (that) he did not check the prices.

Ⓞ He **ought not to** have checked the prices.  그는 가격을 확인해서는 안 됐다. (그런데 했다.)

Ⓧ He **ought to not** have checked the prices.

➡ ought to의 부정형은 ought not to로 표현하므로 not의 위치에 주의해야 한다.

(3) 「S + 주장/요구/명령/제안 동사 + (that) + S + (should) + 동사원형」 암기문법

| 주장, 제안 | propose, insist, argue, suggest |
| --- | --- |
| 요구, 명령 | require, request, ask, demand, order, command |
| 조언, 권고 | advise, recommend |

- insist that: ~을 주장하다 (앞으로의 일에 대한 주장)
- suggest that: ~을 제안하다 (앞으로의 일에 대한 제안)

① insist의 목적어절이 미래의 당위성을 나타낼 때만 that절의 동사로 「should + 동사원형」을 쓴다.
- I **insisted** that he (**should**) **go** there at once.

  나는 그가 즉시 거기에 가야 한다고 주장했다.

  **참** Some people **insisted** that the truck **had run over** the pedestrian.

  일부 사람들은 그 트럭이 그 행인을 쳤다고 주장했다.

  **참** She **insisted on** the justice of the claim. 그녀는 그 요구의 정당성을 주장했다.

  ※ insist가 자동사로 쓰이면 전치사 on과 결합하여 사용되기도 한다.

② suggest가 '제안하다'라는 주관적 판단을 나타내는 의미로 쓰인 경우, 목적어 역할을 하는 명사절의 동사는 「should + 동사원형」이 된다. 이때 should는 생략 가능하다. 단, suggest가 '암시하다'라는 뜻으로 쓰인 경우에는 동사 앞에 should가 오지 않는다.
- He **suggested** that the game (**should**) **be** put off. 그는 그 경기가 연기되어야 한다고 제안했다.

  → There was a suggestion that the game (should) be put off.

  그 경기가 연기되어야 한다는 제안이 있었다.

- Her face **suggests** that she **knows** the fact. 그녀의 얼굴은 그녀가 사실을 알고 있음을 암시한다.

## 04 조동사와 완료시제 〔암기문법〕

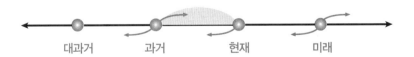

「조동사 + 동사원형」
「조동사 + have p.p.」 ⟶ 과거동사를 조동사와 함께 표현할 때

| should have p.p. | ~했어야 했는데 (하지 못했다) | cannot have p.p. | ~이었을 리 없다 |
| must have p.p. | ~이었음에 틀림없다 | could have p.p. | ~했을 수도 있다 |
| may[might] have p.p. | ~이었을지도 모른다 | need not have p.p. | ~할 필요는 없었는데 (했다) |

POINT CHECK

**08** 「조동사 + have p.p.」는 □□의 행위나 사실에 대해 말할 때 사용한다.

| 정답 | **08** 과거

(1) 「should have p.p.」＝「ought to have p.p.」: ～했어야 했는데 (하지 못했다)

과거의 일에 대한 유감이나 후회를 의미한다.

• I **should have left** earlier. 나는 더 일찍 떠났어야 했다. (그런데 그러지 못했다.)

= I **ought to have left** earlier.

(2) 「must have p.p.」: ～이었음에 틀림없다(「should have p.p.」와 반드시 구분할 것)

과거에 있었던 일에 대한 확실한 단정을 의미하며, 여기서 must는 의무가 아닌 강한 추측의 의미로 쓰인다.

• It **must have rained** last night. 어젯밤에 비가 왔었음에 틀림없다.

(3) 「may[might] have p.p.」: ～이었을지도 모른다

과거의 일에 대한 막연한 추측을 의미한다.

• She **might have been** there. 그녀가 거기에 있었을지도 모른다.

(4) 「cannot have p.p.」: ～이었을 리 없다

과거에 있었던 일에 대한 부정적 추측으로, 「must have p.p.」와는 반대되는 의미이다.

• They **cannot have done** it. 그들은 그것을 했을 리가 없다.

(5) 「could have p.p.」: ～했을 수도 있다

• The offer **could have had** another problem. 그 제안은 또 다른 문제점을 가지고 있었을 수도 있다.

◎ They **could have left** yesterday. 그들은 어제 떠났을 수도 있다.

✕ They **can have left** yesterday.

➡ 과거의 일에 대한 추측을 나타낼 때는 「can have p.p.」를 사용하지 않는다는 점에 유의하자.
단, 과거의 일에 대한 부정적 추측은 반드시 「cannot have p.p.」로 표현한다.

(6) 「need not have p.p.」: ～할 필요가 없었는데 (했다)

• We **need not have finished** the project earlier.

우리가 그 프로젝트를 더 일찍 끝낼 필요는 없었다. (그런데 끝냈다.)

● 상황에 따른 「조동사 ＋ have p.p.」 표현 익히기

문맥에 따라 조동사의 시제가 결정되는 만큼 글의 맥락을 반드시 이해해야 한다.
A: Has Jason arrived yet?
　Jason이 벌써 도착했니?
B: No, he should have come an hour ago. When I called him two hours ago, he said he would start on hanging up the phone.
　아니, 그는 한 시간 전에 도착했어야 했어. 내가 그에게 두 시간 전에 전화했을 때, 그는 전화를 끊고 바로 출발한다고 했어.
A: He can't have started at that time. If he had started, he would have arrived already.
　그가 그때 출발했을 리가 없어. 그가 출발했다면, 벌써 도착했을 거야.
B: He might have met with a traffic accident.
　교통사고가 난 건지도 모르잖아.
A: It can't be. He is always late for an appointment. He must have idled away.
　그럴 리 없어. 그는 항상 약속에 늦어. 그는 빈둥댔을 게 틀림없어.

| 구분 | | 긍정문 | 부정문 | 의문문 |
|---|---|---|---|---|
| need (필요가 있다) | 일반동사 | need + to부정사 | don't need + to부정사 | Do + 주어 + need + to부정사 ~? |
| | 조동사 | | need not + 동사원형 | Need + 주어 + 동사원형 ~? |
| dare (감히 ~하다) | 일반동사 | dare + to부정사 | don't dare + to부정사 | Do + 주어 + dare + to부정사 ~? |
| | 조동사 | | dare not + 동사원형 | Dare + 주어 + 동사원형 ~? |

준조동사 need, dare는 부정문과 의문문에서 사용될 때, 일반동사의 부정문과 의문문 형태로 쓰일 뿐만 아니라, 조동사로서 부정문과 의문문의 형태로도 쓰일 수 있음에 주의해야 한다.

**(1) need**

need는 긍정 평서문을 제외한 부정문과 의문문에서 조동사처럼 사용되기도 한다.

- You **need not** feed the cat. 당신은 그 고양이에게 밥을 줄 필요가 없다.

- She **need not** go to bed. 그녀는 자러 갈 필요가 없다.

- I **need not** attend the meeting. 나는 회의에 참석할 필요가 없다.

- **Need** I study hard? (= **Do I need to** study hard?)

  제가 공부를 열심히 해야 합니까?

- You **need not** clean the room. (= You **don't need to** clean the room.)

  너는 그 방을 청소할 필요가 없다.

- ◎ We **don't need to go** there. 우리는 그곳에 갈 필요가 없다.

- ◎ We **need not go** there.

- ✕ We **need not to go** there.

  ➡ need가 일반동사로 쓰일 경우 부정형은 「don't need + to부정사」이며, 조동사로 쓰일 경우 부정형은 「need not + 동사원형」이다.

**(2) dare**

① dare는 '감히 ~하다, ~할 용기가 있다'라는 뜻으로 부정문과 의문문에서만 조동사로 쓰인다. 긍정 평서문에서는 일반동사로만 쓰이므로 뒤에 목적어로 to부정사가 따르게 된다.

- Children **dare not** go there. (조동사) 아이들은 감히 그곳에 가지 않는다.

  = Children **don't dare to** go there. (일반동사)

- She **dare not** try it again. 그녀는 다시 그것을 먹어 볼 용기가 없다.

- **How dare** you say such a thing behind my back?

  내 뒤에서 네가 감히 그런 말을 할 수 있는가?

② 「dare + to부정사」: 본동사로서 '감히 ~하다'의 뜻을 나타낸다.

- He does not **dare to tell** the truth. 그는 감히 진실을 말하지 않는다.

- He **dared to insult** us by saying so. 그는 그렇게 말하며 감히 우리를 모욕했다.

# 05 조동사

[01~05] 다음 중 어법상 옳은 것을 고르시오.

01 Jane [ cannot / won't ] help smiling when she sees a cute baby.

02 There [ would / used to ] be a big pond.

03 Jack studied hard lest he [ should / should not ] get a failing grade.

04 I couldn't meet him because I was late. I [ should have started / have started ] earlier.

05 Jane required that everyone in the facility [ should be / is ] kept safe.

## 정답&해설

**01 cannot**

| 해석 | Jane은 귀여운 아기를 볼 때 미소 짓지 않을 수 없다.

| 해설 | 「cannot help -ing」는 '~하지 않을 수 없다, ~할 수밖에 없다'를 뜻한다.

**02 used to**

| 해석 | 큰 연못 하나가 있었다.

| 해설 | 「used to + 동사원형」은 과거의 상태를 나타낼 수 있으나 「would + 동사원형」은 과거의 상태를 나타낼 수 없다.

**03 should**

| 해석 | Jack은 낙제점을 받지 않도록 열심히 공부했다.

| 해설 | 'lest ~ should'는 '~하지 않도록'이라는 부정의 의미를 나타내므로 should 뒤에 부정부사 'not'을 쓰면 이중 부정이 되어 어법상 옳지 않다.

**04 should have started**

| 해석 | 내가 늦었기 때문에 그를 만날 수 없었다. 나는 좀 더 일찍 출발했어야 했다.

| 해설 | 「should have p.p.」는 '~했어야 했는데 (하지 못했다)'를 뜻한다.

**05 should be**

| 해석 | Jane은 그 시설에 있는 모든 사람들이 계속 안전해야 한다고 요구했다.

| 해설 | 'require'의 목적어로 that절이 오는 경우 동사는 「(should) + 동사원형」으로 써야 한다.

# 05 조동사

**교수님 코멘트▶** 조동사는 관용 표현의 출제 빈도가 높은 편이다. 조동사 영역의 문제풀이는 해석을 통해 옳은 답을 골랐는지 한 번 더 확인하는 것이 중요하다.

## 01

2020 국가직 9급

우리말을 영어로 가장 잘 옮긴 것은?

① 몇 가지 문제가 새로운 회원들 때문에 생겼다.
→ Several problems have raised due to the new members.
② 그 위원회는 그 건물의 건설을 중단하라고 명했다.
→ The committee commanded that construction of the building cease.
③ 그들은 한 시간에 40마일이 넘는 바람과 싸워야 했다.
→ They had to fight against winds that will blow over 40 miles an hour.
④ 거의 모든 식물의 씨앗은 혹독한 날씨에도 살아남는다.
→ The seeds of most plants are survived by harsh weather.

## 02

우리말을 영어로 옮긴 것 중 가장 <u>어색한</u> 것을 고르시오.

① 우리는 결혼한 지 10년 되었다.
→ It has been 10 years since we got married.
② 그녀는 분수에 넘치는 생활을 하고 있다.
→ She is living beyond her means.
③ 자신의 가족을 사랑하지 않는 사람이 누가 있겠는가?
→ Who is there but loves his family?
④ 이것은 깨지기 쉬우니 깨뜨리지 않도록 조심해라.
→ Since this is fragile, be careful lest you should not break it.

---

**01 주장/요구/명령/제안 동사의 목적어로 쓰인 that절의 should 생략**

② 주장, 요구, 명령, 제안을 나타내는 동사의 목적어로 that절이 올 때, that절의 동사는 조동사 'should'를 생략하고 동사원형만으로 나타낼 수 있다. 해당 문장은 명령을 나타내는 동사 'command(명령하다)'의 목적어로 온 that절의 동사 자리에 'should'가 생략되고 동사원형인 'cease'가 남았으므로 옳게 사용되었다. 여기에서 'cease'는 자동사로 쓰였음에 유의해야 한다.

**|오답해설|** ① 'raise'는 '타동사'이므로 목적어가 필요한데, 해당 문장에서는 동사 뒤에 전치사구가 위치하므로, '(사건 등이) 발생하다'의 의미인 자동사 'arise'가 쓰여야 적절하다. 따라서 'have raised'를 'have arisen'으로 수정해야 한다. 또한 타동사 'raise(~을 일으키다)'를 수동태로 쓴 'have been raised'로도 수정 가능하다.
③ 주절의 시제가 과거형 'had to fight'이므로, 관계대명사절의 시제 또한 과거여야 한다. 따라서 'will blow'는 'blew'가 되어야 알맞다.
④ 'survive'는 자동사로 쓰일 때 수동태로 사용할 수 없고, '~로부터 살아남다'의 의미가 되려면 전치사 'from'과 함께 쓰므로 'are survived by'는 'survive from'이 되어야 한다. 또한 'most'는 '대부분'을 뜻하므로 주어진 해석과 맞지 않다. 'most'는 'almost all(거의 전부의)'로 수정해야 우리말 해석과 일치한다. 따라서 해당 문장을 우리말과 일치하도록 하려면 'The seeds of almost all plants survive from harsh weather.'라고 해야 한다.

---

**02 「lest ~ should」**

④ 「lest ~ should」는 '~하지 않도록'의 의미로, 부정의 뜻이 포함되어 있기 때문에 'should' 뒤의 'not'은 빠져야 한다.

**|오답해설|** ① 'since' 절에는 과거시제가, 주절에는 현재완료시제가 알맞게 쓰였다.
② 'beyond one's means'는 '자기 분수에 넘치는'이라는 뜻으로 사용된다.
③ 'but'은 유사 관계대명사로서 주격 관계대명사와 'not'의 의미를 함께 지닌다.

**|정답|** **01** ② **02** ④

# 06 가정법

---

**POINT CHECK**

## VISUAL G

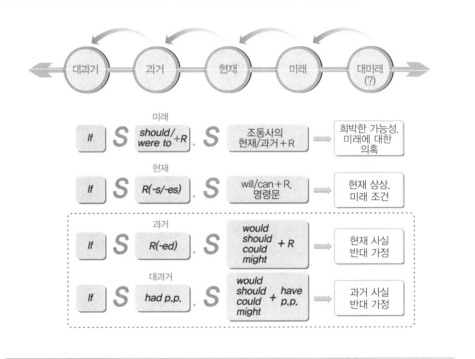

---

**01** **문장의 법(mood)** 교수님 한마디▶ 본격적으로 들어가기 전에, 가정법의 세 가지 종류를 파악하고 해석에 유의하여 시험에 대비하자.

01 문장을 나타내는 방법에는 □□ □, □□□, □□□이(가) 있다.

### (1) 법의 종류

말하는 사람의 심리 태도에 의한 동사의 표현 형식을 법이라고 하며, 직설법, 명령법, 가정법이 있다.

① 직설법(indicative)

　• I am hungry. (사실을 반영) 나는 배고프다.

② 명령법(imperative)

　• Give me something to eat. 먹을 것 좀 주십시오.

③ 가정법(subjunctive)

　• I wish I had something to eat. 먹을 것이 있으면 좋겠다.

| 정답 | 01 직설법, 명령법, 가정법

## 02 가정법 미래

POINT CHECK

> - If + 주어 + should + 동사원형 ~, 주어 + will/would + 동사원형 …
> - If + 주어 + were to + 동사원형 ~, 주어 + would + 동사원형 …

02 가정법 미래는 미래에 대한 강한 □□ 또는 □□□이(가) 희박한 일을 가정한다.

- If anyone **should call** me, I **would[will] call** him soon.

  만약 누군가가 나에게 전화를 하면, 나는 곧 그에게 연락을 할 것이다.

- If anyone **should call** me, just **tell** me.

  만약 누군가가 나에게 전화하면, 나에게 말만 해줘.

  ※ 가정법 미래의 if절에 should가 있으면 주절에 명령문이 오는 경우가 있다.

- If the sun **were to** rise in the west, I **would marry** him.

  만약 태양이 서쪽에서 뜬다면, 나는 그와 결혼할 텐데. (절대 결혼하지 않겠다.)

---

### 가정법 현재 (단순 조건문)와 가정법 미래 비교

> - 가정법 현재: If + 주어 + 현재동사 ~,          주어 + will/can/may + 동사원형 …
> - 가정법 미래: If + 주어 + should + 동사원형 ~, 주어 + will/would + 동사원형 …

03 가정법 현재 (단순 조건문)는 알 수 없는 □□ 또는 현재 사실에 대한 가정이다.

- If he **is** honest, I **will marry** him. (정직한지 아닌지 모름, 가정법 현재)

  만약 그가 정직하다면, 나는 그와 결혼할 것이다.

- If he **should be** honest, I **would marry** him. (정직할 가능성이 희박함, 가정법 미래)

  만약 그가 정직하다면, 나는 그와 결혼할 텐데.

#### 헷갈리지 말자   가정법 현재 vs. 가정법 미래

 가정법 현재 (단순 조건문)
- If it **rains** tomorrow in Seoul, I **will not go** there.
  만약 내일 서울에 비가 오면, 나는 그곳에 가지 않을 것이다.

 가정법 미래
- If it **should rain** tomorrow in desert, I **would not go** there.
  만에 하나라도 내일 사막에 비가 오면, 나는 그곳에 가지 않을 것이다.

➡ 우리말 표현으로는 가정법 현재와 미래의 차이를 나타내는 데 한계가 있다. 그러나 의미상 서울의 강수 확률은 단순 조건에 해당되며 어느 정도 비가 올 가능성이 존재하지만, 사막에 비가 올 확률은 매우 희박하므로 가정법 미래를 사용해서 나타낼 수 있다.

## 03 가정법 과거

교수님 한마디▶ 본격적인 가정법의 시작 회화에서도 많이 쓰이고, 출제 비중도 가장 높다. 시제와 긍정, 부정의 관계를 정확하게 파악하여 앞으로 나올 다양한 가정법 시제에 대비할 수 있도록 첫 단추를 잘 채우자.

> If + 주어 + 과거동사/were ~, 주어 + would/should/could/might + 동사원형 …

04 가정법 과거는 □□ 사실에 대한 반대를 가정한다.

- If you **were** in my shoes, you **could not say** anything.

  만약 네가 내 입장이라면, 너는 아무 말도 못할 텐데.

- If I **were** you, I **would not listen** to him.

  만약 내가 너라면, 나는 그의 말을 듣지 않을 텐데.

  참 가정법 과거의 경우 종속절(if절)에 be동사가 나오면, were로 통일한다.

| 정답 |   02 의혹, 가능성
03 미래
04 현재

단, 현대 미국식 영어 일부에서 주어가 1, 3인칭인 경우 종종 was를 사용하기도 한다.

· If I **was** you, I would not listen to him.

· If I **had** the book, I **could lend** it to you.

만약 내가 그 책을 가지고 있다면, 나는 당신에게 그것을 빌려줄 수 있을 텐데.

· If you **had** two children, how **would** you **manage** them?

만약 당신에게 아이가 둘 있다면, 당신은 그들을 어떻게 다루겠는가?

※ 주절을 의문문의 형태로 표현할 수도 있다. 단, 시제에 주의해야 한다.

> · As I **am** ill, I **cannot go** there. (직설법 현재)
> 내가 아파서, 나는 거기에 못 가.
>
> ⇩
>
> → If I **were** not ill, I **could go** there. (가정법 과거)
> 만약 내가 아프지 않다면, 거기에 갈 수 있을 텐데.

> 가정법 현재(단순 조건문)와 가정법 과거 비교
>
> · 가정법 현재: If + 주어 + 현재동사 ~,    주어 + will/can/may + 동사원형 …
> · 가정법 과거: If + 주어 + 과거동사/were ~, 주어 + would/should/could/might + 동사원형 …

· If you **have** a boyfriend, you **can take** him to the party.

(남자 친구가 현재 있는지 앞으로 생길지 알 수 없음, 가정법 현재)

만약 당신에게 남자 친구가 있다면, 당신은 그를 파티에 데려갈 수 있다.

· If you **had** a boyfriend, you **could take** him to the party.

(실제로 현재 남자 친구가 없음, 가정법 과거)

만약 당신에게 남자 친구가 있다면, 당신은 그를 파티에 데려갈 수 있을 텐데.

**헷갈리지 말자**  가정법 현재 vs. 가정법 과거

 가정법 현재

· If he **is** at home, I **will tell** him about it.

만약 그가 집에 있다면, 나는 그것에 관해 그에게 말할 것이다.

※ 그가 집에 있는지 없는지 모른다.

 가정법 과거

· If he **were** at home, I **would tell** him about it.

만약 그가 집에 있다면, 나는 그것에 관해 그에게 말할 텐데.

※ 그는 지금 집에 없다.

➡ 가정법 현재나 단순 조건문은 아직 확정되지 않은 현재의 사실을 가정하는 표현이고, 가정법 과거는 명확하거나 이미 확정된 현재 사실의 반대 상황을 가정하는 표현이니, 구별에 유의해야 한다.

## 04 가정법 대과거(과거완료)

> If + 주어 + had p.p. ~, 주어 + would/should/could/might + have p.p. …

· If I **had studied** English harder, I **could have passed** the English test.

만약 내가 영어를 더 열심히 공부했더라면, 나는 영어 시험을 통과할 수 있었을 텐데.

- If I **had had** much more experience, I **might have been** employed.

만약 내가 훨씬 더 많은 경험이 있었더라면, 나는 고용될 수도 있었을 텐데.

※ had had라는 표현이 낯설 수 있으나, 대과거(과거완료) 형태임을 잊지 말자.

---

- As Beckham **helped** me, I **did not fail**. (직설법 과거)
Beckham이 나를 도와줬기 때문에, 나는 실패하지 않았다.

⇩

→ If Beckham **had not helped** me, I **would have failed**. (가정법 대과거(과거완료))
만약 Beckham이 나를 도와주지 않았더라면, 나는 실패했을 텐데.

---

## 05 혼합가정법

06 과거 사실이 현재에 영향을 미
칠 때 □□□□□을(를) 사용
한다.

If + 주어 + had p.p. ~, 주어 + would/should/could/might + 동사원형 …

---

- As I **didn't finish** the work last night, I **am** so busy today.
어젯밤에 일을 다 끝마치지 않아서, 나는 오늘 아주 바쁘다.

⇩

→ If I **had finished** the work last night, I **would not be** so busy today.
　　가정법 과거완료　　　　　　　　가정법 과거
만약 내가 어젯밤에 일을 다 끝냈더라면, 나는 오늘 아주 바쁘지 않을 텐데.

---

- If we **had listened** to him **then**, we **would not be** in danger **now**.

만약 우리가 그때 그의 말을 들었더라면, 우리가 지금 위험에 빠져 있지 않을 텐데.

→ As we **didn't listen** to him **then**, we **are** in danger **now**.

※ 혼합가정법의 경우, 가정법 대과거(과거완료)와의 비교를 위해서 종속절과 주절에 각각 과거와 현재를 나타
내는 시간 부사(구)를 제시하기도 한다.

- If she **had** not **died** in that flood, she **would be** sixty years old now.

만약 그녀가 그 홍수에 죽지 않았더라면, 그녀는 지금 예순 살일 텐데.

- If the war **had** not **broken** out, their family **would** still **live** there.

만약 그 전쟁이 발발하지 않았더라면, 그들의 가족은 아직까지 그곳에 살고 있을 텐데.

---

## 06 if 생략 가정법

> 교수님 한마디 ▶ if 생략은 결국 문장 어순의 도치를 의미한다. be동사 또는 조동사가 문장 맨 앞에
> 있음에도 불구하고 물음표가 없다면, if 생략 후 도치를 가장 먼저 의심하라!

07 가정법 문장에서 if를 생략하면,
if절은 □□□ 어순으로 배열
된다.

- If + S + were ~  ⇨  Were + S ~
- If + S + 조동사 ~  ⇨  조동사 + S + 동사원형 ~
- If + S + had + 과거분사 ~  ⇨  Had + S + 과거분사 ~

가정법 과거와 대과거[과거완료] 문장에서 if절의 if는 생략될 수 있으며, 이때는 주어와 동사
가 도치된다.

- If I **were** rich, I could buy it.

만약 내가 부유하다면, 나는 그것을 살 수 있을 텐데.

→ **Were** I rich, I could buy it.

| 정답 |　06 혼합가정법
　　　　07 의문문

· If you **should have** any questions, don't hesitate to ask me.

만약 당신이 어떤 질문이라도 있다면, 내게 물어보는 데 주저하지 마세요.

→ **Should** you **have** any questions, don't hesitate to ask me.

· If I **had had** a cell phone, I could have lent it to you.

만약 내가 휴대 전화를 가지고 있었다면, 당신에게 그것을 빌려줄 수 있었을 텐데.

→ **Had** I **had** a cell phone, I could have lent it to you.

## 07 | I wish 가정법

08 | wish 가정법의 주절은 직설법 동사로, 종속절은 □□□ 동사로 표현한다.

● I wish 가정법 영작 유형 대비 동사 시제 결정 방법

| [1단계: 주절] 직설법 시제 결정 | | | [2단계: 종속절] 가정법 시제 결정 | |
|---|---|---|---|---|
| 주어 | wish(es) | (that) | 주어 | -ed(과거) |
| | | | | had p.p.(대과거) |
| | wished | | | -ed(과거) |
| | | | | had p.p.(대과거) |

1단계: 주절의 직설법 시제를 결정한다.

– 원하는 시점이 현재이면 **wish(es)**

– 원하는 시점이 과거이면 **wished**

2단계: 종속절의 가정법 시제를 결정한다.

– 원하는 시점이 주절의 시점과 같으면 **과거**

– 원하는 시점이 주절의 시점보다 이전이면 **대과거(과거완료)**

· I wish + 가정법 과거 → 현재 사실의 반대
· I wished + 가정법 과거 → 과거 사실의 반대
· I wish + 가정법 대과거(과거완료) → 과거 사실의 반대
· I wished + 가정법 대과거(과거완료) → 대과거(과거완료) 사실의 반대

(1) 「I wish/wished + 주어 + 과거동사 ～」

현재 또는 미래의 실현될 수 없는 후회나 소망을 나타내는 표현으로 '～하면 좋을 텐데', '～이기를 바란다'의 뜻을 갖는다.

· I wish I **had** a reason.

내게 이유가 있다면 좋을 텐데.

· I **wished** I **had** a reason.

내게 이유가 있었더라면 좋았을 텐데.

※ 주절의 동사가 I wished인 경우는 종속절의 시제가 과거일지라도 주절의 시제가 과거이기 때문에 사실상 '과거 사실에 대한 소망'을 나타낸다.

(2) 「I wish/wished + 주어 + had p.p. ～」

과거에 실현되지 못한 일에 대한 후회를 나타내는 표현으로 '～했더라면 좋을 텐데'의 뜻을 갖는다.

- I **wish** he **had heard** the news earlier.

  그가 그 소식을 더 일찍 들었더라면 좋을 텐데.

- I **wished** he **had heard** the news earlier.

  그가 그 소식을 더 일찍 들었더라면 좋았을 텐데.

※ 주절의 시제가 wished인 상태로 종속절의 시제가 「had p.p.」인 경우 '대과거에 실현되지 못한 일에 대한 후회'를 나타낸다.

## 08 as if 가정법

● as if 가정법 영작 유형 대비 동사 시제 결정 방법

| [1단계: 주절] 직설법 시제 결정 | | | [2단계: 종속절] 가정법 시제 결정 | |
|---|---|---|---|---|
| 주어 | 현재시제(-(e)s) | as if / as though | 주어 | -ed(과거 동사) |
| | | | | had p.p.(대과거) |
| | 과거시제(-ed) | | | -ed(과거 동사) |
| | | | | had p.p.(대과거) |

1단계: 주절의 직설법 시제를 결정한다.
– 원하는 시점이 현재이면 **현재시제**
– 원하는 시점이 과거이면 **과거시제**

2단계: 종속절의 가정법 시제를 결정한다.
– 원하는 시점이 주절의 시점과 같으면 **과거**
– 원하는 시점이 주절의 시점보다 이전이면 **대과거(과거완료)**

- 동사 현재형 + as if + 가정법 과거 → 현재 사실의 반대
- 동사 과거형 + as if + 가정법 과거 → 과거 사실의 반대
- 동사 현재형 + as if + 가정법 과거완료 → 과거 사실의 반대
- 동사 과거형 + as if + 가정법 과거완료 → 대과거(과거완료) 사실의 반대

'마치 ~인 것처럼'이라는 뜻의 as if나 as though 뒤에는 반드시 가정법 형식의 동사가 오게 된다. 두 표현 모두 같은 뜻이나 as if가 as though보다 많이 쓰이는 편이다.

(1) 「주절 + as if + 주어 + 과거동사」

- He **talks as if** he **were** there.  그는 마치 거기에 있는 것처럼 말한다.
- He **talked as if** he **were** there.  그는 마치 거기에 있는 것처럼 말했다.

(2) 「주절 + as if + 주어 + had p.p.」

- They **act as if** nothing **had happened**.  그들은 아무 일도 없었던 것처럼 행동한다.
- They **acted as if** nothing **had happened**.  그들은 아무 일도 없었던 것처럼 행동했다.

09 as if 가정법은 주절과 종속절의 □□에 유의해야 한다.

| 정답 |  09 시제

## 09 without/but for 가정법

---

• 가정법 과거

If it were not for ~, 주어 + would/should/could/might + 동사원형 …
→ Were it not for ~, 주어 + would/should/could/might + 동사원형 …
→ Without ~, 주어 + would/should/could/might + 동사원형 …
→ But for ~, 주어 + would/should/could/might + 동사원형 …

• 가정법 대과거(과거완료)

If it had not been for ~, 주어 + would/should/could/might + have p.p. …
→ Had it not been for ~, 주어 + would/should/could/might + have p.p. …
→ Without ~, 주어 + would/should/could/might + have p.p. …
→ But for ~, 주어 + would/should/could/might + have p.p. …

---

if절의 if를 생략하고 대신 without, but for를 사용하여 가정법 문장을 만들 수 있다. 이때 가정법 과거와 가정법 대과거(과거완료)를 구분할 수 있는 방법은 문장의 동사 시제를 확인하는 것이다.

• **If it were not for** his help, I **couldn't save** her. (가정법 과거)

만약 그의 도움이 없다면, 나는 그녀를 구할 수 없을 것이다.

→ **Were it not for** his help, I **couldn't save** her.

→ **Without** his help, I **couldn't save** her.

→ **But for** his help, I **couldn't save** her.

• **If it had not been for** his help, I **couldn't have saved** her. (가정법 대과거(과거완료))

만약 그의 도움이 없었더라면, 나는 그녀를 구할 수 없었을 것이다.

→ **Had it not been for** his help, I **couldn't have saved** her.

→ **Without** his help, I **couldn't have saved** her.

→ **But for** his help, I **couldn't have saved** her.

## 10 가정법 관용 표현

11 「It is time that + 주어 + □□ 동
사」 = 「It is time that + 주어 +
□□□□□□ + □□□□」:
~할 시간이다

(1) 「It is (about/high/the right) time that + S + should + 동사원형」

= 「It is (about/high/the right) time that + S + 과거동사」: ~할 시간이다 (당연, 필요)

• It is (about/high) **time that** you **went** home. 네가 집에 갈 시간이다.

→ It is **time** that you **should go** home.

→ It is **time** for you **to go** home.

※ 가주어, 진주어 문장으로도 같은 의미를 나타낼 수 있다.

(2) 「had better + 동사원형」: ~하는 편이 낫다, ~하는 게 좋다

• You **had better not** try it. 그것을 시도해 보지 않는 편이 낫다.

※ had better의 부정형은 had better not이며 '~하지 않는 편이 낫다'의 의미로 사용한다.

• You **had better turn** off the TV at once. 너는 당장 TV를 끄는 것이 좋다.

→ It would be better for you to turn off the TV at once.

※ 의미상 '(지금 하고 있지 않는 것을) 하는 게 좋다'라고 현재 사실과 반대되는 일을 말하는 것이므로, 가정법으로 표현할 수 있다.

○ You **had better start** at once.

너는 당장 출발하는 것이 좋겠다.

✕ It **had better to start** at once.

➡ 위의 표현은 얼핏 옳은 것처럼 보이나 「It would be better to + 동사원형」와 「You had better + 동사원형」 을 조합한 비문이니 주의하자.

## (3) 조건절을 이끄는 접속사 대용어구

| if only ~ | 오직 ~하기만 하면 |
|---|---|
| provided[providing] (that) ~ | 만약 ~라면 |
| granted[granting] (that) ~ | 가령 ~라 할지라도 |
| suppose[supposing] (that) ~ | 만약 ~라면, ~라 할지라도 |
| in case ~ | 만약 ~라면, ~하는 경우 |
| so[as] long as ~ | ~하는 한, ~하는 동안 |
| unless ~ | 만약 ~하지 않으면(= if ~ not) |
| given (that) ~ | ~을 가정하면, ~이 주어진다고 하면 |

· I can make it right now **if only** I want it.

내가 그것을 원하기만 하면 나는 지금 당장 해낼 수 있다.

※ if only 역시 가정법으로 사용되며, I wish와 같이 소망을 나타내지만 좀 더 강조된 표현이다.

참 I will lend you money **only if** you sign the paper.

네가 서류에 서명해야만 나는 너에게 돈을 빌려줄 것이다.

※ only if ~는 '~해야만'의 의미를 갖는다.

· I will go with you, **provided** (that) you go too.

만약 너도 간다면, 나는 너와 함께 갈 것이다.

· **Supposing** no one had been there, what would have happened?

만약 거기에 아무도 없었다면, 무슨 일이 발생했었을까?

○ **Suppose** flights are fully booked on that day, which other day could I go?

가령 그날에 비행기 예약이 다 찬다면, 나는 다른 날 언제 갈 수 있을까?

✕ **Supposed** flights are fully booked on that day, which other day could I go?

➡ 조건절 표현으로 suppose (that), supposing (that)은 가능하지만, supposed (that)은 불가하므로 주의해 야 한다.

# 06 가정법

[01~05] 다음 중 어법상 옳은 것을 고르시오.

01 If Jack told Jane the rumor, she would not [ say / have said ] such things.

02 [ Were it not / Had it not been ] for his sacrifice, we could not have survived.

03 If her brother had arrived at the subway station earlier, he could [ transfer / have transferred ] from the subway to a bus.

04 If the general had defeated his enemies then, the nation would not [ be / have been ] in danger now.

05 I wish Julia [ sold / had sold ] the house when she left Seoul.

01  **say**
| 해석 | 만약 Jack이 Jane에게 그 소문을 말한다면, 그녀는 그러한 말을 하지 않을 텐데.
| 해설 | If절의 'told'로 보아 가정법 과거 문장이 되어야 하므로 「If + 주어 + 과거동사/were ~, 주어 + would/should/could/might + 동사원형 …」의 구조가 되어야 한다.

02  **Had it not been**
| 해석 | 그의 희생이 없었더라면, 우리는 생존하지 못했을 것이다.
| 해설 | 주절이 「could have p.p.」이므로 가정법 과거완료 문장이 되어야 한다. 따라서 if를 생략하고 주어와 동사를 도치시킨 'Had it not been'을 사용하는 것이 옳다.

03  **have transferred**
| 해석 | 만약 그녀의 오빠가 더 일찍 그 지하철역에 도착했더라면, 그는 지하철에서 버스로 갈아탈 수 있었을 텐데.
| 해설 | 가정법 과거완료는 「If + 주어 + had p.p. ~, 주어 + would/should/could/might + have p.p. …」의 구조를 가진다.

04  **be**
| 해석 | 만약 그 장군이 그때 적들을 물리쳤더라면, 그 나라는 지금 위험에 처해 있지 않을 텐데.
| 해설 | 혼합가정법은 「If + 주어 + had p.p. ~, 주어 + would/should/could/might + 동사원형 …」의 구조를 가진다. 과거를 나타내는 부사 then과 현재를 나타내는 부사 now에서 힌트를 얻을 수 있다.

05  **had sold**
| 해석 | Julia가 서울을 떠났을 때 그 집을 팔았기를 바란다.
| 해설 | I wish 뒤에 이어진 가정법에서 과거를 나타내는 부사절이 있으므로 과거 사실에 대한 반대가 되도록 가정법 과거완료 구문을 완성해야 한다. 즉, 「I wish + 주어 + had p.p. ~」의 구조가 되는 것이 옳다.

# 06 가정법

**교수님 코멘트▶** 가정법은 시제 표현에 따라서 의미가 달라질 수 있으므로, 이를 다양하게 연습할 수 있는 문제들을 골라 보았다. 시간의 부사구를 통해서 시제 한정 등을 확인할 수 있는 문제들을 수록하였으므로, 수험생들은 문제풀이 후 문맥이 자연스러운지 해석해 보고 확인하는 것이 필요하다.

## 01

2018 지방직 9급(사회복지직 9급)

어법상 옳은 것은?

① Please contact to me at the email address I gave you last week.
② Were it not for water, all living creatures on earth would be extinct.
③ The laptop allows people who is away from their offices to continue to work.
④ The more they attempted to explain their mistakes, the worst their story sounded.

## 02

2016 국가직 7급

어법상 옳지 <u>않은</u> 것은?

① Hardly had the new recruits started training when they were sent into battle.
② Disagreements over the treaty arose among the indigenous peoples of Africa.
③ If I had enough money, I would have bought a fancy yacht.
④ Do you want me to come with you, or do you want to go alone?

---

**01** if가 생략된 가정법 과거

② 'if it were not for ~((현재) ~이 없다면)' 구문에서 'if'가 생략되면 의문문 어순으로 바뀐다. 즉, 종속절의 동사 'were'가 주어 앞으로 도치되면서 'Were it not for ~'의 형태로 쓰이게 된다.

| 오답해설 | ① 'contact'는 타동사로 전치사를 동반할 수 없다. 따라서 'contact to me'는 'contact me'로 바꾸는 것이 옳다. 'the email address'와 'I gave you' 사이에는 목적격 관계대명사 'which' 혹은 'that'이 생략되어 있다.
③ 「allow + 목적어 + to부정사」는 '목적어가 ~하게끔 허락하다'의 뜻으로 목적격 보어로 'to continue'가 알맞게 쓰였다. 다만 'who' 이하 주격 관계대명사절의 동사는 선행사인 'people'과 수 일치를 시켜야 하므로 'is'는 'are'가 되어야 한다.
④ 「The + 비교급 ~, the + 비교급 …」은 '~할수록, 더 …하다'라는 뜻이다. 따라서 최상급인 'the worst'를 비교급인 'the worse'로 바꾸어야 한다.

| 해석 | ① 지난주에 제가 드린 이메일 주소로 제게 연락해 주세요.
② 물이 없다면, 지구상의 모든 살아 있는 생명체들은 멸종될 것이다.
③ 노트북은 사무실을 떠나 있는 사람들이 일을 계속해서 할 수 있게끔 해 준다.
④ 그들이 그들의 실수에 대해 설명하려고 더 시도할수록, 그들의 이야기는 더 나쁘게 들렸다.

---

**02** 가정법 과거

③ if절은 가정법 과거인데, 주절은 가정법 대과거(과거완료)가 사용되었으므로 옳지 않다. 따라서 if절의 시제를 가정법 대과거(과거완료)로 바꾸어 'If I had had enough money, I would have bought a fancy yacht(만약 내가 충분한 돈이 있었다면, 나는 멋진 요트를 샀을 것이다.)'로 고치거나 주절을 가정법 과거로 바꾸어 'If I had enough money, I would buy a fancy yacht.(만약 내가 충분한 돈이 있다면, 나는 멋진 요트를 살 것이다.)'로 고쳐야 한다.

| 오답해설 | ① 「Hardly had + 주어 + p.p.~ when[before] + 주어 + 과거동사 …」는 '~하자마자 …하다'의 의미를 가진다. 부정어 'Hardly'가 문두에 있으므로 이어지는 문장의 어순은 의문문의 형태임에 유의하자.
② 'arise(arose)'는 자동사로 목적어를 필요로 하지 않는다.
④ 'want'의 목적격 보어로 to부정사가 사용되며, 'or'을 중심으로 절과 절이 병렬 구조를 이루는 것도 옳다.

| 해석 | ① 신병들은 훈련을 시작하자마자 전쟁에 보내졌다.
② 아프리카의 토착민들 사이에서 그 조약에 대한 반대가 일어났다.
③ 만약 내가 충분한 돈이 있다면, 나는 멋진 요트를 살 것이다.
④ 내가 당신과 함께 가길 원해요? 아니면 당신 혼자 가길 원해요?

| 정답 | **01** ② **02** ③

생각하는 것이 인생의 소금이라면
희망과 꿈은 인생의 사탕이다.
꿈이 없다면 인생은 쓰다.

– 바론 리튼(Baron Ritten)

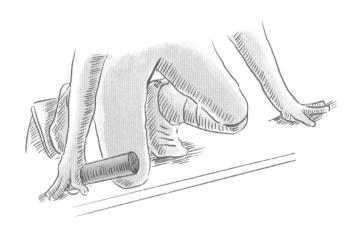

# 01 명사

POINT CHECK

## VISUAL G

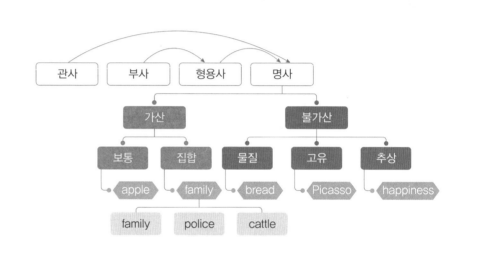

## 01 가산명사

| 보통명사 | boy, girl, desk, book, computer 등 일반적인 사람 또는 사물의 이름 |
|---|---|
| 집합명사 | family, people, cattle, police 등 집합적인 단어 |

| 가산명사 | | | |
|---|---|---|---|
| 보통명사 | 단 · 복수 (○) | 관사 (○) | 추상명사화 주의 |
| 집합명사 | 단 · 복수 (○) | 관사 (○) | 집합/군집 주의 |

01 명사는 □□명사와 □□□명사로 나뉜다.

### (1) 보통명사

- a[an] + 가산명사
- 가산명사 + -(e)s

| 정답 |  01 가산, 불가산

① 일정한 형태가 있는 명사

> desk, pen, bottle, book 등

② 형태는 없어도 셀 수 있는 명사: 형태는 없지만 일정한 단위를 나타내기 때문에 보통명사에 속한다.

> hour, day 등의 시간 / pound, gram 등의 무게 / feet, mile 등의 거리 / plan, mistake 등

③ 「the + 단수 보통명사」 = 추상명사

| the mother | 모성(애) | the patriot | 애국심 |
|---|---|---|---|
| the beggar | 거지 근성 | the cradle | 유년기 |

- What is learned in **the cradle** is carried to the grave.

  유년기에 배운 것은 무덤까지 간다.

④ 종족 대표: 어떤 종류[종족]의 전체를 나타낸다.

  ㉠ 「a[an] + 단수 보통명사」

  - **A pig** is a useful animal. 돼지는 유용한 동물이다.

  ㉡ 「the + 단수 보통명사」

  - **The pig** is a useful animal. 돼지는 유용한 동물이다.

  ㉢ 「무관사 + 복수 보통명사」

  - **Pigs** are useful animals. 돼지는 유용한 동물이다.

⑤ 셀 수 없는 것처럼 보이는 가산명사 (암기문법)

| a discount | 할인 | a statement | 보고서 |
|---|---|---|---|
| a price | 가격 | a workplace | 일터 |
| a purpose | 목적 | a source | 근원, 출처 |
| a refund | 환불 | a result | 결과 |
| a relation | 관계 | a mistake | 실수 |
| a job | 직업 | | |

(2) **집합명사**

> 교수님 한마디 ▶ 가산명사 중 가장 다양한 개념상의 분류가 존재하는 영역이다.
> 우리말의 개념과 큰 차이가 있는 만큼 정확한 분류 체계와 예시를 파악해야겠다.

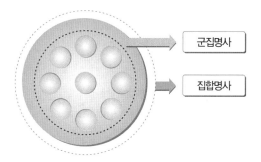

여러 개의 개체로 구성된 집합체를 지칭하는 명사를 '집합명사'라고 한다.

① family형

| family | 가족 | class | 계층 |
|--------|------|-------|------|
| audience | 청중 | jury | 배심원 |
| army | 군대 | committee | 위원회 |
| party | 정당 | assembly | 의회, 모임 |
| crowd | 군중 | people | 민족 |
| public | 대중 | nation | 국가 |
| crew | 근무조 | staff | 직원, 부원 |

● 집합명사와 군집명사의 비교

| 집합명사 | 군집명사 |
|----------|----------|
| 하나의 통합체(덩어리)로 볼 때는 집합명사라고 칭하고 단수 취급 | 개개의 구성원 각자에 초점을 둘 때는 군집명사라고 칭하고 복수 취급 |
| • Today's **audience is** very small.<br> 　　관중 전체<br> 오늘의 관중은 (규모가) 작다. | • The **audience were** overwhelmed.<br> 　　관중들<br> 관중들은 압도되었다. |
| • My **family lives** here.<br> 가족 전체<br> 우리 가족은 여기에 산다. | • My **family are** all Christian.<br> 가족 구성원들<br> 우리 가족들은 전부 기독교인이다. |
| • The **jury consists** of twenty persons.<br> 배심원단 전체<br> 배심원단은 20명으로 구성된다. | • The **jury were** divided in their opinions again.<br> 배심원들<br> 배심원들은 또 다시 의견이 갈렸다. |

② cattle형

| cattle | 소떼 | people | 사람들 | poultry | 가금류 |
|--------|------|--------|--------|---------|--------|

a/~~the~~ cattle/cattle~~s~~ – 복수 취급

• There **are cattle** grazing in the pasture.

　목초지에서 풀을 뜯고 있는 소들이 있다.

참 The wolves are scaring the cattle.

　그 늑대들은 그 소떼를 겁주고 있다.

※ 특정 소떼를 나타낼 때는 정관사 the를 사용하여 범위를 한정한다.

③ police형

| police | 경찰 | nobility | 귀족 |
|--------|------|----------|------|
| clergy | 성직자 | peasantry | 소작농 |

a/the police/police~~s~~ – 복수 취급

• the police(경찰들) 　　→ a police officer(경찰 한 사람)

○ **The police are** ready to do the project on the street.

　경찰들은 거리에서 그 프로젝트를 수행하기 위한 준비가 되어 있다.

✕ **The police is** ready to do the project on the street.

➡ police는 항상 복수 취급한다는 것을 잊지 말자.

| 헷갈리지 말자 | people vs. peoples |
|---|---|

 • many people 많은 사람들
• many peoples 많은 민족들

• people 사람들 (군집)
• two peoples 두 민족들 (집합)

➡ many people(많은 사람들), some people(어떤 사람들)처럼 people이 '사람들'의 뜻으로서 군집명사로 쓰일 때는 복수 취급을 하며 복수동사와 함께 사용한다. 그러나 people이 '국민, 민족'의 뜻으로 쓰일 때는 집합명사로 단수 취급한다.

## (3) 항 단순집합명사

항상 집합체 자체를 가리키며, 불가산명사로 취급하여 단수 취급한다.

| baggage[luggage] | 수하물 | clothing | 의류 |
|---|---|---|---|
| machinery | 기계류 | equipment | 장비류 |
| weaponry | 무기류 | poetry | 시 |
| furniture | 가구류 | food | 음식류 |
| merchandise | 상품 | scenery | 경치, 풍경 |
| pottery | 도자기류 | game | 사냥감 |
| jewelry | 보석류 | produce | 농산물 |

※ much game은 불가산 명사로 '많은 사냥감'을 뜻하며, many games는 가산 명사로 '많은 게임들'을 뜻함에 주의해야 한다.

🔘 **Much furniture was** delivered to our home.

많은 가구가 우리 집으로 배달되었다.

❌ **Many furnitures were** delivered to our home.

➡ furniture는 항 단순집합명사로 단수 취급하며, 복수 형태로 쓸 수 없다. 또한 형용사 many의 수식을 받을 수 없다.

## 02 불가산명사

• a[an] + 불가산명사 • 불가산명사 + s

| 고유명사 | 사람의 이름, England, Everest 등 세상에서 유일무이한 것 |
|---|---|
| 추상명사 | art, music, love, truth, beauty 등 추상적인 단어 |
| 물질명사 | water, rice, bread, juice 등 일정 형태가 없는 물질을 표현한 단어 |

| information | 정보 | patience | 인내 | knowledge | 지식 |
|---|---|---|---|---|---|
| advice | 충고 | homework | 숙제 | wealth | 부 |
| behavior | 행동 | health | 건강 | confidence | 신뢰, 자신 |
| news | 뉴스, 소식 | evidence | 증거 | iron | 철 |
| money | 돈 | violence | 폭력 | oxygen | 산소 |
| time | 시간 | attention | 주의 | water | 물 |
| influenza | 독감 | pollution | 오염, 공해 | oil | 기름, 석유 |
| weather | 날씨 | efficiency | 능률 | driving | 운전 |
| progress | 진보 | | | | |

○ She has so **much homework** to do. 그녀는 해야 할 숙제가 아주 많다.

✕ She has so **many homeworks** to do.

➡ homework와 같은 불가산명사는 복수형으로 쓰이지 못하며, many의 수식을 받지 못한다.

| 고유명사 | 단·복수 (×) | 관사 (×) | 보통명사화 주의 |
|---|---|---|---|
| 추상명사 | 단·복수 (×) | 관사 (×) | 특수 용법 주의 |
| 물질명사 | 단·복수 (×) | 관사 (×) | 보통명사화/수량 표시 주의 |

05 고유명사는 관사와 함께 쓸 수 없다. ( T / F )

### (1) 고유명사

사람 이름, 지명, 요일, 월 이름과 같이 사물의 고유한 이름을 나타내는 명사를 가리킨다. 원칙은 첫 글자는 대문자로 쓰고, 부정관사(a[an])나 정관사(the)를 붙이지 않으며 복수형으로 쓰지 않는 것이다. 그러나 보통명사화하는 경우가 많으니 아래의 예들에 주의해서 해석을 한다.

· There are three **Jacks** and three **Browns** in my class.

　우리 반에는 3명의 Jack과 3명의 Brown이 있다.

　※ 같은 이름의 사람이 여럿일 때 복수형으로 쓴다.

· He bought **a Benz**. (제품을 의미)

　그는 벤츠 자동차 한 대를 구입했다.

· There are **two Picassos** in the gallery. (특정 작품을 의미)

　갤러리에 피카소 작품이 두 점 있다.

· Her grandfather is **a Beckham**. ('가문의 한 사람'이라는 의미)

　그녀의 할아버지는 Beckham 가문의 사람이다.

· **The Smiths** knew how to entertain others. (「the＋성s」: ～ 일가족, ～ 부부)

　Smith 부부는 다른 사람들을 즐겁게 해 주는 방법을 알고 있었다.

· **A Newton** cannot become **a Galileo**. ('～와 같은 사람'을 의미)

　Newton 같은 사람은 Galileo 같은 사람이 될 수 없다.

### (2) 추상명사

형태가 없는 성질, 감정, 동작, 상태 등을 나타내는 명사로, 원칙적으로 부정관사를 붙일 수 없고 복수 형태도 불가능하다.

① 「have the＋추상명사＋to＋동사원형」: ～하게도 …하다

　＝「be＋형용사＋enough to＋동사원형」

| have the kindness＋to＋동사원형 | 친절하게도 ～하다 |
|---|---|
| have the boldness＋to＋동사원형 | 대담하게도 ～하다 |
| have the courage＋to＋동사원형 | 용감하게도 ～하다 |
| have the wisdom＋to＋동사원형 | 현명하게도 ～하다 |
| have the nerve＋to＋동사원형 | ～할 용기가 있다, 뻔뻔스럽게 ～하다 |

· Beckham **had the kindness to walk** me to the door.

　＝ Beckham **was kind enough to walk** me to the door.

　＝ Beckham kindly walked me to the door.

　Beckham은 친절하게도 나를 문까지 바래다주었다.

② 「of + 추상명사」= 형용사

| of talent | talented(재능이 있는) | of sense | sensible(분별 있는) |
|---|---|---|---|
| of learning | learned(학식이 있는) | of ability | able(유능한) |
| of use | useful(유용한) | of importance | important(중요한) |

- They are the youngsters **of sense and ability**.  그들은 분별 있고 유능한 젊은이들이다.
- He is **of** no **use**.  그는 쓸모없다.

  = He is **useless**.

③ 「to one's + 추상명사(감정명사)」: ~하게도

| to one's sorrow | 슬프게도 | to one's relief | 안심이 되게도 |
|---|---|---|---|
| to one's shame | 창피하게도 | to one's grief | 슬프게도 |
| to one's regret | 후회스럽게도 | to one's distress | 비탄스럽게도 |
| to one's disappointment | 실망스럽게도 | to one's surprise | 놀랍게도 |

- **To my sorrow**, I can never go back to my country.

  슬프게도, 나는 내 고국으로 결코 돌아갈 수 없다.

④ 「전치사 + 추상명사」= 부사

| with ease | easily(쉽게) | with patience | patiently(참을성 있게) |
|---|---|---|---|
| in haste | hastily(급히) | on purpose | purposely(고의로) |
| on occasion | occasionally(가끔) | by accident | accidentally(우연히) |

- He makes it **with ease**.  그는 쉽게 그것을 한다.

  = He makes it **easily**.

⑤ 「관사 + 추상명사」 관용 표현

| a beauty | 미인 | a success | 성공한 사람[사건] |
|---|---|---|---|
| an authority | 권위자 | a failure | 실패한 사람[사건] |
| a pity | 유감스런 일 | a favor | 친절한 행위 |

- My mother was **a beauty** when she was young.  엄마는 젊었을 때 미인이셨다.

## (3) 물질명사

부정관사를 붙일 수도 없고 복수형으로 쓸 수도 없는 불가산명사로서, 일반적으로는 단위명사를 이용하여 세며, 다른 명사로 전용될 수 있다.

① 물질명사의 수량을 나타내야 하는 경우: 「수사 + 단위명사 + of + 물질명사」

| a piece of bread | 빵 한 조각 | a cup of tea | 한 잔의 차 |
|---|---|---|---|
| a flash of lightning | 번개 한 번 | a lump of sugar | 각설탕 한 개 |
| a slice of toast | 토스트 한 조각 | a shower of rain | 한줄기의 소나기 |
| a glass of milk | 우유 한 잔 | a pound of sugar | 1파운드의 설탕 |
| a roar of laughter | 한 번의 웃음 | a bolt of thunder | 천둥 한 번 |
| a handful of sand | 모래 한 줌 | a sheet of paper | 종이 한 장 |
| a spoonful of sugar | 설탕 한 숟가락 | two grains of rice | 쌀 낟알 두 개 |
| three cakes of soap | 비누 세 개 | an armful of flowers | 한 아름의 꽃 |
| two loaves of bread | 두 덩어리의 빵 | a school[shoal] of dolphins | 돌고래 떼 |

POINT CHECK

06 「전치사 + 추상명사」는 □□□ 또는 □□의 역할을 한다.

07 I need a beer. ( T / F )
   I need a bottle of coke. ( T / F )

| 정답 |  06 형용사, 부사
         07 F, T

○ I need **a handful of** sand. 나는 모래 한 줌이 필요하다.

✕ I need **handful of** sand.

➡ handful은 단위명사이므로 단수일 경우 반드시 부정관사 a[an]과 함께 사용해야 한다. 참고로 handful, armful, spoonful 모두 형용사가 아닌 단위명사임에 주의하자.

② 물질명사의 보통명사화 〈암기문법〉

물질명사는 관사가 붙거나 복수 형태가 되면 다른 의미가 될 수 있다.

| a fire | 화재 | an iron | 다리미 |
| a paper | 신문, 서류 | a glass | 유리잔 |

· **Glass** can be transformed. 유리는 변형될 수 있다.

  ※ 물질명사로 '유리'를 의미한다.

· She wears **glasses.** 그녀는 안경을 쓴다.

  ※ 보통명사로 '안경'을 의미한다.

· She has **a glass** in her hand. 그녀는 손에 유리잔을 들고 있다.

  ※ 관사 a로 인해 보통명사화되어 '유리잔'을 의미한다.

## 03 명사의 수

### (1) 불규칙 변화

① 불규칙 명사 복수형

| 의미 | 단수형 | 복수형 |
| --- | --- | --- |
| 여성 | woman | women |
| 치아 | tooth | teeth |
| 발 | foot | feet |
| 거위 | goose | geese |
| 쥐 | mouse | mice |
| 황소 | ox | oxen |
| 아이 | child | children |
| 기준 | criterion | criteria |
| 현상 | phenomenon | phenomena |
| 데이터 | datum | data |
| 매체 | medium | media |
| 세균 | bacterium | bacteria |

② 단수 형태와 복수 형태가 동일한 명사

| sheep | 양/양떼 | deer | 사슴/사슴떼 |
| swine | 돼지/돼지 무리 | fish | 물고기/물고기떼 |
| trout | 송어/송어떼 | salmon | 연어/연어떼 |
| species | 종/종들 | aircraft | 항공기/항공기 무리 |
| means | 수단/수단들 | percent | 퍼센트/퍼센트(복수형) |

※ 단, 여러 종류의 물고기를 나타낼 때는 fishes를 사용하기도 한다.

- This **species** of the animals actually **lives** in this way.

  그 동물들 중에 이 종은 실제로 이러한 방식으로 살아간다.

- These three **species** of the animals actually **live** in this way.

  그 동물들 중에 이 세 가지 종들은 실제로 이러한 방식으로 살아간다.

### (2) 절대복수: 복수 형태로 존재하는 명사

#### ① 의류 및 도구 → 복수 취급

| trousers | 바지 | pants | 바지 |
|----------|------|-------|------|
| socks | 양말 | gloves | 장갑 |
| scissors | 가위 | glasses | 안경 |

**08** pants는 한 벌이라도 항상 □□(으)로 취급한다.

#### ② 학문명 → 단수 취급

| physics | 물리학 | linguistics | 언어학 |
|---------|--------|-------------|--------|

※ '-s'로 끝나는 학문명: '~학문'의 의미로 사용되는 경우 단수 취급하나, 그 이외의 의미는 복수 취급한다. 따라서 statistics(통계 수치), economics(경제 상태), politics(술책), mathematics(계산 능력)는 일반적으로 복수 취급한다.

| 구분 | 단수 취급 | 복수 취급 |
|------|-----------|-----------|
| statistics | 통계학 | 통계 수치 |
| economics | 경제학 | 경제 상태 |
| politics | 정치학 | 술책 |
| mathematics | 수학 | 계산 (능력) |

- The **economics** of the United Kingdom **have** many problems.

  영국의 경제 상태는 많은 문제점을 가지고 있다.

- His **mathematics are** not correct at this point.

  그의 계산은 이 점에서 옳지 않다.

#### ③ 병명 → 단수 취급

| shivers | 오한 | diabetes | 당뇨병 |
|---------|------|----------|--------|

#### ④ 게임 → 단수 취급

| billiards | 당구 | darts | 다트 게임 |
|-----------|------|-------|-----------|

#### ⑤ 기타 복수 취급하는 복수형 명사

| goods | 상품 | belongings | 소유물 |
|-------|------|------------|--------|
| valuables | 귀중품 | odds | 가능성 |

| 정답 |  08 복수

### (3) 분화복수

복수 형태가 되면서 전혀 다른 뜻을 갖게 된 명사로, 의미에 주의해서 암기하자.

| 단수 형태 | | 복수 형태 | | 단수 형태 | | 복수 형태 | |
|---|---|---|---|---|---|---|---|
| air | 공기 | airs | 뽐내는 태도 | time | 시간, 시, 때 | times | 시대 |
| advice | 충고 | advices | 보고, 통지 | good | 이익, 선 | goods | 상품, 화물 |
| arm | 팔 | arms | 무기 | letter | 문자, 편지 | letters | 문학, 학문 |
| ash | 재 | ashes | 유골 | manner | 방법, 태도 | manners | 예법 |
| water | 물 | waters | 바다, 강 | circumstance | 환경, 사정 | circumstances | 환경, 상황, 형편, 사정 |
| custom | 습관 | customs | 관세, 세관 | content | 만족 | contents | 내용, 차례 |
| respect | 존경 | respects | 인사 | spectacle | 광경 | spectacles | 안경 |
| pain | 고통 | pains | 노력, 수고 | cloth | 천, 옷감 | clothes | 옷 |
| force | 힘 | forces | 군대 | paper | 종이 | papers | 서류 |

※ circumstance는 주로 '(개인이 어쩔 수 없는 주변) 환경 사정'이며, circumstances는 '(일, 사건 등을 둘러싼) 환경, 상황, (개인의) 형편, 사정'의 의미로 쓰인다.

### (4) 상호복수

의미상 반드시 복수 형태로 사용되어야 하는 구문이다.

| change trains | 열차를 갈아타다 | make friends with | ~와 친구가 되다 |
|---|---|---|---|
| exchange seats with | ~와 자리를 바꾸다 | take turns | 교대하다 |
| exchange greetings | 인사를 주고 받다 | shake hands | 악수하다 |

◎ It is also important to **make friends with** people who think positively.

긍정적으로 생각하는 사람들과 친구가 되는 것도 중요하다.

✕ It is also important to **make friend with** people who think positively.

➡ 상호복수 형태의 명사는 복수 형태로 잘 쓰였는지를 꼭 먼저 확인하자.

09 시간, 거리, 금액, 무게는 □□ 취급한다.

### (5) 시간, 거리, 금액, 무게(하나의 단위) → 단수 취급 가능

· **Ten miles is** a good distance to run.

10마일은 뛰기 좋은 거리이다.

· **Ten years has** passed since I watched the movie.

내가 그 영화를 본 후 10년이 지났다.

참 **Ten years have** passed since I watched the movie.

※ 시간의 개념을 복수로 사용하는 경우는 해마다 흘렀던 '시간의 흐름'에 초점을 맞춘 것이고, 단수 취급하는 경우는 '하나의 완성된 시간의 개념'으로 접근한 것이다.

## (6) 다양한 명사의 복수 형태

① 「명사＋명사」의 복합명사는 뒤에 오는 명사에 한 번만 -s를 붙인다.

| gift shops | 선물 가게 | car doors | 자동차 문 |
|---|---|---|---|

※ 단, man-, woman- 이 붙어 성별을 나타내는 복합명사는 양쪽 명사 모두를 복수형으로 바꾼다.

| women-writers | 여성 작가 | men-servants | 남자 하인 |
|---|---|---|---|

② 「명사＋부사/전치사(타품사)」의 복합명사는 명사 부분에 -s를 붙인다.

| passers-by | 행인 | lookers-on | 구경꾼 |
|---|---|---|---|

③ 원래 명사가 아닌 것을 명사로 쓸 때는 다양한 형태로 -s를 붙인다.

| grown-ups | 성인 | do's and don'ts | 주의 사항 |
|---|---|---|---|

④ 국가명 또는 연합은 -s로 끝나더라도 단수 취급한다.

| the United Nations | 국제연합 | the United States | 미국 |
|---|---|---|---|
| the Netherlands | 네덜란드 | the Philippines | 필리핀 |

## (7) 명사의 소유격

① 사람이나 동물의 경우 's를 붙인다.

- men's clothes  남자 옷
- Beckham's car  Beckham의 자동차

② -s로 끝난 복수형은 그냥 '만 붙인다.

- girls' high school  여자 고등학교

③ -s로 끝난 고유명사인 경우 's를 붙인다.

- Charles's address  Charles의 주소
- Jesus' disciples, Columbus' discovery of America

  예수의 제자들, 콜럼버스의 미 대륙 발견

  ※ 고대 희랍인, Socrates, Jesus, Moses, Columbus 등의 고유명사는 -s로 끝날지라도 '만 붙여서 소유격을 만든다.

④ 무생물의 소유격은 「~ of＋무생물」로 쓴다.

- the legs of the desk  책상의 다리
- the arms of the clock  시계의 바늘

POINT CHECK

10 '여자 고등학교'는 girls's high school로 표기한다. ( T / F )

| 정답 |  10 F

# 01 명사

[01~05] 다음 중 어법상 옳은 것을 고르시오.

01  The nation consisted of five [ people / peoples ].

02  She was looking for some [ furniture / furnitures ].

03  The researcher found [ diabete / diabetes ] is one of the causes of the disease.

04  He really hates doing [ homework / homeworks ].

05  They exhibited many [ aircraft / aircrafts ] last Friday.

## 정답&해설

**01  peoples**

| 해석 | 그 나라는 5개의 민족으로 구성되어 있었다.

| 해설 | '그 나라는 5명의 사람들로 구성되어 있었다.'보다 '그 나라는 5개의 민족으로 구성되어 있었다.'가 해석상 자연스러우므로 'peoples' 가 알맞다.

**02  furniture**

| 해석 | 그녀는 가구를 좀 찾고 있는 중이었다.

| 해설 | 'furniture'는 항 단순집합명사로 복수형으로 쓰지 않는다.

**03  diabetes**

| 해석 | 연구원은 당뇨병이 그 질병의 원인들 중 하나라는 것을 발견했다.

| 해설 | '당뇨병'은 'diabetes'이며 항상 단수 취급한다.

**04  homework**

| 해석 | 그는 숙제하는 것을 정말로 싫어한다.

| 해설 | 'homework'는 불가산명사이므로 복수형을 사용할 수 없다.

**05  aircraft**

| 해석 | 그들은 지난 금요일에 많은 항공기들을 전시했다.

| 해설 | 'aircraft'는 단수형과 복수형이 같은 가산명사이다.

# 01 명사

**교수님 코멘트 ▶** 명사는 명사의 형태를 직접적으로 묻는 문제보다 명사를 수식하는 수량형용사, 대명사와의 수 일치, 동사와의 수 일치 등이 주로 출제되므로 이를 확인할 수 있는 문제들로 구성하였다. 출제 비중은 높지 않으나 파생 문제로 일치 등의 영역에서 명사가 근간이 되는 문제가 출제되므로 다양한 문제를 통해서 분석력을 키워야 한다.

## 01

다음 문장 중 어법상 **틀린** 것을 고르시오.

① There were two cups of flours and three apples on the table.
② I was just a little jealous of those privileged travelers in first class.
③ It was clear that artificial heart patients were prone to fatal strokes and infections.
④ The roles that men and women are expected to assume in a society are mostly determined by the culture rather than just by biological differences.

## 02

어법상 옳지 **않은** 것은?

① George has not completed the assignment yet, and Mark hasn't either.
② My sister was upset last night because she had to do too many homeworks.
③ If he had taken more money out of the bank, he could have bought the shoes.
④ It was so quiet in the room that I could hear the leaves being blown off the trees outside.

---

**01 물질명사의 수량 표시**

① 물질명사는 불가산명사에 해당하므로 복수 형태를 사용할 수 없으며 수량으로 나타내야 하는 경우 「수사 + 단위명사(s) + of + 물질명사(단수)」의 형태를 사용한다. 따라서 물질명사인 'flours'를 'flour'로 수정해야 한다.

**| 오답해설 |** ② 'privileged'는 '특혜를 누리는'이라는 의미로 'travelers'를 수식하고 있다. 'those'는 지시형용사로 복수형 명사인 'travelers'를 한정하고 있다.
③ 「It was clear that + 주어 + 동사」의 가주어–진주어 구문으로, '∼임이 분명했다'라는 의미이다.
④ 주어 'The roles'를 'that' 이하의 관계대명사절이 수식하고 있다. 'assume' 뒤에 목적어가 없으므로 'that'은 목적격 관계대명사이다. 문장 전체의 주어인 'The roles'와 동사 'are'도 수 일치가 잘 되어 있다.

**| 해석 |** ① 테이블 위에 밀가루 두 컵과 사과 세 개가 있었다.
② 나는 단지 일등석에서 특혜를 누리는 그 여행객들을 약간 질투했을 뿐이었다.
③ 인공 심장 환자가 치명적인 뇌졸중과 감염에 걸릴 경향이 있다는 것은 분명했다.
④ 한 사회 안에서 남자와 여자가 취하도록 기대되는 역할들은 그저 생물학적 차이보다는 문화에 의해서 주로 결정된다.

**02 불가산명사**

② 'homework'는 불가산명사이기 때문에 복수형으로 사용할 수 없으며 'many' 대신 'much'로 수식한다. 즉, 'many homeworks'는 'much homework'가 되어야 한다.

**| 오답해설 |** ① 부정문에서 '또한'을 의미하는 부사는 'either'이다.
③ 가정법 대과거(과거완료)의 형태는 「If + 주어 + had p.p. ∼, 주어 + would/should/could/might + have p.p. …」로 나타내므로 옳은 문장이다.
④ 「so + 형용사 + that + 주어 + 동사」의 형태가 올바르게 사용되었다.

**| 해석 |** ① George는 아직 과제를 다 끝내지 못했고, Mark 또한 그렇다.
② 내 여동생은 지난밤에 속상해했는데, 왜냐하면 그녀는 너무 많은 숙제를 해야 했기 때문이었다.
③ 만약 그가 더 많은 돈을 은행에서 인출했다면, 그 신발을 살 수 있었을 텐데.
④ 방 안이 아주 조용해서 나는 바깥의 나무에서 나뭇잎이 바람에 떨어지는 소리를 들을 수 있었다.

**| 정답 |** 01 ① 02 ②

# 02 대명사

POINT CHECK

## VISUAL G

| 종류 | | 1인칭 | | 2인칭 | | 3인칭 | | | |
|---|---|---|---|---|---|---|---|---|---|
| | | 단수 | 복수 | 단수 | 복수 | 남성 | 여성 | 중성 | 복수 |
| 인칭 대명사 | 주격 | I | we | you | you | he | she | it | they |
| | 목적격 | me | us | you | you | him | her | it | them |
| | 소유격 | my | our | your | your | his | her | its | their |
| 소유대명사 | | mine | ours | yours | yours | his | hers | its (드물게 사용) | theirs |
| 재귀대명사 | | myself | ourselves | yourself | yourselves | himself | herself | itself | themselves |
| 지시대명사 | | this, these, that, those, such, so, it, they, them | | | | | | | |
| 부정대명사 | | all, both, each, every, either, neither, nothing, one, none, nobody, something, someone, somebody, anything, anyone, anybody, some, any, everything, everyone, everybody | | | | | | | |
| 의문대명사 | | who, whom, which, what | | | | | | | |
| 관계대명사 | | who, whose, whom, which, what, that[유사관계대명사 as, than, but] | | | | | | | |

## 01 비인칭대명사 it의 용법

**(1) 앞에 나온 단수 명사, 구, 절을 대신하며 단수 취급한다.**

- The boy took a ball and threw **it**. 소년은 공 하나를 가져가 그것을 던졌다.
- The girl is innocent, and I know **it** quite well.

  그 소녀는 결백하고, 나는 그것을 아주 잘 알고 있다.

**(2) 비인칭주어로 날씨, 계절, 시간, 거리, 요일, 명암, 막연한 상황 등을 나타낼 때도 사용된다.**

- What time is **it**? (시간) 몇 시입니까?
- How far is **it** from here to the hotel? (거리) 여기서 호텔까지 거리가 얼마나 됩니까?
- **It** is dark at night. (명암) 밤에는 어둡다.
- **It** is summer now. (계절) 이제 여름이다.
- A: What day is **it**? 오늘이 무슨 요일입니까?

  B: **It** is Friday. (요일) 금요일입니다.
- **It** is sunny today. (날씨) 오늘은 화창하다.

## 02 재귀대명사

**(1) 재귀적 용법**

재귀대명사가 재귀동사, 타동사, 전치사 등의 목적어로 쓰이는 경우로, 주어의 동작이 주어 자신에게 영향을 미칠 때 '자기 자신을 ~하다'라는 뜻이 된다. 이때의 재귀대명사는 생략이 불가능하다.

- She absented **herself** from school. 그녀는 학교를 결석하였다.
- ◎ I can't make **myself** understood in English. 나는 영어로 남을 이해시킬 수 없다.
- ✕ I can't make **me** understood in English.

  ➡ make oneself understood는 '(자기 말을) 남에게 이해시키다'라는 의미로 재귀대명사 관용 표현이다.

| overdrink oneself | 과음하다 | overeat oneself | 과식하다 |
|---|---|---|---|
| overwork oneself | 과로하다 | oversleep oneself | 늦잠 자다 |

**(2) 강조적 용법**

주어, 목적어 뒤에 동격으로 쓰여, 그 주어나 목적어의 의미를 강조하며 문장 끝에 놓이기도 한다. 생략이 가능하며, '~ 자신, ~까지도, ~도 또한'의 의미를 가진다.

- He must do it **himself**. 그는 반드시 그것을 그 스스로 해야 한다.
- ◎ I want **my own** dog. 나는 내 개를 원한다.
- ✕ I want **myself** dog.

  ➡ 재귀대명사는 명사 앞에 사용할 수 없다.

POINT CHECK

01 it은 시간, 거리, 명암, 계절, 요일, 날씨 등을 나타내는 문장에서 □□□□□ 역할을 한다.

02 재귀대명사는 □□□의 자릿값으로 사용된다.

| 정답 | 01 비인칭주어
　　　　02 목적격

### (3) 관용 표현

| | | | |
|---|---|---|---|
| to oneself | 혼자 | beside oneself | 제정신이 아닌, 미친 |
| lose oneself | 길을 잃다 | help oneself to | ～을 마음껏 들다[먹다] |
| enjoy oneself | 재미있게 보내다 | behave oneself | 얌전히 굴다 |
| pride oneself on | ～을 자랑하다 | absent oneself from | ～에 결석하다 |
| of itself | 저절로 | by oneself | 홀로, 혼자서 |
| for oneself | 자신을 위해서, 스스로 | | |

- The candle went out **of itself**.  그 촛불은 저절로 꺼졌다.
- The lazy boy **absented himself from** school.  그 게으른 소년은 학교에 결석했다.
- You must look up the word in the dictionary **for yourself**.
  너는 스스로 사전에서 그 단어를 찾아봐야 한다.

## 03  지시대명사

| 지시대명사 | 의미 | 비고 |
|---|---|---|
| this/these | 이것/이것들 | 비교적 가까운 사물이나 사람을 가리킴 |
| that/those | 저것/저것들 | 비교적 먼 사물이나 사람을 가리킴 |
| such | 그런 사람[사물] | |
| same | 같은 것[일] | |
| so | 같은 사람[사물] | |

### (1) 지시대명사 this/these, that/those

① 전자는 that, 후자는 this로 지칭한다.

| 전자 | the former | the one | that |
|---|---|---|---|
| 후자 | the latter | the other | this |

- The potato and the sweet potato are both delicious; **this** is an ingredient of pizza, **that** is an ingredient of a chip.
  감자와 고구마는 둘 다 맛있다; 후자(고구마)는 피자의 재료이고, 전자(감자)는 칩의 재료이다.
- Health is above wealth; **this** cannot give so much happiness as **that**.
  건강은 부유함보다 중요하다; 후자(부유함)는 전자(건강)만큼 많은 행복을 줄 수 없다.

② this/that은 이미 앞에 나왔던 특정 단어, 구, 절, 문장을 대신할 수 있다. 후행구(뒤에 나오는 내용)를 가리킬 때는 this로 표현하며, 앞 내용은 this나 that 둘 다 가능하다.
  - They will always keep **this** in mind, "Believe in yourself." (this: 뒤에 나오는 인용구 지칭)
    그들은 언제나 이것(문구)을 가슴에 새길 것이다. "너 자신을 믿어라."
  - He will surely win the final. **That** will please his family. (That: 앞 문장 지칭)
    그는 분명히 결승전에서 이길 것이다. 그것이 그의 가족을 기쁘게 할 것이다.

③ this/that 다음에 명사가 오면 지시형용사가 된다.

| 구분 | 단수 | 의미 | 복수 | 의미 |
|---|---|---|---|---|
| 지시대명사 | this | 이것 | these | 이것들 |
| 지시형용사 | this | 이(+ 단수명사) | these | 이(+ 복수명사) |
| 지시대명사 | that | 저것 | those | 저것들 |
| 지시형용사 | that | 저(+ 단수명사) | those | 저(+ 복수명사) |

- **This** machine is broken. 이 기계는 고장 났다.

## (2) 지시대명사 such

앞에 나온 어구(as such 형태)나 문장을 지칭한다.

- He is a criminal and must be treated **as such.** (such = a criminal)

그는 범죄자이므로 그렇게 취급되어야 한다.

- I may have hurt his feelings but **such** was not my intention.

(such = I may have hurt his feelings)

내가 그의 기분을 상하게 했을지도 모르지만 그것은 나의 의도가 아니었다.

## (3) 지시형용사 such

such A as B = A such as B = A like B(B와 같은 A)

- We like **such** sports **as** baseball, basketball, and soccer.
  → We like sports **such as** baseball, basketball, and soccer.

우리는 야구, 농구, 그리고 축구와 같은 운동을 좋아한다.

## (4) 지시대명사 so

① 「So/Neither + 조동사 + 주어」: '주어도 역시 그러하다'라는 의미를 가지고 있다.

  ㉠ 긍정

- Beckham speaks French. Beckham은 프랑스어를 말한다.
  → **So** do I. / I do, too. / Me, too. 나도 그렇다.

  ㉡ 부정

- Beckham doesn't speak French. Beckham은 프랑스어를 말하지 못한다.
  → **Neither**[Nor] do I. / I don't, either. / Me, neither. 나도 못한다.

② 「So/Neither + 주어 + 조동사」: '주어는 그러하다'라는 의미를 가지고 있다.

- You are young. 당신은 젊습니다.
  → **So** I am. (= Yes, I am young.) 그렇습니다. (네, 저는 젊습니다.)

  ※ '주어도 역시 그러하다'라는 표현과는 구별되면서 두 사람 간의 대화에서 사용되는 표현이다.

05 긍정문/부정문에서의 「□□/□□□□□□□+조동사+주어」는 '주어도 역시 그러하다'의 의미이다.

## 04 부정대명사

### (1) one

① 일반적인 사람을 지칭할 때: one이 일반적인 뜻으로 '사람, 세상 사람, 누구나'와 같이 사용되는 경우이다.

· **One** should learn.  사람은 배워야 한다.

· **One** has one's secret.  누구나 비밀이 있다.

※ one이 막연한 한 사람을 가리키지 않고 어느 특정한 한 사람을 가리킬 때는 his, him, himself 등으로 대신한다.

② 명사의 반복을 피할 때: 「a[an]＋단수 보통명사」의 의미로 같은 종류의 물건을 나타낼 때 사용한다.

· If he needs a computer, I will lend him **one**. (a computer → one)

만약 그가 컴퓨터가 필요하다면, 내가 그에게 한 대 빌려줄 것이다.

**참** I bought a smart phone, but I lost **it**. (a smart phone → it)

나는 스마트폰을 샀는데, 그것을 잃어버렸다.

※ 「a[an]＋단수 보통명사」의 경우에도 문맥상 앞에서 언급된 바로 그 물건을 지칭할 때는 지시대명사 it으로 대신한다.

③ one을 사용할 수 없거나 생략하는 경우

셀 수 없는 명사(물질 · 추상명사)는 one으로 대신할 수 없다.

Ⓞ He liked white wine better than red wine.

그는 레드 와인보다 화이트 와인을 더 좋아했다.

Ⓧ He liked white wine better than red **one**.

➡ wine이 물질명사이기 때문에 one으로 대신할 수 없다.

### (2) another, other, others

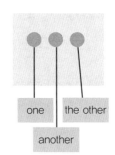

· I have two sons; **one** is a doctor, and **the other** is a teacher.

나는 두 명의 아들이 있다: 한 명은 의사이고, 다른 한 명은 선생님이다.

· I have three brothers; **one** is 5 years old, **another** is 7, and **the other** is 10.

나는 세 명의 형제가 있다: 한 명은 5살이고, 또 다른 한 명은 7살이며, 나머지 한 명은 10살이다.

① another

  ㉠ 「an + other」의 형태로 단수의 뜻이며, 3개 이상의 복수에서 몇 개를 빼고 남은 것 중의 하나를 가리키는 말이다.

    • I have six cars; three of them are blue, **another** is yellow, and **the others** are black.

    나는 6대의 자동차를 갖고 있다: 그것들 중 3대는 파란색이고, 다른 한 대는 노란색이며, 그 나머지들은 검정색이다.

  ㉡ another의 다양한 의미

    ⓐ 「A is one thing and B is another」: A와 B는 별개의 것이다

      • To speak is **one thing and** to listen is **another.** 말하는 것과 듣는 것은 별개이다.

      ※ 관용 표현이므로, another 대신에 the other를 사용하지는 않는다.

    ⓑ one another: 서로서로

      • They helped **one another** in their work. (셋 이상)

      그들은 일하면서 서로서로 도왔다.

      참 The players looked at **each other.** (둘 사이)

        선수들은 서로서로를 바라봤다.

---

**헷갈리지 말자**    서로서로 each other vs. one another

  • They are opposite **each other.**
      그들은 서로서로 반대한다.

  • They are opposite **one another.**
      그들은 서로서로 반대한다.

➡ one another는 셋 이상에서, each other는 둘 사이에서 '서로서로'의 뜻으로 쓰는 것이 원칙이나, 명확히 구별해서 사용하지는 않는다.

---

② other(s)

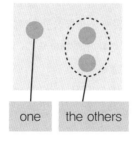

    one      the others

• There are three roses in the vase; **one** is red and **the others** are white.

꽃병에 세 송이의 장미가 있다: 한 송이는 빨간색이고 나머지들은 흰색이다.

● 부정대명사와 부정형용사 비교

| 부정대명사 | | 부정형용사 | |
|---|---|---|---|
| others | 다른 것들 | other students | 다른 학생들 |
| the others | 나머지 다른 것들 | the other students | 나머지 다른 학생들 |
| the other | 나머지 다른 하나 | the other student | 나머지 다른 학생 |

※ other는 단독으로 부정대명사로 사용할 수 없음에 유의하자.

07 셋 이상 중 하나는 one이고, 나머지 전부는 □□□ □□□ □□□(으)로 나타낸다.

| 정답 |    07 the others

㉠ 두 개 중에서 하나를 one이라고 하면, 나머지 하나는 특정되므로 the other가 된다.

　※ one, the other : 각각 '하나는, 다른 하나는'이라는 의미로 one 이후에 the other이 제시되어야 하므로
　　독해의 배열 유형에서 중요한 단서가 될 수 있다.

　• I have two aunts; **one** is in Canada, and **the other** (is) in Japan.

　　나에게는 이모가 두 분 계신다; 한 분은 캐나다에, 그리고 다른 한 분은 일본에 계신다.

　　※ the one, the other는 각각 '전자', '후자'라는 의미로 순서와 관련이 있다.

㉡ one, another[a second], the other : 셋 중 하나하나를 열거할 때 사용한다.

　• There are three men. **One** is a farmer, **another** is a teacher, and **the other** is a singer.

　　세 남자가 있다. 한 명은 농부이고, 다른 한 명은 교사이며, 나머지 한 명은 가수이다.

**(3) some, any**

(전체에서) 어떤 것[사람]들은 some으로, 나머지 중 또 다른 일부는 others로 지칭한다. 나머지 전체는 the others로 나타낸다.

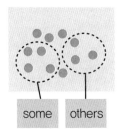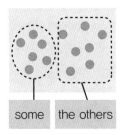

　• **Some** like baseball, and **others** like soccer.

　　어떤 사람들은 야구를 좋아하고, 다른 사람들은 축구를 좋아한다.

　• **Some** are here, and **the others** are there.

　　일부 사람들은 여기 있고, 나머지 사람들은 (전부) 저기 있다.

① some

　㉠ 긍정문(some, any): 특정한 것들 중 불특정한 일부를 나타낸다.

　　• Beckham knows **some** of his classmates.

　　　Beckham은 그의 반 친구들 중 몇 명을 안다.

　㉡ 청유문(some): 권유문이나 청유문의 형태에서 긍정적인 대답을 기대하며 사용한다.

　　• Will you have **some** more?　좀 더 드시겠습니까?

② any

　㉠ 긍정문

　　• You can choose **any** of the computers on the list.

　　　당신은 리스트에 있는 컴퓨터들 중 아무거나 고를 수 있다.

　㉡ 부정문

　　• Beckham doesn't know **any** of his classmates.

　　　Beckham은 그의 반 친구들을 아무도 모른다.

ⓒ 의문문(any, some): 단순하게 물어보는 경우 any를 쓰고, 부탁이나 청유의 의도가 있는 경우 some을 사용한다.

- Do you have **any** cash? 당신은 현금이 있나요?
- 🖪 Do you have **some** cash? 당신은 현금이 있나요?
  - ※ 빌리려는 의도로 긍정의 대답을 기대하는 의문문 형태의 청유문이다.

ⓡ 조건문: 상대방에게 if 등의 조건문의 형태로 물어볼 때는 some 대신 any를 사용한다.

- If you have **any** questions, raise your hand. 질문이 있다면, 손을 들어라.

ⓜ 「부정어＋any-」: any를 포함한 anyone, anything 등이 부정어보다 앞에 나와서는 안된다.

- 🔘 I told **nothing** to **anyone**. 나는 어느 누구에게도 아무 말도 안했다.
  🔘 I told **no one** anything.
  🔘 I did **not** tell **anything** to anyone.
  🔘 I did **not** tell anyone anything.
  ❌ I told anyone nothing.
- 🔘 Tom was given **nothing** by **anyone**. Tom은 어느 누구로부터도 아무것도 받지 않았다.
  ❌ Tom was given **anything** by **no one**.

## (4) none, no

① none: '아무도 ~ 않다' 또는 '어느 것도 ~ 않다'의 의미를 가지고 있다.

- **None** of the people **have** woken up. (가산명사: 복수)

  그 사람들 중 아무도 일어나지 않았다.

- **None** of this furniture **is** yours. (불가산명사: 단수)

  이 가구들 중 어느 하나도 너의 것이 아니다.

  ※ none은 가산명사와 불가산명사 둘 다로 사용 가능하다. 주어가 「None of + 명사」의 형태일 때, of 뒤의 명사가 단수면 None도 단수 취급하고, of 뒤의 명사가 복수면 None도 복수 취급한다.

- **No one has** woken up. 아무도 일어나지 않았다.

  ※ no one은 단수 취급한다.

## (5) all, each, every

① all: 단독으로 쓰일 경우 단수, 복수 취급 둘 다 가능하다.

- **All** are well. (복수) 모두 건강하다.

  ※ 사람을 가리킬 때는 복수 취급한다.

- **All** is well to him. 모든 상황이 그에게 좋다.

- **All** of the teachers are supposed to attend the meeting. (대명사)

  선생님들 모두는 회의에 참석하기로 되어 있다.

※ 「All of the + 명사」가 주어로 쓰이면 of 뒤에 나오는 명사의 수에 따라서 수 일치를 해야 한다.

- All of the books **are** kept. 그 책들 전부가 보관된다.
- All of the bread **is** cheap. 그 빵 전부가 저렴하다.

**11** 단독으로 쓰인 all은 사람을 나타낼 때는 복수, 사물을 나타낼 때는 ☐☐ 취급한다.

② each와 every가 형용사로 쓰일 때 뒤에 나오는 명사는 항상 단수명사이며, 동사도 단수로 수 일치시킨다.

- **Each** brother has his own room.  남자 형제는 각각 자신의 방이 있다.

  참 **Each** of the brothers has his own room.  남자 형제들 각각은 자신의 방이 있다.

  ※ 「each of + 복수명사」에서 each는 대명사로 쓰인 것이다.

- She knows **every** student in the school.  그녀는 학교에 있는 모든 학생들을 안다.

③ 「every + 기수 + 복수명사」: = 「every + 서수 + 단수명사」: ~마다 한 번씩

- The Olympics are held **every four years**.  올림픽은 4년마다 한 번씩 개최된다.

  = The Olympics are held **every fourth year**.

---

**헷갈리지 말자**  every two day vs. every two days

- She takes a shower every two day.

- She takes a shower **every two days**.
- She takes a shower **every second day**.
  그녀는 이틀에 한 번 샤워를 한다.

➡ 형용사 every 뒤에 기수의 수사가 나오는 경우 복수명사가 와야 한다.
  - every two days = every second day = every other day
  - every three days = every third day

---

④ each other는 대명사로, 부사의 기능이 없다.

- They love **each other**.  그들은 서로를 사랑한다.

  ○ They take care of themselves **for each other**.

    그들은 서로를 위해서 그들 스스로를 돌본다.

  × They take care of themselves **each other**.

    ➡ each other는 대명사의 기능만 하므로, 부사의 역할을 하려면 전명구의 형태가 되어야 한다.

---

## 05 의문사

### (1) 의문사의 용법

| 구분 | 의문대명사 | | | 의문형용사 | 의문부사 | |
|---|---|---|---|---|---|---|
| | 주격 | 소유격 | 목적격 | | | |
| 사람(person) | who | whose | whom | whose | 시간 | when |
| 사물(thing) | what/where | | | – | 장소 | where |
| 사람/사물 | which | | | what | 이유 | why |
| | | | | which | 방법 | how |

의문문을 만드는 who, whom, what, which, when 등을 의문사라고 하며 크게 의문대명사, 의문형용사, 의문부사로 나눈다.

① 의문대명사: who, whom, what 등이 해당된다.

  ㉠ who: 사람의 성명, 혈족 관계 등을 묻는 의문대명사이다.

- A: **Who** is he?  그는 누구입니까?

B: He is Beckham, my cousin. 그는 내 사촌 Beckham입니다.

ⓛ what: 사람의 직업, 신분 및 사물을 묻는 의문대명사이다.

　　・A: **What** is he? 그는 직업이 무엇입니까?
　　B: He is a soccer player. 그는 축구선수입니다.

ⓒ 의문대명사가 주어일 때, do/does나 did와 같은 조동사는 필요 없다.

　　・**Who** trusts you? 누가 당신을 믿나요?
　　・**What** makes you believe it?
　　당신은 무엇 때문에 그것을 믿나요? (무엇이 당신이 그것을 믿게 하나요?)
　　・**Where** are you from? 당신은 어디 출신입니까?
　　※ where가 의문대명사로 사용되는 경우, 보통 from이나 to와 같은 전치사의 목적어로 쓰이므로 주의해야 한다.

② 의문형용사: which, what, whose 등이 해당된다.

　　・**Which** way is the river flowing? 어느 방향으로 강이 흐르고 있나요?
　　・**What** kind of sports do you like? 어떤 종류의 운동을 좋아하세요?
　　・**Whose** book is that? 저것이 누구의 책이죠?
　　※ whose는 의문대명사 who의 소유격이기도 하다.

③ 의문부사: 시간을 묻는 when, 장소를 묻는 where, 이유를 묻는 why, 방법을 묻는 how가 있다.

　　・**When** are you going to leave? 언제 떠나실 겁니까?
　　・**Where** shall we meet? 어디서 만날까요?
　　・**Why** do you study English so hard? 당신은 왜 그렇게 영어를 열심히 공부합니까?
　　・**How** can you live alone? 어떻게 혼자 살 수 있습니까?
　　・**When** did he build his house? 그는 언제 그의 집을 지었습니까?
　　　→ He built his house **when**. (의문부사를 부사 취급, 평서문으로 변형)
　　　→ His house was built by him **when**. (수동태로 전환)
　　　→ **When** was his house built by him? (수동태 의문문으로 전환)

## (2) 직접의문문과 간접의문문

① 직접의문문: 「의문사 + 동사 + 주어 ~?」의 형태이다.

② 간접의문문: 의문사가 이끄는 절이 다른 문장에 포함되어 종속절이 되면, 그 의문문은 「의문사 + 주어 + 동사」의 형태가 된다.

| 구분 | 직접의문문 | 간접의문문 |
|---|---|---|
| 의문사가 보어인 경우 | Who is that man? | I don't know **who that man is**. |
| 의문사가 목적어인 경우 | What does she want? | I don't know **what she wants**. |
| 의문사가 주어인 경우 | Who came first? | Ask him **who came first**. |
| 「의문형용사 + 명사」가 목적어인 경우 | Which flower do you like better? | Tell me **which flower you like better**. |

POINT CHECK

14 간접의문문은 「의문사 + □ □ + □ □」의 어순으로 나타낸다.

| 정답 | **14** 주어, 동사

③ 간접의문문에서 의문사가 문두로 나가는 경우: 동사가 believe, imagine, guess, suppose, think 등의 생각동사일 때는 반드시 의문사를 문두로 도치시킨다. Do you ~?인 경우 의문사를 문두로 이동시키며, Can you ~?는 해당하지 않는다.

- What does she want? 그녀는 무엇을 원합니까?
  - → ◎ Do you know what she wants?
    - ※ yes, no의 대답이 가능하다.
  - → ◎ **What** do you **think** she wants?
  - → ☒ Do you think what she wants?

### (3) 부가의문문 〔암기문법〕

① 주로 구어체에서 쓰이며, 앞 절이 긍정이면 부정의 부가의문문을 사용하고, 앞 절이 부정이면 긍정의 부가의문문을 사용한다. 부가의문문의 주어는 항상 대명사로 쓰며, 동사와 not은 축약형으로 사용한다. 앞 절의 동사가 be동사일 때는 be동사를, 조동사일 때는 조동사를, 일반동사일 때는 do동사를 사용한다.

- He is a doctor, **isn't he**? 그는 의사야, 그렇지 않니?
- She can't swim, **can she**? 그녀는 수영을 못해, 그렇지?
- ◎ Beckham has a house, **doesn't he**? Beckham은 집을 갖고 있어, 그렇지 않니?
- ☒ Beckham has a house, **hasn't he**?
  - ➡ 주절의 has는 일반동사로 '가지고 있다'의 뜻이므로 do동사로 부가의문문을 만들어야 한다.

② 완료시제 문장에서는 have 동사를 사용한다.

- You've been to L.A., **haven't you**?
  당신은 L.A에 가 본 적이 있죠, 그렇지 않나요?

③ have to나 has to는 have 대신 do를 사용한다.

- He has to get up early, **doesn't he**?
  그는 일찍 일어나야겠네요, 그렇지 않나요?

④ 조동사 should나 ought to는 반드시 「shouldn't＋S?」의 형태로 쓴다.

- He should study harder, **shouldn't he**?
  그는 공부를 더 열심히 해야 해, 그렇지 않니?

⑤ 앞 절에 부정어 no, nothing, seldom, hardly, scarcely 등이 있으면 부가의문문은 긍정으로 쓴다.

- He seldom visits you, **does he**? 그는 거의 당신을 방문하지 않아요, 그렇죠?

⑥ 기타 부가의문문

- He's doing his best, **isn't he**? 그는 최선을 다하고 있어, 그렇지 않니?
- You'd better leave at once, **hadn't you**? 너는 이만 떠나는 게 좋겠다, 그렇지 않니?
  - ※ 여기서 You'd는 You had의 축약형이며 had better의 부가의문문은 「hadn't＋S?」이다.

## 06 소유대명사

### (1) 소유대명사

소유대명사는 mine, ours, yours 등을 의미하며, 「소유격 + 명사」를 대신한다.

| 인칭 | 1인칭 | | 2인칭 | | 3인칭 | | | |
|---|---|---|---|---|---|---|---|---|
| 수 | 단수 | 복수 | 단수 | 복수 | 남성 | 여성 | 중성 | 복수 |
| 인칭대명사(주격) | I | we | you | you | he | she | it | they |
| 소유대명사 | mine | ours | yours | yours | his | hers | its (드물게 사용) | theirs |

- This dictionary is **mine.** (= my dictionary)

  이 사전은 나의 것이다.

### (2) 이중소유격

한정사 no, a[an], this, that, these, any, some, another, which 등과 인칭대명사의 소유격을 함께 쓸 때는 다음과 같은 형태를 취한다.

> no/a[an]/this/that/these/any/some/another/which + 명사 + of + 소유대명사

| a book of yours | 당신의 책 한 권 | that bag of his | 그의 저 가방 |
|---|---|---|---|
| some money of hers | 그녀의 돈 일부 | another car of theirs | 그들의 또 다른 차 |

- She is **a friend of mine.** 그녀는 내 친구 중 한 명이다.
- **This book of his** has become popular. 그의 책 중에 이 책이 인기를 얻고 있다.
- ⃝ He is **an old friend of my father's.** 그는 우리 아버지의 오랜 친구이다.
- ✕ He is **a my father's old friend.**

  ➡ 관사와 소유격은 나란히 쓸 수 없다.

16 관사와 소유격을 함께 쓸 때는 □□□□□을(를) 사용한다.

# 02 대명사

**[01~05] 다음 중 어법상 옳은 것을 고르시오.**

**01** His father lent him a book but he lost [ it / them ].

**02** As soon as he lost one of his shoes, he threw [ the other / another ].

**03** The exhibition is held every three [ year / years ].

**04** These areas are mine but one of [ that / them ] is yours.

**05** Every book in this room is [ your / yours ].

## 정답&해설

**01** **it**

| 해석 | 그의 아버지가 그에게 책 한 권을 빌려주셨는데 그는 그것을 잃어버렸다.

| 해설 | 대명사가 가리키는 대상인 'a book'은 단수이므로 단수대명사 'it'을 사용하는 것이 옳다.

**02** **the other**

| 해석 | 그는 신발 한 짝을 잃어버리자마자 다른 한 짝을 던져 버렸다.

| 해설 | 신발은 두 짝이므로 대명사 'one'과 'the other'를 사용하는 것이 옳다.

**03** **years**

| 해석 | 그 전시회는 3년마다 한 번씩 개최된다.

| 해설 | 「every + 기수」 뒤에는 복수명사가 온다. 따라서 'years'가 정답이다.

**04** **them**

| 해석 | 이 지역들은 내 것이지만 그것들 중 하나는 너의 것이다.

| 해설 | '~ 중 하나'는 「one of + 복수(대)명사」로 표현하므로 'them'이 정답이다.

**05** **yours**

| 해석 | 이 방에 있는 모든 책은 너의 것이다.

| 해설 | 소유격 'your'는 명사 없이 단독으로 쓸 수 없으므로 동사 'is'의 보어로는 소유대명사 'yours'를 써야 한다.

# 02 대명사

**교수님 코멘트▶** 대명사는 명사와 직접적인 관련이 있는 영역이다. 특히 영어는 대명사에 수를 포함한 개념을 반드시 제시하므로 수 일치 문제 등에 주의해야 한다.

## 01

다음 중 어법상 옳지 <u>않은</u> 것은?

① The people in the United States speak the same language as those in Great Britain.
② However, American English is different from British English in many ways.
③ First, the sounds of American English are different from that of British English.
④ For example, most Americans pronounce 'r' in the word 'car' but most British people do not.

## 02

다음 중 어법상 옳은 것은?

① These two boys helped one another.
② I met a friend of him yesterday.
③ My brothers are both abroad; one lives in England and the other in Sweden.
④ Both of his parents is dead.

---

**01 비교급 문장에서 반복되는 명사를 대신하는 that/those**

③ 비교 대상이 'the sounds'이기 때문에 'that'이 아니라 복수형인 'those'를 사용해야 한다.

| 오답해설 | ① 비교 대상이 'The people in the United States'와 'those in Great Britain'이다. 'those'는 'the people'을 대신한다.
② 'be different from'은 '~와 다르다'라는 뜻으로 사용되며, 전치사(from) 뒤에는 명사(구)를 수반한다.
④ 이 문장에서 반복되는 동사는 대동사로 대신한다. 반복되는 동사가 현재시제의 일반동사인 'pronounce'이고 주어 'most British people'이 복수이므로 'do'로 대신해야 한다. 이 문장에서는 부정의 의미이므로 'do not'이 옳게 쓰였다.

| 해석 | ① 미국에 있는 사람들은 영국에 있는 사람들과 같은 언어를 말한다.
② 그러나, 미국식 영어는 여러 면에서 영국식 영어와 다르다.
③ 첫째, 미국식 영어의 소리는 영국식 영어의 소리와 다르다.
④ 예를 들면, 대부분의 미국인들은 'car'라는 단어의 'r'을 발음하지만 대부분의 영국인들은 발음하지 않는다.

---

**02 one-the other의 쓰임**

③ 두 개 중 하나는 'one', 나머지 하나는 'the other'로 지칭한다.

| 오답해설 | ① 'one another'는 셋 이상일 때 '서로서로'라는 의미로 사용한다. 따라서 'one another'는 둘 사이에서 '서로'를 의미하는 'each other'로 고쳐져야 한다. 단, 현대 영어에서는 'one another'와 'each other'를 명확하게 구분하지 않는 경향이 있다.
② 이중소유격은 「a[an] + 명사 + of + 소유대명사」로 쓴다. 즉, 'a friend of him'은 'a friend of his'가 되어야 알맞다.
④ 'both(둘 다)'는 복수 개념으로 사용된다. 'both' 뒤에는 반드시 복수명사가 오며 복수 취급한다. 따라서 동사도 'is'가 아닌 'are'가 되어야 한다.

| 해석 | ① 이 두 소년들은 서로를 도왔다.
② 나는 어제 그의 친구 중 한 명을 만났다.
③ 나의 형제들은 둘 다 해외에 있는데, 한 명은 영국에 살고 다른 한 명은 스웨덴에 산다.
④ 그의 부모님은 두 분 다 돌아가셨다.

| 정답 | 01 ③  02 ③

# 03 관사

---

POINT CHECK

## VISUAL G

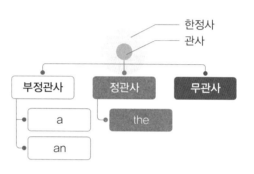

---

### 01 부정관사

01 셀 수 있으나 구체적이지 않고 막연하게 정해지지 않은 명사의 단수형 앞에는 □/□ □이(가) 온다.

**(1) 부정관사 a[an]의 쓰임**

① 하나의 명사 앞에서 개수 '하나'를 의미한다.

· Rome was not built in **a** day.

　로마는 하루아침에 만들어지지 않았다.

② per, each: a[an]이 시간, 거리, 금액을 나타내는 명사와 같이 쓰여서 '각 ~마다', '~당'의 의미를 가진다.

· He rode 60 miles **an** hour.　그는 시간당 60마일로 달렸다.

③ the same: '같은, 동일한'을 의미한다.

· We are of **a** mind.　우리는 같은 생각을 가지고 있다.

· They are of **an** age.　그들은 동갑이다.

· Two of **a** trade usually agree.　같은 장사끼리는 보통 마음이 맞는다.

· Birds of **a** feather flock together.　유유상종

| 정답 |　01 a/an

## 02 정관사

### (1) 정관사 the의 쓰임

① 앞에 나온 명사를 반복할 때 사용한다.

- I have a car. **The** car is a white RV. 나는 차 한 대가 있다. 그 차는 하얀색 RV이다.

② 수식어가 특정 명사를 뒤에서 수식할 때, 명사 앞에 붙인다.

- She has **the** wisdom of Solomon. 그녀는 솔로몬의 지혜가 있다.

③ 대화의 청자와 화자가 서로 알고 있는 명사를 지칭할 때 사용한다.

- Please open **the** door. 문을 열어 주세요.
- A: Where is **a** post office? 우체국이 어디 있어요?

  B: **The** post office is near **the** church. 우체국은 교회 근처에 있어요.

④ 단위명사 앞에 사용한다.

- Sugar is sold by **the** pound.

  설탕은 파운드로 팔린다.

⑤ 유일무이한 존재 앞에 사용한다.

> **the** Sun, **the** Moon, **the** Earth, **the** sea, **the** sky, **the** universe, **the** galaxy, **the** Himalayas, **the** Sahara

⑥ 최상급, 서수, only, same, very, late 등이 명사를 수식하는 경우 일반적으로 그 앞에 정관사가 온다.

- Spring is **the** best season for love.

  봄은 사랑하기에 최고의 계절이다.

- **The** late Mr. Kim was the strong leader.

  고인이 된 Kim 씨는 강한 지도자였다.

⑦ 기계, 발명품, 악기명 앞에 사용한다.

- It is said that **the** steam engine was invented by James Watt.

  증기 기관은 James Watt에 의해 발명되었다고 한다.

- He plays **the** guitar well.

  그는 기타를 잘 연주한다.

⑧ 「가격동사 + 사람(목적어) + 전치사 + the + 신체 부위」: ~의 신체 부위를 …하다

> 주어 + catch/pull/take/seize/hold + 사람 + by the + 잡을 수 있는 신체/옷의 일부분(hand/sleeve/collar …)

- He **caught** his fiancée **by the hand**. 그는 자신의 약혼녀의 손을 잡았다.
- ◎ She seized him **by the collar**. 그녀는 그의 옷깃을 잡았다.
- ✕ She seized him **by his collar**.

  ➡ 신체 부위나 옷의 일부분 앞에는 소유격을 쓰는 것이 원칙이나, 목적어를 통해 대상물이 확인된 경우에는 소유격이 아니라 'the'를 써서 「the + 신체 부위」로 표현한다.

> 주어 + strike/pat/tap/punch/touch/kiss/hit/beat + 사람
> + on the + 두드릴 수 있는 신체의 일부분(shoulder/back/ear …)

**02** '그/저'라는 의미로 범위를 한정하거나 특정한 명사를 지칭할 때는 □□□을(를) 사용한다.

**03** 동사가 hold, hit, look이고 목적어가 사람일 때, 그 사람의 신체의 □□□을(를) 나타내는 명사 앞에는 정관사 the를 사용한다.

| 정답 |　**02** the
　　　　**03** 일부분

· He **kissed** his baby **on the cheek.** 그는 그의 아기의 볼에 입맞춤했다.

| 주어 + look/stare/watch + 사람 + in the + 바라볼 수 있는 신체의 일부분(face/eye ⋯) |
| --- |

· He **looked** me **in the face.** 그는 내 얼굴을 들여다봤다.

### (2) 「the + 고유명사」

① 정관사를 사용하는 경우

㉠ 복수명사 전체

| the Browns | Brown씨네 가족들 | the Liberal | 자유당원들 |
| --- | --- | --- | --- |
| the Koreans | 한국인들 | | |

㉡ 산맥, 제도, 반도

| the Alps | 알프스산맥 | the Korean Peninsula | 한반도 |
| --- | --- | --- | --- |
| the West Indies | 서인도 제도 | | |

㉢ 강, 해양, 운하, 해협

| the Nile | 나일강 | the Thames | 템즈강 |
| --- | --- | --- | --- |
| the Pacific Ocean | 태평양 | the Suez Canal | 수에즈 운하 |

㉣ 관공서, 공공시설

| the White House | 백악관 | the British Museum | 영국박물관 |
| --- | --- | --- | --- |

---

**헷갈리지 말자**    in the twenties vs. in her twenties

**Do's**
· She studied abroad **in the twenties.**
그녀는 20년대에 해외에서 공부했다.

**Do's**
· She studied abroad **in her twenties.**
그녀는 20대에 해외에서 공부했다.

➡ 어떤 사람의 20대 혹은 30대 등 나이를 나타낼 때는 소유격을 사용한다. 반면 the twenties는 '20년대'라는 뜻으로 사용된다.

---

## 03 무관사

· **Waiter,** I am ready to order now. 웨이터, 이제 주문하겠습니다.
· **Father** is looking for you, Beckham. Beckham, 아버지께서 너를 찾고 계셔.
· **Mother** is very tired now. 어머니는 지금 매우 피곤하시다.
· **Dinner** is ready! 저녁 식사가 준비되었습니다!
· He plays **baseball** every Sunday morning. 그는 일요일 아침마다 야구를 한다.
· Her older brother died of **cancer.** 그녀의 오빠는 암으로 죽었다.
· Beckham is good at **math.** Beckham은 수학을 잘한다.

- **Spring** comes before **summer.** 봄은 여름 전에 온다.

※ 단, 「in the + 계절」은 사용 가능하다.

## (1) 「무관사 + 병명」

● 한정되지 않는 병명 앞에는 무관사

| cancer | 암 | flu | 독감 |

※ flu의 경우 influenza의 줄임말로 the flu 또는 a flu(e)를 사용하기도 한다.

● 항시 재발 가능한 가벼운 증세 앞에는 부정관사

| a cold | 감기 | a headache | 두통 |
| a cough | 기침 | a stomachache | 위통 |

## (2) 「sort/kind/type + of + 무관사 명사」

- The baby doesn't want the **kind of toy.** 그 아기는 그런 종류의 장난감을 원하지 않는다.
- The baby doesn't want those **kinds of toys.** 그 아기는 그런 종류의 장난감들을 원하지 않는다.
- ◎ I don't want that **kind of thing.** 나는 그런 종류의 것을 원하지 않는다.
- ✕ I don't want that **kind of a thing.**

➡ kind of 뒤에는 무관사가 원칙이다.

## (3) 「go + 무관사 공공기관」

| go to school | 학교에 가다 | go to court | 소송을 제기하다 |
| go to hospital | 병원에 다니다 | go to church | 교회에 가다 |

- We **go to school** at 8 o'clock. 우리는 8시에 학교에 (공부하러) 간다.
- 참 She lives near **the school.** 그녀는 학교 근처에 산다.

※ '학교 건물'을 뜻하므로 관사가 붙었다.

- I'd better **go to bed** now. 나는 이제 가서 자는 게 좋겠다.

※ '잠자리에 들다'라는 의미의 'go to bed'도 'bed' 앞에 관사를 쓰지 않는다는 점에 주의하자.

## (4) 「by + 교통수단」

| by plane/by air | 비행기로/항공편으로 | by subway | 지하철로 |

- Tomorrow he is going to Tokyo **by car.** 내일 그는 차로 도쿄에 갈 것이다.

## (5) 「on + 교통수단」

일부 교통수단을 나타낼 때는 전치사 on을 쓰며 관사 없이 쓰인다.

| on foot | 도보로, 걸어서 | on horseback | 말을 타고 |

- She wanted to go back home **on foot.**

  그녀는 걸어서 집으로 돌아가고 싶었다.

- This polo match is played by the people **on horseback.**

  이 폴로 경기는 말을 탄 사람들에 의해 치러진다.

**POINT CHECK**

07 「sort/kind/type + of + □ □ □ 명사」이다.

08 건물이나 장소, 또는 가구 그 자체를 나타낼 때는 관사가 붙지만, 건물이나 장소, 가구 등이 그 본래 목적의 의미를 가질 때는 관사가 □□된다.

09 by 뒤에 교통, □□ 수단이 올 때는 □□□ 없이 사용한다.

| 정답 |  07 무관사
　　　 08 생략
　　　 09 통신, the

## (6) 「by + 통신 수단」

통신 수단 fax, mail, letter 등은 관사 없이 쓴다.

| by email | 이메일로 | by telephone | 전화로 |
|---|---|---|---|

- She sends a message **by mail**. 그녀는 우편으로 메시지를 보낸다.

## (7) 무관사 관용 표현

| hand in hand | 손에 손을 잡고, 협력하여 | under way | 진행 중인 |
|---|---|---|---|
| catch sight of | ~을 보다 | for fear of | ~을 두려워하여 |
| take place | 개최되다, 일어나다 | from hand to mouth | 하루 벌어 하루 먹고 사는 |
| starve to death | 굶어 죽다 | day and night | 밤낮으로 |

- Elizabeth II, **Queen of England** visited Canada.

  영국 여왕인 엘리자베스 2세가 캐나다를 방문했다.

  ※ 신분이나 관직을 나타내는 명사가 동격이나 보어로 쓰일 때는 관사를 생략하는 것이 보통이다.

## 04 관사의 위치 암기문법

교수님 한마디 ▶ 수식어구가 포함될 경우 「관사 + 부사 + 형용사 + 명사」의 형태로 쓰며, 그 어순이 출제 포인트이므로 이에 집중하여 공부하자.

10 many a red apple ( T / F )
a many red apple ( T / F )

### (1) half류

such/many/quite/rather/what/half + a[an] + 형용사 + 명사(s)

- It's **quite an interesting story**. 그것은 아주 흥미로운 이야기이다.
- They had **such a good time** at the party.

  그들은 파티에서 아주 즐거운 시간을 보냈다.

- **What beautiful dresses** they are!

  얼마나 아름다운 드레스들인가!

  ※ 복수명사이기 때문에 관사와 같이 쓸 수 없다.

- The show lasted for **half an hour**.

  그 쇼는 30분 동안 계속되었다.

  ◎ They worked for **a half** hour. 그들은 30분 동안 일했다.

  ◎ They worked for **half an** hour.

  ➡ half는 부정관사(a[an]) 앞뒤 어디에 위치해도 상관없다.

### (2) as류

as/too/so/how + 형용사 + a[an] + 단수 가산명사

- I've never seen **so curious a girl**.

  나는 그렇게 호기심 많은 소녀를 본 적이 없다.

- This was **too expensive a room** for us.

  이것은 우리에게는 너무 비싼 방이었다.

- **How old a house** it is! 그것은 얼마나 오래된 집인가!

- She is not **as good a runner** as he is.

  그녀는 그처럼 달리기를 잘하지 못한다.

◎ It is **so fine a day**. 오늘은 날씨가 매우 좋다.

✕ It is **so fine day**.

➡ 가산명사인 day는 부정관사인 a를 포함하여「too + 형용사 + a[an] + 단수 가산명사」으로 표현해야 한다.

## (3) all류

| all/both/double/twice/half + the + 형용사 + 명사(s) |
|---|

- The family walked **all the way** home. 그 가족은 집까지 내내 걸어갔다.
- **Both the girls** are 10 years old. 그 소녀들은 둘 다 10살이다.
- We had to pay **double the price**. 우리는 두 배의 가격을 지불해야 했다.
- **Half the members** were invited. 회원들 중 반이 초대받았다.

◎ This is **half the price**. 이것은 반값이다.

✕ This is **the half price**.

➡ half는 반드시 정관사 앞에 위치해야 한다.

# 03 관사

[01~05] 다음 중 어법상 옳은 것을 고르시오.

01 Jack is [ a / the ] best soccer player in England.

02 How can I get to [ Incheon Airport / the Incheon Airport ]?

03 [ Winter / The winter ] comes after [ autumn / the autumn ].

04 John is so [ a clever / clever a ] boy.

05 His mother was looking for that kind of [ hat / the hat ].

## 정답&해설

**01  the**

| 해석 | Jack은 영국에서 최고의 축구 선수이다.

| 해설 | 최상급이 명사를 수식하는 경우 그 앞에 정관사 'the'를 사용한다.

**02  Incheon Airport**

| 해석 | 인천공항에는 어떻게 가나요?

| 해설 | 「고유명사 + 공공장소(다리, 정거장, 사원, 궁전, 지명, 역, 항구, 호수, 공항, 공원 이름 등)」에는 정관사 'the'를 쓰지 않는다.

**03  Winter, autumn**

| 해석 | 겨울은 가을 뒤에 온다.

| 해설 | 일반적으로 계절 앞에는 관사를 사용하지 않는다.

**04  clever a**

| 해석 | John은 매우 똑똑한 소년이다.

| 해설 | 'so'가 명사를 수식하는 경우, 「so + 형용사 + 부정관사 + 단수명사」의 어순이 된다. 따라서 정답은 'clever a'이다.

**05  hat**

| 해석 | 그의 엄마는 그런 종류의 모자를 찾는 중이었다.

| 해설 | 「sort/kind/type + of + 목적어」에서 목적어로 쓰이는 명사는 무관사가 원칙이다.

# 03 관사

**교수님 코멘트▶** 관사는 명사와 직접적인 관련이 있는 영역이다. 관사의 유무와 관사의 종류가 관건이며, 이를 확인할 수 있는 문항 위주로 수록하였다.

## 01
2017 지방직 9급

**우리말을 영어로 잘못 옮긴 것을 고르시오.**

① 그를 당황하게 한 것은 그녀의 거절이 아니라 그녀의 무례함이었다.
　→ It was not her refusal but her rudeness that perplexed him.
② 부모는 아이들 앞에서 그들의 말과 행동에 대해 아무리 신중해도 지나치지 않다.
　→ Parents cannot be too careful about their words and actions before their children.
③ 환자들과 부상자들을 돌보기 위해 더 많은 의사가 필요했다.
　→ More doctors were required to tend sick and wounded.
④ 설상가상으로, 또 다른 태풍이 곧 올 것이라는 보도가 있다.
　→ To make matters worse, there is a report that another typhoon will arrive soon.

## 02
2017 지방직 7급

**밑줄 친 부분 중 어법상 옳지 않은 것은?**

> The person ① <u>doing</u> the science is wearing a white lab coat and probably looks rather serious while engaged in some type of ② <u>the experiment</u>. While there are many places where this traditional view of a scientist still holds true, labs aren't the only place ③ <u>where</u> science is at work. Science can also ④ <u>be found</u> at a construction site, on a basketball court, and at a concert.

---

**01** 「the + 형용사/분사」

③ 주어진 우리말이 '환자들과 부상자들'이므로 'sick and wounded'를 「the + 형용사/분사」 형태로 바꾸어 복수 보통명사화해야 한다. 따라서 'sick and wounded'는 'the sick and the wounded'로 바뀌어야 한다.

|오답해설| ① 「It is ~ that」 강조 구문으로 'not her refusal but her rudeness'를 강조하고 있다. 또한 「not A but B」 구문이 사용되었는데, 여기서 'her refusal'과 'her rudeness'가 각각 명사구로서 병렬 구조를 이루고 있다.

② 「cannot be too + 형용사」는 '아무리 ～해도 지나치지 않다'라는 의미로 옳게 사용되었다. 「주어 + cannot + 동사원형 + too ～」, 「주어 + cannot + 동사원형 + ～ enough」, 「주어 + cannot + over동사원형」 역시 같은 표현이다.

④ 'To make matters worse'는 '설상가상으로'라는 의미의 독립부정사이다. 뒤에 나오는 that절은 'a report'를 설명하는 동격절로 바르게 썼다.

---

**02** 「sort/kind/type + of + 무관사 명사」

② 'type of'는 뒤에는 관사 없이 명사가 와야 한다. 따라서 정관사 'the'를 삭제해야 한다.

|오답해설| ① 뒤에 목적어 'the science'가 왔으며 수식하는 대상 'The person'과 'do'가 능동 관계이므로 밑줄 친 현재분사 'doing'은 옳은 표현이다.

③ 'the only place'가 선행사이고 뒤에 오는 절인 'science is at work'는 「주어 + 완전자동사 + 전명구」로 완전한 형태를 이루므로 밑줄 친 관계부사 'where'은 옳은 표현이다.

④ 'be found' 뒤에 전명구가 오며 주어인 'Science'가 발견하는 주체가 아니라 발견되는 대상에 해당하므로 수동태 'be found'는 옳은 표현이다.

| 해석 | 과학을 하는 사람은 흰색 실험 가운을 입고 있으며 어떤 종류의 실험에 몰두하는 동안 아마 상당히 진지해 보일 것이다. 이런 전통적인 모습의 과학자가 여전히 딱 들어맞는 곳도 많이 있지만, 실험실이 과학이 작용하는 유일한 장소는 아니다. 과학은 공사장에서, 농구장에서, 그리고 콘서트에서도 발견될 수 있다.

| 정답 | 01 ③　02 ②

에듀윌이
너를
지지할게
ENERGY

아는 세계에서 모르는 세계로 넘어가지 않으면
우리는 아무것도 배울 수 없다.

– 클로드 베르나르(Claude Bernard)

PART

# IV

# Modifiers

# 01 형용사

**POINT CHECK**

## VISUAL G

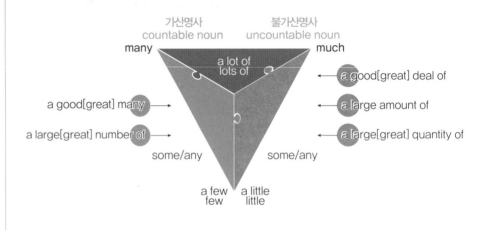

### 01 형용사의 쓰임

#### (1) 한정적 용법

문장에서 명사를 직접 수식하는 형용사로서, 명사를 직접 한정하므로 한정적 용법이라고 한다.

- This is a **beautiful** flower. 이것은 아름다운 꽃이다.
- There is something **different**. 다른 무언가가 있다.

  ※ –thing류 명사는 형용사 후치 수식임에 주의하자.

#### (2) 서술적 용법

문장에서 주격 보어나 목적격 보어로 사용되는 경우를 말한다.

- She was **awake** all night (long). (She = awake) 그녀는 밤새 깨어 있었다.

  ※ awake가 주격 보어로 사용되었다.

- I found the cage **empty**. (the cage = empty) 나는 우리가 빈 것을 알게 되었다.

  ※ empty가 목적격 보어로 사용되었다.

  참 I found the **empty** cage. (한정적 용법) 나는 빈 우리를 발견했다.

    ※ empty가 cage를 앞에서 한정해 주는 한정적 용법으로 사용된 것이다.

01 형용사의 용법에는 □□□ 용법과 □□□ 용법이 있다.

| 정답 | 01 한정적, 서술적

## 02 한정적 용법

• The man is the **present** king. (한정적 용법)

　그 남자는 현재의 왕이다.

● 한정적 용법으로만 사용되는 형용사

| sheer | 순전한 | leaden | 납 성분의 | spare | 여분의 | mere | 단지 ~의 |
|---|---|---|---|---|---|---|---|
| utter | 완전한 | only | 유일한 | very | 바로 그 | major | 주요한 |
| left | 왼쪽의 | right | 오른쪽의 | woolen | 양모의 | lone | 고독한 |
| former | 앞의, 전임의 | upper | 상위의 | drunken | 취한 | main | 주요한 |
| golden | 황금기의 | elder | 손위의 | inner | 안의 | outer | 밖의 |
| latter | 나중의 | total | 총 ~ | wooden | 나무의 | silken | 비단의 |

• **woolen** goods 모직물　　　　　• a **wooden** box 나무 상자

• a **golden** saying 금언　　　　　• a **silken** tie 비단 넥타이

> **헷갈리지 말자**　drunk man vs. drunken man
>
>  • He is a **drunk** man.
>
>  • He is a **drunken** man.
> 　　　그는 술 취한 사람이다.
>
> ➡ drunken은 한정적 용법으로만, drunk는 서술적 용법으로만 쓰인다.

## 03 서술적 용법

| afraid | 두려운 | alike | 같은 | alive | 살아 있는 | alone | 혼자인 |
|---|---|---|---|---|---|---|---|
| ashamed | 부끄러운 | asleep | 잠든 | awake | 깨어 있는 | aware | 알고 있는 |
| well | 건강한 | worth | 가치 있는 | fond | 좋아하는 | content | 만족하는 |

• She and her mother are **alike**. (서술적 용법) 그녀와 그녀의 엄마는 닮았다.

◎ She was **alive** in the accident. 그녀는 사고에서 살아남았다.

✕ She was **lively** in the accident.

　　➡ 보어 자리에는 한정적 용법의 형용사 lively가 사용될 수 없다.

● 용법에 따라 의미가 달라지는 형용사

| 형용사 | 한정적 용법일 때 의미 | 서술적 용법일 때 의미 |
|---|---|---|
| certain | 일정한, 특정한, 어떤, 약간 | 확실한 |
| absent | 멍한 | 결석한 |
| concerned | 관련 있는 | 우려하는 |
| ill | 나쁜 | 아픈 |
| late | 고인이 된, 늦은 | 늦은 |
| present | 현재의 | 출석한 |

02 명사를 직접 수식하는 □□□ 용법으로만 사용되는 형용사들이 있다.

03 주격/목적격 보어로 쓰이는 서술적 용법의 형용사에는 철자가 □(으)로 시작하는 단어가 많다.

04 present는 한정적/서술적 용법에 따라 의미가 전혀 □□□.

| 정답 |　02 한정적
　　　 03 a　04 다르다

• The authorities **concerned** are responsible for the accident. (한정적 용법)

관계 당국은 그 사건에 책임이 있다.

※ concerned는 보통 뒤에서 앞의 명사를 수식할 때, '관련 있는'의 의미로 쓰인다.

• Entertainers are **concerned** about becoming infamous. (서술적 용법)

연예인들은 악명을 떨치게 되는 것을 우려한다.

• The **late** Mr. Brown was a good teacher. (한정적 용법)

고인이 된 Brown 씨는 좋은 선생님이었다.

• I was **late** for the class. (서술적 용법) 나는 수업에 늦었다.

## 04 「the + 형용사/분사」의 쓰임

05 「the + 형용사/분사」는 (단수 / 복수) 취급한다.

### (1) 「the + 형용사/분사」 = 「형용사 + people」: 복수 취급

| | | | |
|---|---|---|---|
| the wounded | = wounded people | the dying | = dying people |
| the rich | = rich people | the poor | = poor people |
| the young | = young people | the old | = old people |
| the wise | = wise people | the foolish | = foolish people |

• **The strong** are not always unbeatable. 힘이 센 사람들이 언제나 무적은 아니다.

### (2) 「the + 형용사/분사」 = 「형용사 + person/people」: 단수/복수 취급

| | | | |
|---|---|---|---|
| the accused | 고발된 사람/고발된 사람들 | the deceased | 고인(故人)/고인들 |
| the pursued | 도망자/도망자들 | the insured | 피보험자/피보험자들 |

• **The deceased was** a diligent statesman. 고인은 근면한 정치인이었다.

◎ **The accused was** found innocent. 고발된 사람은 무죄로 밝혀졌다.

◎ **The accused were** found innocent. 고발된 사람들은 무죄로 밝혀졌다.

➡ the accused는 단수일 수도, 복수일 수도 있다. 이 경우 문맥에서 지칭하는 명사에 따라 수가 달라지므로 유의해야 한다.

### (3) 「the + 추상 형용사」 = 추상명사: 단수 취급

| | | | |
|---|---|---|---|
| the good | 선량함(= goodness) | the beautiful | 아름다움(= beauty) |
| the true | 진리(= truth) | | |

• **The true** was thought to be the ideal of the Greeks. 진리는 그리스인들의 이상으로 여겨졌다.

---

**헷갈리지 말자** 「the + 형용사/분사」 복수 취급 vs. 단수 취급

• **The rich are** happier than the poor.
부유한 사람들은 가난한 사람들보다 더 행복하다.

• **The accused has** run away.
그 피고인은 도망갔다.

➡ 「the + 형용사/분사」는 보통 복수 취급을 하나, the deceased(고인), the accused(피고인) 등은 단수 취급하기도 한다.

---

**06** a lot of는 가산명사, 불가산명사 모두와 함께 사용될 수 있다. ( T / F )

## (1) 수량형용사

| 구분 | 수(countable) | | 양(uncountable) |
|---|---|---|---|
| 많은 | many | | much |
| | a good many, a great many | | a good deal of, a great deal of |
| | a great number of, a large number of, a multitude of | | a great[large] quantity of, a great[large] amount of |
| | not a few, quite a few | | not a little, quite a little |
| | a lot of, lots of, (a) plenty of | | |
| 약간의 | a few | | a little |
| 거의 없는 | few | | little |

| 구분 | 수(countable) | 양(uncountable) |
|---|---|---|
| 긍정적 분위기 | a few | a little |
| 부정적 분위기 | few | little |

**07** 형용사 a few/a little은 출제 포인트가 □□/□□□ □□의 구별이며, a few/few의 출제 포인트는 □□상 의미이다.

① few/a few(수), little/a little(양): few/little은 '거의 없는', '별로 없는'으로 부정의 의미를 나타내고, a few/a little은 '조금 있는, 약간 있는'으로 긍정의 의미를 나타낸다.

  • He has **few** apples.  그는 사과를 거의 갖고 있지 않다.
  • He has **a few** apples.  그는 사과를 몇 개 가지고 있다.
  • I have **a little** money left.  나는 남아 있는 돈이 약간 있다.
  • I have **little** money left.  나는 남아 있는 돈이 거의 없다.

② little short of: '거의 ~이나 마찬가지인', '~이나 다름없는'이라는 의미를 나타낸다.

  • It was **little short of** a big miracle.  그것은 큰 기적이나 다름없었다.

## (2) many, much

① 「many a[an] + 단수명사」는 의미는 복수이지만 반드시 단수동사와 함께 사용한다. 반면에 「many + 복수명사」는 복수동사와 함께 사용한다.

  • many a[an] + 단수명사 + 단수동사  • many + 복수명사 + 복수동사

**08** 「many a[an] + 단수명사」는 □□ 취급한다.

| 정답 |　06 T
　　　07 가산/불가산 명사, 문맥
　　　08 단수

· **Many a student has** repeated the same question. 많은 학생들이 같은 질문을 반복했다.

= **Many students have** repeated the same question.

② 「**not so much A as B**」: 'A라기보다는 오히려 B인'이라는 의미로 쓰인다.

· He was **not so much** a statesman **as** a scholar. 그는 정치가라기보다는 오히려 학자였다.

= He was **not** a statesman **so much as** a scholar.

= He was **less** a statesman **than** a scholar.

= He was a scholar **rather than** a statesman.

③ **not[never] so much as**: '~조차도 않는'이라는 의미로 쓰인다.

· He can**not so much as** know his own name. 그는 자기 이름조차도 알지 못한다.

= He cannot even know his own name.

### (3) 주의해야 할 형용사

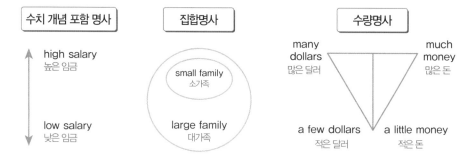

① 수치 개념 포함 명사

이미 수치 개념이 포함된 명사들은 many/much의 수식을 받는 대신 high/low를 수식어나 보어로 취한다.

> price, salary, rate, speed, cost, demand, supply, level, standard, income, temperature, pressure, age, number

· How **high** is the **price**? 가격이 얼마나 높은가요? (얼마인가요?)

○ How **much** is this **car**?

✕ How **high** is this **car**?

➡ car는 수치 개념 포함 명사가 아니므로 high/low가 아닌 **much**를 쓴다.

| 헷갈리지 말자 | Price is expensive. vs. It is expensive. |

Don'ts · Price is expensive.

Do's · It is expensive.
그것은 비싸요.

➡ 우리말로 '가격이 비싸요.'는 자연스러운 표현이다. 하지만 영어에서는 틀리다. 이는 expensive와 cheap의 의미에 이미 '가격'의 개념이 포함되어 있기 때문에 주어로 'price'를 쓰는 것은 같은 말을 반복하는 이중부언(redundancy)이라고 보기 때문이다.

09 He has a ( high / much ) salary.

② 집합명사/수량명사

집합적 의미의 명사와 막연한 수량을 나타내는 단위명사는 many/much 대신 large/small 을 이용하여 수량을 나타낸다.

| 집합명사 | 수량명사 |
|---|---|
| family, population, audience | number, amount, quantity, sum, scale, charge, expense |

※ large number는 일반적으로 많은 수의 사람이나 사물을 나타낼 때 사용하고, high number는 비율, 퍼센 트, 통계적 수치가 높을 때 일반적으로 사용된다.

- How **large** is the **population** of China? 중국의 인구는 얼마나 됩니까?
- = What is the **population** of China?

⊙ A **small number** of people are addicted to Internet games.

소수의 사람들이 인터넷 게임에 중독되어 있다.

✕ A **low number** of people are addicted to Internet games.

➡ number를 수식하는 경우 high나 low가 아니라 large나 small로 수식해야 한다.

## (4) 다양한 수사 표현

① 서수사

'첫 번째, 두 번째, 세 번째 …' 등의 순서를 나타내는 명사이다. first, second, third 이외에는 기수에 -th를 붙여서 서수를 만들며, 원칙적으로 the를 붙여서 읽는다.

the first, the second, the third, the fourth, the fifth, the last …

- She was **the first** president of the university. 그녀는 그 대학의 첫 번째 총장이었다.

② 분수를 표현하는 방법

$$\frac{분자}{분모} \quad \begin{array}{l} \leftarrow 기수 \\ \leftarrow 서수 (단, 분자가 1보다 크면 「서수 + -s」) \end{array}$$

- $\frac{1}{2}$ = a half, one half
- $\frac{2}{3}$ = two thirds, two-thirds
- $\frac{1}{3}$ = one third
- $\frac{1}{4}$ = a[one] fourth, a[one] quarter
- $\frac{3}{4}$ = three quarters
- $\frac{1}{10}$ = a tenth
- $\frac{38}{57}$ = thirty-eight over fifty-seven (숫자가 두 단위 이상이면 over를 사용)

※ 단, the tenth는 10번째를 의미하는 서수이므로 a tenth와 혼동하지 않도록 주의하자.

**헷갈리지 말자** **분수 표현 수 일치**

- Two-thirds of the apples **were** bad.
  사과의 2/3는 (상태가) 나빴다.

- Two-thirds of the land **was** uncultivated.
  땅의 2/3는 경작되지 않았다.

➡ 분수 표현이 주어로 나올 경우, 분수가 주어가 아니라 뒤따라 나오는 「of + 명사(구)」의 명사의 수에 따라 단 · 복수가 달라진다.

③ 배수사: '두 배, 세 배, 네 배 …' 등을 의미하는 명사

half(반, 절반), double(두 배의), triple(세 배의), three times(세 배의), four times(네 배의)

### (5) 수 단위 앞에 기수 또는 부정수 형용사가 결합되어 있을 경우

수 단위를 나타내는 명사 앞에 기수가 나올 때는 「기수 + 수 단위명사s」로 쓴다. 그런데 이 단위 명사를 복수로 씨시 「수 단위명사s + of」의 형태를 취하면 막연한 범위의 수를 나타낼 수 있다.

기수 + 수 단위명사**s** + 명사: ~의 명사

- three **hundred** people  3백 명의 사람들
- two **million** people  2백만 명의 사람들

수 단위명사**s** + of + 명사: 수 ~의 명사

- **hundreds of** people  수백 명의 사람들
- **millions of** people  수백만 명의 사람들

| hundreds of | 수백의 | tens of thousands of | 수만의, 수많은 |
| thousands of | 수천의 | hundreds of thousands of | 수십만의, 다수의 |
| millions of | 수백만의 | tens of | 수십의 |
| billions of | 수십억의 | dozens of | 수십의 |
| trillions of | 수조의 | scores of | 수십의 |

◎ She wants **two dozen eggs**.  그녀는 계란 24개를 원한다.

✖ She wants **two dozen of eggs**.

➡ dozen이 기수와 함께 사용될 때는 「기수 + dozen + 복수명사」의 형태로 사용한다. 2015년도 기출에서 전치사 of와 함께 쓰여 논란의 여지가 있었으나 정문으로 분류되었다.

### (6) 「기수 + 측정 단위명사」

「기수 + 측정 단위명사」는 한정적 용법에서는 단수로, 서술적 용법에서는 복수 형태로 쓰인다.

「(관사/기수) + 기수-측정 단위명사**s** + 명사(s)」

- He is **a 10-year-old boy**. (한정적 용법)  그는 10살의 소년이다.
- They are **10-year-old boys**. (한정적 용법)  그들은 10살의 소년들이다.

「기수 + 측정 단위명사**s** + 형용사」

- The boy is **10 years old**. (서술적 용법)  그 소년은 10살이다.

◎ The city is **900 square feet**.  그 도시는 900평방 피트이다.

✖ The city is 900 square **foot**.

➡ 서술적 용법으로 쓰이는 측정 단위명사는 반드시 복수형으로 사용해야 하므로, foot의 복수형인 feet를 사용해야 옳다.

◎ I have one hundred-**dollar** bill.  나는 100달러짜리 지폐를 갖고 있다.

✖ I have one hundred-**dollars** bill.

➡ 한정적 용법으로 사용되는 측정 단위명사는 반드시 단수형으로 사용해야 한다. 따라서 dollars의 단수형인 dollar를 사용해야 옳다.

**헷갈리지 말자**　측정 단위명사

**한정적 용법**

- They are **10-year-old** boys.
  그들은 10세의 소년들이다.
- They are **10-year-olds**. (=people who are ten years old)
  그들은 10세의 사람들이다.

**서술적 용법**

- The boys are **10 years old**.
  그 소년들은 10세이다.

➡ 측정 단위명사 사용 시 그 형태가 단수인지 복수인지는 한정적 용법인지 서술적 용법인지에 따라 결정된다. 한정적 용법일 때 측정 단위명사는 단수형으로 사용해야 하며, 서술적 용법일 때는 복수형으로 사용한다. 그러나 2014년 서울시 9급에서 10-year-olds라는 표현을 사용해서 혼란을 야기했는데, 이는 10-year-old boys의 관용적 축약형으로 옳은 표현이니 참고하자.

## 06 · 기타 형용사

### (1) 다빈도 기출 혼동 형용사

#### ① 혼동하기 쉬운 형용사

| considerable | 많은, 상당한 | considerate | 동정심 많은, 사려 깊은 | considering | ~을 고려하면, ~에 비해 |
|---|---|---|---|---|---|
| economic | 경제학의, 경제적인, 경제의 | economical | 절약하는, 경제적인, 낭비하지 않는 | | |
| healthy | 건강한, 튼튼한 | healthful | 건강에 좋은 | | |
| historic | 역사적으로 중요한, 역사적인 | historical | 역사상의, 역사와 관련한 | | |
| industrious | 근면한 | industrial | 산업의, 공업의 | | |
| imaginative | 상상력이 풍부한 | imaginable | 상상할 수 있는 | imaginary | 상상의, 비현실적인 |
| literal | 문자의, 글자의, 원문에 충실한 | literary | 문학의, 작가의 | literate | 글을 읽고 쓸 줄 아는(↔ illiterate: 문맹의) |
| sensible | 분별 있는, 현명한, 깨닫고 있는 | sensitive | 민감한, 섬세한, 상하기 쉬운 | sensual | 관능적인 |
| respectable | 존경할 만한, 훌륭한 | respective | 각각의 | respectful | 경의를 표하는, 공손한 |
| successive | 잇따른, 연속적인 | successful | 성공한 | | |
| regrettable | 유감스러운 | regretful | 유감스러워하는, 후회하는 | | |

#### ② -ly형 형용사: -ly로 끝나는 단어는 대부분 부사이지만, 아래의 경우처럼 형용사인 경우도 있으니 주의하자.

| likely | ~할 것 같은 | monthly | 매달의, 한 달의 |
|---|---|---|---|
| friendly | 상냥한, 우호적인, 친절한 | lovely | 사랑스러운, 아름다운 |
| hourly | 매시간의 | daily | 매일의 |

| weekly | 매주의 | fortnightly | 격주의 |
|--------|--------|-------------|--------|
| half-yearly | 반년마다의 | quarterly | 분기별의 |
| timely | 시기적절한 | yearly | 매년의 |

※ 단, 시간을 나타내는 hourly, daily, weekly, fortnightly, monthly, quarterly, half-yearly, yearly는 형용사와 부사로 모두 쓰인다.

③ 「as + 형용사 + as」비유 구문: 명사의 특성을 이용해서 비유하는 표현이다.

| as big as a house | 집처럼 큰 | as free as a bird | 새처럼 자유로운 |
|-------------------|----------|-------------------|----------------|
| as black as ink | 잉크처럼 검은 | as fresh as a daisy | 데이지처럼 신선한 |

## 07 형용사 후치 수식

형용사는 「형용사 + 명사」의 형태로 전치 수식하는 것이 원칙이지만, 아래와 같은 경우는 후치 수식을 하게 된다.

① 「주격 관계대명사 + be동사」가 생략되면 후치 수식할 수 있다.

- She is a lady (who is) **beautiful, honest,** and **rich.**

  그녀는 아름답고 정직하고 부유한 숙녀이다.

  → She is a beautiful, honest, and rich lady.

② 형용사가 다른 요소와 결합되어 길어질 때 후치 수식한다.

- I have a dictionary (which is) **useful for foreigners.**

  나는 외국인들에게 유용한 사전을 갖고 있다.

  ※ 형용사 앞에 「주격 관계대명사 + be동사」가 생략되었다.

11 –thing은 수식어가 □에 온다.

③ -thing, -body, -one은 후치 수식한다.

- I need something **new.** 나는 뭔가 새로운 것이 필요하다.

  ◎ There is **nothing special** in this area. 이 지역에는 특별한 것이 없다.

  ☒ There is **special nothing** in this area.

④ 「최상급/all/every + 명사 + -able [-ible] 류의 형용사」일 때 후치 수식을 하지만, 현대 영어에서는 전치, 후치 수식을 모두 허용하는 경향이 있다.

- They have tried **every** means **possible.** 그들은 가능한 모든 방법들을 시도했다.

⑤ 서술적 용법의 형용사일 때 후치 수식한다.

- She is the greatest musician (who is) **alive.** 그녀는 살아 있는 가장 위대한 음악가이다.

  ※ 형용사 앞에 「주격 관계대명사 + be동사」가 생략되었다.

# 01 형용사

[01~05] 다음 중 어법상 옳은 것을 고르시오.

**01** The wounded [ was / were ] taken to hospital.

**02** People want to earn [ many / much ] money.

**03** The restaurant is great and the staff are [ friend / friendly ].

**04** There was [ wrong something / something wrong ] with the radio.

**05** He spent a great deal of [ money / dollars ].

---

## 정답&해설

**01**  **were**

| 해석 |  부상자들은 병원으로 옮겨졌다.

| 해설 |  'The wounded'는 'wounded people'을 나타내며 복수로 취급한다. 따라서 뒤에 오는 동사는 복수형인 'were'를 사용하는 것이 옳다.

**02**  **much**

| 해석 |  사람들은 많은 돈을 벌기를 원한다.

| 해설 |  'money'는 불가산명사이므로 양을 나타내는 형용사 'much'를 사용하는 것이 옳다.

**03**  **friendly**

| 해석 |  그 식당은 훌륭하고 직원들은 친절하다.

| 해설 |  불완전자동사 'are'의 주격 보어로는 명사와 형용사를 둘 다 쓸 수 있다. 그러나 가산명사 'friend'는 단수 형태 'a friend'나 복수 형태 'friends'로 사용해야 하므로 옳지 않다. 따라서 형용사 'friendly'가 정답이다.

**04**  **something wrong**

| 해석 |  라디오에 뭔가 문제가 있었다.

| 해설 |  'something'과 같이 '-thing'으로 끝나는 대명사는 후치 수식을 한다. 따라서 'something wrong'이 옳은 표현이다.

**05**  **money**

| 해석 |  그는 많은 돈을 썼다.

| 해설 |  'a great deal of'는 양을 나타내는 형용사로 뒤에 불가산명사가 온다. 따라서 불가산명사에 해당하는 'money'가 옳은 표현이다.

# 01 형용사

**교수님 코멘트▶** 형용사와 부사는 가장 대표적인 수식어이다. 형용사가 수식하는 대상은 명사이므로 명사의 종류에 따라 알맞은 형용사를 선택해야 한다. 특히 수량형용사가 빈번하게 출제되는 경향이 있다.

## 01

2018 지방직 7급 변형

### 우리말을 영어로 잘못 옮긴 것은?

① 대다수의 기관에서 가장 중요한 것은 유능한 관리자들을 두는 것이다.
→ What matters most in the majority of organizations is having competent managers.

② 많은 진료소들이 치료법을 안내하기 위해 유전자 검사를 이용하고 있다.
→ Much clinics are using gene tests to guide therapy.

③ 요즘에는 신문들이 광고에서 훨씬 더 적은 돈을 번다.
→ Nowadays, newspapers make much less money from advertisements.

④ 통화의 가치는 대개 한 국가의 경제력을 반영한다.
→ A currency's value usually reflects the strength of a country's economy.

## 02

### 우리말을 영어로 잘못 옮긴 것은?

① 우리는 통금 시간을 청소년을 괴롭히는 또 다른 방식으로 보지 않는다.
→ We don't look at the curfew as another way to hassle juveniles.

② 불법 이민자 수가 이백만 명에서 천만 명에 이를 것이라고 추산되고 있다.
→ Estimates of illegally immigrants range from two million to ten million.

③ 우리는 더 많은 지식을 얻음으로써만 의심을 없앨 수 있다.
→ We can rid ourselves of our suspiciousness only by procuring more knowledge.

④ 여기에 서명하세요, 그렇지 않으면 법적 효과가 없어요.
→ Please sign here, or it is not valid.

---

**01 수량형용사 many vs. much**

② 'much'는 양을 나타내는 수량형용사로 가산명사 'clinics'와 함께 사용할 수 없다. 따라서 'Much'를 수를 나타내는 수량형용사 'Many'로 바꿔야 한다.

| 오답해설 | ① 형용사 'competent'가 명사 'managers'를 수식하는 것은 올바르다. 주어(What matters most ~ organizations)와 동사(is)의 수 일치도 알맞다.
③ 양을 나타내는 형용사 'less'가 불가산명사 'money'를 알맞게 수식하고 있다.
④ 'reflect'는 완전타동사로 전치사 없이 목적어를 취했으므로 옳다.

---

**02 형용사 vs. 부사**

② 'illegal'은 형용사로 명사 'immigrants'를 수식할 수 있으나, 부사 형태인 'illegally'는 명사를 수식하지 못하므로 옳지 않다.

| 오답해설 | ① 전치사 'as'는 '~로서'의 의미로 사용되었다.
③ 전치사 'by'는 '~로(방법·수단)'의 의미로 사용되었다.
④「명령문, or + 주어 + 동사」는 '~해라, 그렇지 않으면 …할 것이다'의 의미를 가지므로 접속사 'or'이 옳게 사용되었다.

| 정답 | **01** ② **02** ②

# 02 부사

## VISUAL G

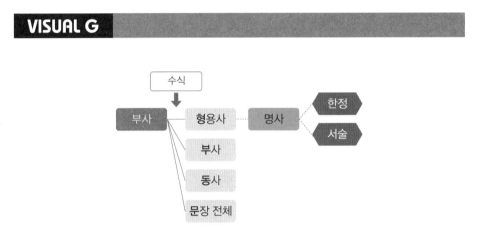

POINT CHECK

## 01 부사의 역할

부사는 동사, 형용사 및 다른 부사 등을 수식하는 말로, 수식을 받는 단어가 좀 더 자세한 의미를 갖도록 도와주는 역할을 한다. 언제(때), 어디서(장소), 어떻게(방법), 왜(이유), 얼마나(정도), 얼마나 자주(빈도) 등을 나타낸다.

### (1) 형용사 수식

· He was **extremely** busy.

　그는 엄청나게 바빴다.

· **How** many cookies do you have?

　얼마나 많은 쿠키를 가지고 있습니까?

**헷갈리지 말자**　형용사 vs. 부사

 · All of these are **basic** speculative personal predictions.

 · All of these are **basically** speculative personal predictions.
　이 모든 것은 근본적으로 추측에 근거한 개인적 예상치들이다.

➡ 형용사 speculative를 수식하는 것은 형용사가 아니라 부사여야 한다.

01 문장에서 부사는 □□□, □□, □□, □□ □□을(를) 수식한다.

| 정답 |　01 형용사, 부사, 동사, 문장 전체

## (2) 부사, 부사구, 부사절 수식

· We enjoyed the concert **very** much.  우리는 그 콘서트를 굉장히 즐겼다.

· He came **long** before the time.  그는 그 시간보다 오래 전에 왔다.

· He came here **simply** because he liked it.  그는 그저 그것을 좋아해서 여기에 왔다.

## (3) 동사 수식

· She spoke Spanish **well**.  그녀는 스페인어를 잘했다.

· I came home **yesterday**.  나는 어제 집에 왔다.

## (4) 문장 전체 수식

· **Unfortunately**, they lost.  불행히도, 그들은 졌다.

· **Happily**, he did not die.  다행히도, 그는 죽지 않았다.

　참 He didn't die **happily**. (동사 수식)  그는 행복하게 죽지 못했다.

## (5) 명사, 대명사 수식 ┌ 교수님 한마디▶ 매우 드문 경우로, 부사의 의미 그대로 명사를 수식하는 형태이다. 아래 예문만 분명하게 알아 두어도 좋겠다.

· **Even** a child can say it. (a child 수식)  심지어 아이조차도 그것을 말할 수 있다.

　참 I could not **even** see him. (see 수식)  나는 그를 만나지조차 못했다.

· **Only** he betrayed his friend. (he 수식)  오로지 그만 친구를 배반했다.

　참 He **only** betrayed his friend. (betrayed 수식)

　　그는 친구를 단지 배반하기만 했다. (배반 외의 다른 행위는 하지 않음)

---

**02　부사의 형태** ┌ 교수님 한마디▶ -ly 형태로 끝나는 부사가 많기는 하지만 그 외에도 다양한 형태가 존재한다. 여기서는 먼저 부사의 형태 분류를 명확히 하고 문장에서의 역할을 확인하자.

02 부사의 일반적인 형태는 「형용
사＋-□□」이다.

■「명사 ＋ -ly」
「명사＋-ly」 형태는 부사가 아니라 형용
사가 된다.
· friend → friendly
· love → lovely
· man → manly
· home → homely

## (1) 부사의 형태

부사는 주로 형용사에 -ly를 붙인 형태이지만, 예외의 경우가 있으니 주의해야 한다.

① 「자음 ＋ -y」 → -ily

· happy → happ**ily**　　　　　· angry → angr**ily**

② -le → -ly

· possible → possi**bly**　　　· gentle → gen**tly**

※ 예외: sole → **solely**, whole → **wholly**

③ -ue → -uly

· true → tr**uly**　　　　　　　· due → d**uly**

④ -ic → -ically

· dramatic → dramatic**ally**

　※ 예외: public → **publicly**

## (2) 부사의 종류

① 시간 부사(구)

　㉠ 일반적인 시간 부사(구)는 문장의 맨 뒤에 오는 것이 원칙이다.

ⓒ 불특정 시간 부사의 경우에는 일반동사 앞, 조동사와 be동사 뒤, 문장의 앞 또는 뒤 등 비교적 위치가 자유롭다.

| recently | 최근에 | lately | 최근에 |
|---|---|---|---|
| previously | 이전에 | once | 언젠가 |
| presently | 지금, 이내 | later | 후에, 나중에 |
| afterwards | 나중에 | last | 마지막에 |
| shy of | (시간 등이) 부족한, 모자라는 | first | 맨 처음에, 맨 먼저 |

· She came **last** and left **first**.

그녀는 마지막에 와서 맨 먼저 떠났다.

· She was one week **shy of** one year birthday when she met her mother first.

그녀가 엄마를 처음 만난 것은 1살 생일 1주일 전이었다.

② 장소 부사: '방향, 위치'를 나타내는 부사이다.

| home | 집으로 | abroad | 외국으로 |
|---|---|---|---|
| overseas | 해외로 | downtown | 도심으로 |
| indoors | 내부로, 집 안으로 | outdoors | 외부로, 집 밖으로 |
| upstairs | 위층으로 | downstairs | 아래층으로 |
| outward(s) | 밖으로 향하는 | | |

**헷갈리지 말자**  outdoors vs. outdoor

· She does not like going **outdoors**.
그녀는 밖으로 나가는 것을 좋아하지 않는다.

· She does not like going **outdoor**.

➡ outdoors는 부사이지만, outdoor는 형용사이다. 따라서 go outdoor는 어법상 옳지 않은 표현이다. 's'의 여부로 형용사와 부사의 품사가 달라지기 때문에 각별히 주의해야 한다. 실제로 2014년도 국가직 시험에서 go outdoor가 출제되어 복수 정답으로 인정되었다.

· Logically if the blast took place within the vessel, the steel of the hull would be bent **outwards**.

논리적으로 배 안에서 폭발이 일어났다면, 선체의 강철은 바깥쪽으로 구부러졌을 것이다.

◎ I have been to New York and I am ready to go **abroad** again.

나는 뉴욕에 갔다 왔고 다시 해외로 갈 준비가 되어 있다.

☒ I have been to New York and I am ready to go **to abroad** again.

➡ abroad는 부사인 만큼 전치사 to와 함께 사용하지 않고 단독 사용한다.

③ 방법부사: 방법을 나타내는 부사로, 가능하면 수식하는 단어 가까이에 위치한다.

| badly | 틀리게, 몹시(구어) | well | 잘 |
|---|---|---|---|
| safely | 안전하게 | quietly | 조용하게 |
| hard | 심하게, 열심히 | superficially | 표면적으로 |

· He wanted the job **badly** and worked **hard** to get it.

그는 그 일을 몹시 원했고, 그것을 얻기 위해서 열심히 일했다.

POINT CHECK

03 hard–hardly는 형용사–부사 ( 관계이다 / 관계가 아니다 ).

| 정답 | 03 관계가 아니다

④ 정도부사: 수식을 받는 단어나 구 앞에 위치한다.

| | | | |
|---|---|---|---|
| very | 매우 | much | 많이 |
| entirely | 완전히, 전적으로 | greatly | 대단히 |
| deeply | 깊이 | extremely | 몹시 |

• They look **entirely** different. 그것들은 완전히 달라 보인다.

⑤ 접속부사: 품사는 부사이나 문맥 속에서 의미는 접속사이다.

| 구분 | 접속 부사 | 접속사 |
|---|---|---|
| 동격 | namely, that is (to say), in other words | |
| 결과 | consequently, therefore, hence, thus | so |
| 조건 | otherwise | unless |
| 역접 | still, however | but, yet |
| 대조 | nevertheless, nonetheless | though, although, even though, even if |
| 유사 | similarly, likewise, in the same way | |
| 요약 | digestedly(= to conclude, in conclusion) | |
| 부가 | moreover, likewise, besides, in addition | as well as |

ⓞ He's starved. **Besides,** he's thirsty. 그는 굶주렸다. 게다가, 그는 목이 말랐다.

ⓞ He's starved; **besides** he's thirsty.

ⓞ He's starved and **besides** he's thirsty.

ⓧ He's starved, **besides,** he's thirsty.

➡ 접속부사는 부사이기 때문에 두 개의 절을 연결할 수 없고, 접속사 역할을 하는 and나 세미콜론(;)을 앞에 써야 하는 것이 원칙이지만, 구어체에서는 지켜지지 않는 경우도 종종 있다.
A. B. / A and besides B. / A and B. / A; besides B. / A. Besides, B.

⑥ 문장부사: 문장 전체를 수식하는 부사로, 문두에 위치한다.

| | |
|---|---|
| 아마 | probably, supposedly |
| 분명히 | certainly, surely, undoubtedly |
| 보기에 | apparently, seemingly |
| 대개 | mostly, normally |
| 들리는 바에 의하면 | reportedly, allegedly |
| 기타 | regrettably, actually, (un)fortunately |

## 03 주의해야 할 부사의 형태

| 구분 | 형용사 형태 | 부사 형태 |
|---|---|---|
| (1) 「형용사 + -ly」가 부사가 되는 유형 | ⓐ instant 즉각의 | ⓐⓓ instantly 즉시 |
| (2) 형용사와 부사의 형태가 같은 유형 | ⓐ early 이른 | ⓐⓓ early 일찍 |
| (3) 부사가 두 가지 형태로 존재하는 유형 | ⓐ quick 빠른 | ⓐ = ⓐⓓ quick(빠르게) = quickly(빠르게) |
| (4) 「형용사 + -ly」가 전혀 의미가 다른 유형 | ⓐ hard 굳은, 어려운, 열심인 | ⓐ ≠ ⓐⓓ hard(열심히) ≠ hardly(거의 ~ 않는) |

## (1) 「형용사 + -ly」가 부사가 되는 유형

| happy → happily | 행복한 → 행복하게 |
|---|---|
| immediate → immediately | 즉각적인 → 즉시 |

- We need an **immediate** answer.

  우리는 즉각적인 대답을 필요로 한다.
- They **immediately** started to study them on that very day.

  그들은 바로 그날 그것들을 즉시 연구하기 시작했다.

## (2) 형용사와 부사의 형태가 같은 유형

| fast → fast | 빠른 → 빠르게 | long → long | 긴 → 길게 |
|---|---|---|---|
| far → far | 먼 → 멀리 | | |

- She is a **fast** runner. 그녀는 빠른 주자이다.
- She runs **fast**. 그녀는 빨리 달린다.

  ※ fast는 부사의 형태도 형용사와 같은 fast이다. fastly는 비격식 표현이니 주의하자.

## (3) 부사가 두 가지 형태로 존재하는 유형

| cheap/cheaply | 값싸게 | low/lowly | 낮게 |
|---|---|---|---|
| loud/loudly | 큰 소리로 | first/firstly | 첫 번째로 |
| easy/easily | 쉽게 | last/lastly | 마지막으로 |
| quick/quickly | 빨리 | sure/surely | 확실히 |
| slow/slowly | 느리게 | real/really | 정말로 |
| wrong/wrongly | 틀리게 | tight/tightly | 빽빽히 |

- He ran as **quick** as he could.

  그는 가능한 한 빨리 뛰었다.

  = He ran as **quickly** as he could.

  ※ 단, 부사와 형용사를 구별하는 문항에서 두 가지 형태가 제시된다면 -ly 형태를 올바른 부사의 형태로 인정하는 경우가 많으니, 이 점에 주의해야 한다.

## (4) 「형용사 + -ly」가 전혀 의미가 다른 유형

| high | ⓐ 높은 | ⓐd 높이, 높게 | highly | ⓐd 크게, 대단히 |
|---|---|---|---|---|
| near | ⓐ 가까운 | ⓐd 가까이 | nearly | ⓐd 거의 |
| dear | ⓐ 비싼, 친애하는, 소중한 | ⓐd 비싸게 | dearly | ⓐd 몹시, 비싸게 |
| late | ⓐ 늦은 | ⓐd 늦게 | lately | ⓐd 최근에 |
| hard | ⓐ 굳은, 어려운, 열심인 | ⓐd 열심히 | hardly | ⓐd 거의 ~ 않는 |
| pretty | ⓐ 예쁜 | ⓐd 매우, 꽤 | prettily | ⓐd 예쁘게 |
| short | ⓐ 짧은 | ⓐd 짧게 | shortly | ⓐd 곧, 즉시 |
| free | ⓐ 무료의, 자유로운 | ⓐd 무료로 | freely | ⓐd 자유롭게 |
| close | ⓐ (시간·공간적으로) 가까운, 접근한, 밀접한, 친밀한 | ⓐd (시간·공간적으로) 가까이에 | closely | ⓐd 밀접하게, 긴밀히, 유심히 |

- My house is **close** to his office.  우리 집은 그의 사무실과 가깝다.
- His family sat **close** together.  그의 가족은 가까이에 함께 앉았다.

  ※ close는 동사 sat을 수식하는 부사로 공간적인 거리가 가까움을 나타내고 있다.

- Look at this situation about you **closely**.  너에 관련된 이 상황을 자세히 살펴봐.

  ※ 공간적인 접근과 달리, '관계' 또는 '정도'를 나타내는 경우는 부사로 closely를 사용한다.

- We had a **late** dinner today.  우리는 오늘 늦은 저녁을 먹었다.
- They arrived an hour **late**.  그들은 한 시간 늦게 도착했다.
- **Lately** I've been thinking of what I want to be.

  최근에 나는 내가 무엇이 되고 싶은지에 대해서 생각해 보고 있다.

- This mountain is **hard** to climb.  이 산은 오르기에 힘들다.
- He worked **hard** in his school days.  그는 학창 시절에 열심히 공부했다.
- She **hardly** thinks about that.  그녀는 그것에 대해 거의 생각하지 않는다.

## **04** 주의해야 할 부사의 위치

### (1) 형용사(구), 부사(구)를 수식할 때

수식을 받는 단어나 구 앞에 위치하는 것이 원칙이다.

- I am **very** glad to see you.

  나는 너를 만나 굉장히 기쁘다.

- He is **entirely** in the wrong.

  그가 전적으로 잘못했다.

### (2) 양태[방법] 부사의 위치

gladly, frankly, well, heartily, perfectly, carefully 등의 위치는 문장 구조마다 다르다.

① 자동사 뒤에 위치 → 「자동사＋양태부사」

  - They came back **immediately**.

    그들은 즉시 돌아왔다.

② 타동사의 앞 또는 목적어 뒤에 주로 위치 → 「양태부사＋타동사＋목적어」, 「타동사＋목적어＋양태부사」

  - I **gladly** accepted the proposal.

    나는 기쁘게 그 제안을 받아들였다.

  - The foreigner pronounced each word **perfectly**.

    그 외국인은 각 단어를 완벽하게 발음했다.

③ 타동사가 목적어절을 가질 때, 양태부사는 목적어절 앞에 위치 → 「타동사＋양태부사＋목적어절」

  - The foreigner understood **perfectly** what I said.

    그 외국인은 내가 한 말을 완벽하게 이해했다.

## (3) 빈도부사의 위치

| 빈도 | 빈도부사 |
|---|---|
| 100% | always, all the time |
| 90% | almost always |
| 70%~80% | usually, generally, normally |
| 50% | often, frequently |
| 30%~40% | sometimes, occasionally, on occasion, at times, from time to time |
| 15% | seldom, scarcely, hardly, rarely, barely |
| 0% | never, not ~ ever |

※ 부정에 준하는 빈도부사 hardly, barely, scarcely는 '거의 ~ 않는'의 의미로 정도를 나타내는 표현이고, rarely, seldom은 '좀처럼 ~ 않는'의 의미로 빈도를 나타내는 표현이다. 부정을 나타내는 부사 never와 마찬가지로 문맥상 이중 부정에 주의해야 한다.

① 일반동사 앞

· I **sometimes** visit my old friend. 나는 때때로 내 오랜 친구를 방문한다.

② be동사, 조동사 뒤

· She is **often** late from school. 그녀는 종종 학교에서 늦게 온다.

· You should **always** obey your brother. 너는 항상 형의 말을 따라야 한다.

## (4) 「타동사 + 부사」: 이어동사의 목적어의 위치

> pick up, put on, take off, turn on, turn off, throw away, bring back, put in, hand in, call off, give up, put off, see off, take on, try on, carry out, call up

「타동사 + 부사」가 명사나 대명사를 목적어로 취하면 다음과 같은 형태로 쓴다.

· 타동사 + 명사 + 부사 (○)          · 타동사 + 부사 + 명사 (○)
· 타동사 + 대명사 + 부사 (○)         · 타동사 + 부사 + 대명사 (×)

· Turn **the radio** on. (○)          · Turn on **the radio**. (○)

· Turn **it** on. (○)                 · Turn on **it**. (×)

참 자동사가 전치사와 결합되었을 때는 다르다.

· Listen to **the man**. (○)          · Listen **the man** to. (×)

· Listen to **him**. (○)              · Listen **him** to. (×)

① 목적어가 명사일 때

· Put on **your hat**. (○) 당신의 모자를 쓰시오.

→ Put **your hat** on. (○)

② 목적어가 대명사일 때

· Put **them** on. (○) 그것들을 쓰시오[입으시오].

→ Put on **them**. (×)

◎ Try on **this swimsuit**. / Try **it** on. 이 수영복을 입어 봐. / 그것을 입어 봐.

✕ Try on **it**.

➡ 이어동사가 대명사 목적어를 가질 때 대명사는 반드시 이어동사 사이에 들어가야 한다.

POINT CHECK

05 빈도부사의 위치는 □ □ □ □의 앞, □□□□와 □□□ 의 뒤이다.

06 이어동사의 목적어가 대명사 일 때, 「동사+□□□+□□」 의 어순을 취한다.

| 정답 |   05 일반동사, be동사, 조동사
06 대명사, 부사

## 05 주요 부사

### (1) very

① 원급 수식, 현재분사형의 형용사를 수식

- He is **very** busy.  그는 매우 바쁘다.
- This movie is **very** interesting.  이 영화는 매우 재미있다.

② 최상급 수식

- We wanted the **very** best quality.  우리는 최고의 품질을 원했다.
- She is the **very** smallest of all of my friends.  그녀는 나의 모든 친구들 사이에서 가장 작다.

③ 형용사화된 과거분사 수식

| tired, pleased, excited, surprised, satisfied |
| --- |

- He was **very** excited.  그는 매우 신이 났다.
- She is **very** tired from hard work.  그녀는 고된 업무로 매우 피곤하다.

  ※ 과거분사가 동사적 성질을 잃고 형용사의 의미만 가지게 된 경우에는 much 대신 very의 수식을 받는다.

  참 I was **much** surprised at the result.

  나는 그 결과에 매우 놀랐다.

  ※ 뒤에 전치사 by, about, with, at, in이 동반되어 수동의 의미가 분명할 때는 much로 수식한다.

### (2) much

① 동사 수식

- We appreciate your concern very **much**.

  우리는 당신의 관심에 매우 감사드립니다.

② 비교급 수식

- He is **much** taller than his brother.

  그는 그의 형보다 훨씬 더 키가 크다.

③ 「much the + 최상급」

- He is **much the** smartest boy in his class.

  그는 반에서 가장 똑똑한 남자아이이다.

### (3) well

good의 부사 형태로, '잘, 좋게, 상당히'의 의미이다.

- Its stock price will be **well** over its market value next week.

  다음 주에 그것의 주가가 그것의 시장 가치를 충분히 넘어설 것이다.

- Beckham does his job **well**.  Beckham은 그의 일을 잘한다.

  참 My family are all **well**.  우리 가족은 전부 건강하다.

  ※ well은 '건강한'이란 의미의 형용사로도 쓰인다.

**(4) enough**

명사를 앞에서 수식하며 '충분한'이라는 의미를 갖는 형용사 역할을 하거나, 형용사/부사를 뒤에서 수식하는 부사 역할을 한다.

POINT CHECK

09 「□□□/□□+enough」의
어순을 기억하라.

① 「형용사/부사＋enough」

- He is rich **enough** to buy this car.

  그는 이 차를 살 만큼 충분히 부유하다.

- We got up early **enough** to catch the first plane.

  우리는 첫 비행기를 탈 만큼 일찍 일어났다.

② 「enough＋명사」, 「명사＋enough」: 두 가지 어순 모두 사용 가능하나, 현대 영어에서는 「enough＋명사」를 압도적으로 높은 빈도로 사용한다. 「명사＋enough」는 고어체에 가깝다.

- We must have **enough** information.

  → We must have information **enough**.

  우리는 충분한 정보를 가져야만 한다.

- We don't have **enough** big nails.  우리는 큰 못을 충분히 가지고 있지 않다.

- We don't have big **enough** nails.  우리는 충분히 큰 못이 없다.

  ※ 해당 예문에서 enough big nails는 '충분한 큰 못(개수)'으로 못의 개수가 부족함을 의미하는 반면, big enough nails는 '(크기가) 충분히 큰 못'을 의미하여 크기 면에서 불충분한 못의 상태를 서술하고 있다.

**(5) still**

긍정문이나 의문문에서는 '아직도, 여전히'라는 의미로 be동사나 조동사 뒤, 일반동사 앞에 위치한다. 부정문에서는 '아직도'라는 의미로 부정어 앞에 위치한다.

- The dog is **still** asleep.  그 개는 여전히 자고 있다.

- I am **still** taking a shower.  나는 아직도 샤워 중이다.

- Is he **still** working for the same company?  그는 아직도 같은 회사에서 일하고 있나요?

**(6) at all**

- I don't understand her **at all.**  나는 그녀를 전혀 이해하지 못한다.

  ※ 부정문에서 「not ～ at all」은 '전혀 ～이 아니다'라는 의미이다.

**(7) little**

「little + know/dream/think/imagine/guess/suspect/realize」: '전혀 ～하지 않다'라는 의미를 나타낸다.

- I **little dreamed** that I should never see my family again.

  나는 가족들을 다시 만나지 못할 거라고는 꿈에도 생각치 못했다.

  → **Little did I dream** that I should never see my family again.

    ※ 해당 문장에서는 little은 부정부사로 사용되었다. 부정의 의미인 little이 문장 앞으로 나가 강조되면 주어와 동사의 어순이 도치된다.

| 정답 |   09 형용사/부사

# 02 부사

[01~05] 다음 중 어법상 옳은 것을 고르시오.

01  His voice is [ instant / instantly ] recognizable.

02  The child [ always seems / seems always ] to be hungry.

03  They disappeared [ indoor / indoors ].

04  The photographs brought [ back many things / many things back ].

05  It was [ warm enough / enough warm ] for me.

## 정답&해설

01  **instantly**

| 해석 | 그의 목소리는 즉각 알 수 있다.

| 해설 | 형용사 'recognizable'을 수식해야 하므로 부사 'instantly'가 옳은 표현이다.

02  **always seems**

| 해석 | 그 아이는 항상 배가 고파 보인다.

| 해설 | 'always'는 빈도부사이므로 일반동사 앞에 위치한다. 따라서 'always seems'가 옳은 표현이다.

03  **indoors**

| 해석 | 그들은 실내로 사라졌다.

| 해설 | 'indoors'는 부사이고 'indoor'는 형용사이다. 동사 'disappeared'를 수식해야 하므로 'indoors'가 알맞다.

04  **back many things / many things back**

| 해석 | 그 사진들은 많은 것들을 떠올리게 했다.

| 해설 | 'bring back'은 「타동사 + 부사」 형태의 동사구로 목적어가 일반명사인 경우 「bring + 목적어 + back」과 「bring + back + 목적어」 두 가지 형태로 모두 쓸 수 있다. 따라서 'back many things'와 'many things back' 둘 다 옳은 표현이다.

05  **warm enough**

| 해석 | 날씨가 나에게는 충분히 따뜻했다.

| 해설 | 'enough'는 부사인 경우 형용사와 부사를 뒤에서 수식한다.

# 02 부사

**교수님 코멘트▶** 부사는 동사를 수식하는 것 이외에도 형용사, 다른 부사, 문장 전체 등을 수식하는 역할을 한다. 따라서 부사가 수식하는 것이 무엇인지를 찾아내는 것이 최우선 단계이다. 이에 다양한 문제들을 선정하였으므로 수험생들은 자연스럽게 부사의 쓰임을 이해할 수 있을 것이다.

## 01

2014 국가직 9급

우리말을 영어로 잘못 옮긴 것은?

① 그녀는 등산은 말할 것도 없고, 야외에 나가는 것을 좋아하지 않는다.
  → She does not like going outdoor, not to mention mountain climbing.
② 그녀는 학급에서 가장 예쁜 소녀이다.
  → She is more beautiful than any other girl in the class.
③ 그 나라는 국토의 3/4이 바다로 둘러싸여 있는 소국이다.
  → The country is a small one with the three quarters of the land surrounding by the sea.
④ 많은 학생들이 졸업 후 취직을 위해 열심히 공부한다.
  → A number of students are studying very hard to get a job after their graduation.

## 02

밑줄 친 부분 중 어법상 옳지 않은 것은?

John was once in the office of a manager, Michael, when the phone rang. Immediately, Michael bellowed, "That disgusting phone never stops ① ringing." He then proceeded to pick ② up it and engage in a fifteen-minute conversation while John waited. When he finally hung up, he looked ③ exhausted. He apologized as the phone rang once again. He later confessed that he was having a great deal of ④ trouble completing his tasks because of the volume of calls he was responding to.

---

### 01 형용사 vs. 부사, 현재분사 vs. 과거분사

① 'outdoor'는 형용사로 '야외의'라는 의미를 가지며, 'outdoors'는 '야외에'라는 부사의 의미로 쓰인다. 해당 문장에서는 'going'을 수식하는 부사여야 하므로 'outdoors'가 되어야 옳다. 당시에 복수 정답으로 인정되었다. 동사 'like'는 목적어로 to부정사와 동명사를 둘 다 취할 수 있다. 'not to mention'은 '~은 말할 것도 없고'라는 의미로 올바르게 쓰였다.
③ 수식받는 명사 'the land'와 'surround'가 수동 관계이기 때문에, 현재분사 'surrounding'이 아닌 과거분사 'surrounded'가 맞다.

| 오답해설 | ② 「비교급 + than any other + 단수명사」는 최상급의 의미를 갖고 있다.
④ 「a number of + 복수명사」는 '많은 ~들'의 뜻으로 복수 취급하므로 'are studying'은 적절한 형태이다.

### 02 「타동사 + 부사」의 목적어

② 'pick up'은 「타동사 + 부사」 형태의 동사구로 목적어가 명사인 경우 「pick + 목적어 + up」과 「pick + up + 목적어」 모두 가능하지만 목적어가 대명사인 경우에는 「pick + 목적어(대명사) + up」만 가능하다. 해당 문장은 'pick up'의 목적어로 대명사 'it'을 사용하였으나 「pick + up + 목적어」의 형태인 'pick up it'을 사용하였으므로 옳지 않다. 따라서 밑줄 친 'up it'을 'it up'으로 수정해야 한다.

| 오답해설 | ① 해당 문장에서 'stops'는 동명사를 목적어로 가지는 완전타동사이므로 밑줄 친 동명사 'ringing'은 옳은 표현이다.
③ 밑줄 친 'exhausted'는 불완전자동사 'looked'의 주격 보어에 해당하며 주어 'he'의 감정 상태를 나타내므로 과거분사형으로 쓰는 것이 옳다.
④ 'a great deal of' 뒤에는 불가산명사가 온다. 따라서 밑줄 친 'trouble'은 옳은 표현이다.

| 해석 | 전에 John이 관리자 Michael의 사무실 안에 있었을 때, 전화벨이 울렸다. 즉시 Michael은 "저 지긋지긋한 전화기는 절대 울리지 않는 법이군."이라고 고함을 질렀다. 그리고 나서 그는 그 전화기를 집어 들고, John이 기다리는 동안 15분간 통화했다. 마침내 그가 전화를 끊었을 때, 그는 기진맥진한 것처럼 보였다. 전화벨이 다시 한 번 울리자 그는 사과했다. 나중에 그는 자신이 응답하고 있는 전화의 양 때문에 자신의 업무를 완수하는 데 많은 어려움이 있다고 고백했다.

| 정답 | 01 ①, ③ 02 ②

POINT CHECK

## VISUAL G

A　as　[ big ]　as　B

A　[ bigger ]　than　B

A　the　[ biggest ]　of + 복수명사
　　　　　　　　　　　　　in + 단수명사

---

### 01　비교급의 형태

**(1) 규칙 변화**

① 원급에 -er, -est를 붙여서 비교급과 최상급을 만든다.

| | | |
|---|---|---|
| • small | smaller | smallest |
| • long | longer | longest |
| • tall | taller | tallest |

② 어미가 -e로 끝나는 단어는 -r, -st를 붙인다.

| | | |
|---|---|---|
| • wise | wiser | wisest |
| • brave | braver | bravest |
| • fine | finer | finest |

③ 「단모음 + 단자음」으로 끝나는 단어는 마지막 자음을 한 번 더 쓰고 -er, -est를 붙인다.

| | | |
|---|---|---|
| • big | bigger | biggest |
| • hot | hotter | hottest |
| • thin | thinner | thinnest |

④ 「자음＋-y」로 끝나는 단어는 y를 i로 고치고, -er, -est를 붙인다.

| | | |
|---|---|---|
| • happy | happier | happiest |
| • easy | easier | easiest |
| • early | earlier | earliest |

참 grey – greyer – greyest

※「모음＋-y」로 끝나는 단어는 그냥 -er, -est를 붙인다.

⑤ more, most를 붙이는 경우

3음절 이상의 형용사나 부사 또는 2음절어이지만 -ful, -able, -less, -ous, -ive, -ing 등으로 끝나는 단어는 more와 most를 이용해서 비교급과 최상급을 만든다. 서술적 용법 형용사도 해당된다.

㉠ 3음절어

| | | |
|---|---|---|
| • beautiful | more beautiful | most beautiful |
| • interesting | more interesting | most interesting |

㉡ 2음절어

| | | |
|---|---|---|
| • useful | more useful | most useful |
| • famous | more famous | most famous |

㉢ 서술적 용법 형용사

| | | |
|---|---|---|
| • aware | more aware | most aware |
| • afraid | more afraid | most afraid |

(2) 불규칙 변화

① good(좋은)      better      best

　well(잘, 건강한)   better      best

② bad(나쁜)      worse      worst

　ill(나쁜, 아픈)    worse      worst

③ many(많은)     more      most

　much          more      most

④ old(나이가 든-나이)        older      oldest

　old(손위 사람의-순서)      elder      eldest

　• She is five years **older** than I[me].  그녀는 나보다 5살 위다.

　• My **elder** brother is two years **older** than I[me].  형은 나보다 2살 위다.

　• Their **eldest** son was the **oldest** student in our school.

　　그들의 장남은 우리 학교에서 가장 나이가 많은 학생이었다.

⑤ late(늦은, 늦게)   later(더 늦은, 더 늦게)   latest(최근의, 가장 늦은)

　　　　　　　　　latter(후반의, 후자의)   last(마지막의, 마지막으로)

01 서술적 용법의 형용사의 비교급은 「□□□□＋원급」이고 최상급은 「□□□□＋원급」이다.

- Have you ever heard the **latest** news about Beckham?

  Beckham에 관련된 최근 소식을 들은 적 있니?

- Have you read the **latter** part of the novel?

  그 소설의 뒷부분을 읽어 봤니?

### (3) 비교급 불가 표현

절대 또는 최고의 상태를 나타내는 단어는 비교급과 최상급이 없는 것이 원칙이나, 현대 영어에서 종종 사용하기도 하므로 주의해야 한다.

① 절대 상태

| absolute | 절대적인 | alive | 살아 있는 |
|----------|---------|-------|----------|
| perfect | 완벽한 | dead | 죽은 |
| empty | 빈 | | |

- This is **the perfect** game. 이것은 완벽한 게임이다.
- It is **the most perfect** copier ever invented. 이것은 지금까지 개발된 가장 완벽한 복사기이다.

  ➡ 현대 영어에서 perfect는 최상급 표현인 most perfect로 나타내기도 한다.

② 최고 상태

| final | 최종적인 | primary | 제1의 |
|-------|---------|---------|-------|
| supreme | 최고의 | prime | 가장 중요한 |
| favorite | 가장 좋아하는 | extreme | 극단적인 |

- What is your **favorite** song? 네가 가장 좋아하는 노래는 무엇이니?
- What is the **most favorite** song?

  ➡ favorite은 일반적으로 비교급/최상급 표현을 사용하지 않는다.

02 라틴어 비교급은 비교 대상 앞에 than 대신 □ □을(를) 사용한다.

### (4) 라틴어 비교급

- exterior to(~보다 밖의)  ↔  interior to(~보다 안의)
- inferior to(~보다 열등한)  ↔  superior to(~보다 우수한)
- junior to(~보다 손아래의)  ↔  senior to(~보다 손위의)
- prior to(~보다 이전의)  ↔  posterior to(~보다 이후의)
- major to(~보다 중요한)  ↔  minor to(~보다 중요하지 않은)

- In point of learning she is **superior to** me, but in experience she is **inferior to** me.

  학문적 관점에서 그녀는 나보다 뛰어나지만, 경험에서는 그녀가 나보다 못하다.

### (5) 주의해야 할 비교 의미 표현

- prefer A to B(B보다 A를 선호하다)
- prefer + to + 동사원형
- prefer + 명사 + to + 명사
- prefer + to + 동사원형 + rather than + to + 동사원형
- prefer + 명사
- prefer -ing
- prefer -ing + to -ing
- be preferable to

※ 간혹 「prefer A over B」 표현을 사용하기도 한다.

- I **prefer to drink** coffee. 나는 커피를 마시는 것을 선호한다.
- I **prefer drinking** coffee.

  나는 커피를 마시는 것을 선호한다.
- I **prefer** coffee **to** tea.

  나는 차보다 커피를 선호한다.
- I **prefer** drinking coffee **to** drinking tea.

  나는 차를 마시는 것보다 커피를 마시는 것을 선호한다.
- I **prefer** to drink coffee **rather than** to drink tea.

  나는 차를 마시는 것보다 커피를 마시는 것을 선호한다.
- Drinking coffee **is preferable to** drinking tea.

  커피를 마시는 것이 차를 마시는 것보다 더 낫다.

  ※ 라틴어 비교급의 파생 표현인 prefer는 병렬 구조에 주의해야 한다. 또한 prefer의 형용사 형태인 preferable
  의 관용 표현인 be preferable to에서도 역시 비교 대상의 일치 여부를 묻는 문제가 출제될 수 있다.

## 02  원급 비교

### (1) 원급 비교

「as + 원급 + as」로 나타내며 부정 표현은 「not so[as] + 원급 + as」로 나타낸다.

- He is **as tall as** Beckham.

  그는 Beckham만큼 키가 크다.
- He is **not so[as] tall as** Beckham.

  그는 Beckham만큼 키가 크지 않다.

03 원급 비교는 「as + □□ + as」
로 나타낸다.

### (2) 「as + 원급 + as possible」

'될 수 있는 한 ~한[하게]'이라는 의미로, 「as + 원급 + as + 주어 + can[could]」으로 대신할 수 있다. possible을 possibly로 쓰지 않도록 주의해야 한다.

- She walked **as fast as possible**.

  그녀는 될 수 있는 한 빠르게 걸었다.

  → She walked **as fast as she could**.
- We hope that it also spreads to Korea **as soon as possible**.

  우리는 가능하면 빨리 그것이 한국에도 퍼지기를 희망합니다.

04 「as + □□ + as possible」 =
「as + 원급 + as + □□ + □□
□[□□□□□]」

## 03  비교급 비교

### (1) 우등 비교

- He is six years **older than** his brother.

  그는 그의 남동생보다 6살 더 많다.

  → He is six years **senior to** his brother.

  → He is **senior to** his brother **by** six years.

| 정답 |   03 원급
04 원급, 주어, can[could]

**헷갈리지 말자** 「than + 주격」 vs. 「than + 목적격」

 • I love you more **than he** (loves you).
나는 그가 널 사랑하는 것보다 더 널 사랑한다.

 • I love you more **than** (I love) **him**.
나는 내가 그를 사랑하는 것보다 더 널 사랑한다.

➡ than 뒤에는 주격과 목적격 둘 다 올 수 있는데, 이때 의미가 달라질 수도 있다. 주격이라면 뒤에 생략된 부분이 있다고 보는 것이고, 목적격인 경우에는 목적어의 기능을 한다.

• This is much **smaller than** that.

이것이 저것보다 훨씬 더 작다.

• His car is **larger than** mine.

그의 차는 나의 것보다 더 크다.

• **Her mental age** is higher than **that of her peers**.

그녀의 정신 연령은 그녀 또래의 그것(정신 연령)보다 더 높다.

**헷갈리지 말자** 비교의 대상

 • The weather of Korea is colder than Japan.

• The weather of Korea is colder than **that** of Japan.
한국의 날씨는 일본의 그것(날씨)보다 더 춥다.

➡ 첫 번째 문장은 '한국의 날씨는 일본보다 더 춥다.'로 해석되어서 우리말로는 얼핏 올바른 문장처럼 보일 수도 있으나 비교의 대상이 일치하지 않아서 틀린 문장이다. '한국의 날씨'와 '일본의 날씨'를 비교하는 것이므로 비교 구문에서 반복되는 명사를 대신하는 that을 이용하여 아래 문장처럼 표현해야 한다. 비교급 대상을 나타내는 대명사로 this 또는 these는 사용할 수 없음에 유의해야 하며, 비교대상의 수에 맞추어 that 또는 those를 사용해야 한다.

05 우등 비교: 「비교급+than ~」
열등 비교: 「□□□□+원급
+than ~」

### (2) 열등 비교

「원급 + -er」이 우등 비교라면, 반대 개념인 열등 비교는 「less + 원급」이다.

| 원급 | 우등 비교 | 열등 비교 |
|---|---|---|
| small<br>작은 | smaller<br>더 작은 | less small<br>덜 작은 |
| long<br>긴 | longer<br>더 긴 | less long<br>덜 긴 |
| tall<br>키가 큰 | taller<br>키가 더 큰 | less tall<br>키가 덜 큰 |
| useful<br>유용한 | more useful<br>더 유용한 | less useful<br>덜 유용한 |

• Beckham is **less useful than** he (is). Beckham은 그보다 도움이 덜 된다.

※ 열등 비교 문장이다.

참 Beckham is **more useful than** he (is). Beckham은 그보다 더 도움이 된다.

※ 우등 비교 문장이다.

## (3) 「the + 비교급」 관용 표현

비교급 앞에는 원칙적으로 정관사 the를 쓰지 않지만, 둘 중의 하나를 나타내는 비교급 등에서는 예외적으로 사용되기도 한다.

① 「the + 비교급 + of the two」

  • Timberlake is **the bigger of the two.**  둘 중에 Timberlake가 더 크다.

② 「the + 비교급 ~, the + 비교급 …」: 더 ~할수록, 더 …하다

  • **The higher** he goes up, **the colder** he feels.

    더 높이 올라갈수록, 그는 추위를 더 탄다.

    → As he goes up higher, he feels colder.

  • **The more** immediately you behave, **the better** you get.

    더 즉각적으로 행동할수록, 당신은 더 나아진다.

    → As you behave more immediately, you get better.

③ 「the + 비교급 ~, the + 비교급 …」의 출제 포인트

  ㉠ 비교급 앞에 반드시 the를 제시한다.

  ㉡ 비교급의 품사에 주의한다.

  ㉢ 비교급이 「more/less + 형용사/부사의 원급」 형태일 때, more나 less와 형용사 또는 부사의 원급이 분리되어서는 안 된다. (격식체)

  ㉣ 「the + 비교급」이 명사를 수식할 때, 비교급과 비교급이 수식하는 명사가 분리되어서는 안 된다.

  ◎ **The older** people grow, **the weaker** they get.

    사람들은 나이가 들수록, 더 약해진다.

  ☒ **The older** people grow, **weaker** they get.

    ➡ 도치된 비교급 앞에 the를 반드시 써야 한다.

  ◎ **The more difficult** the game gets, **the more** I like it.

    경기가 어려워질수록, 나는 그것이 더 좋다.

  ☒ **The more difficulty** the game gets, **the more** I like it.

    ➡ '~ 할수록 …하다'의 비교급에서 정관사 the 뒤에는 형용사나 부사가 와야 한다. 이 문장에서는 불완전 자동사 gets의 보어 역할을 할 형용사가 필요하다.

## (4) 주의해야 할 비교급 관용 표현

① 양자 부정

  A is **no more** B **than** C is D.:  A가 B가 아닌 것은 C가 D가 아닌 것과 같다.

  = A is **not** B **any more than** C is D.

  = A is **not** B **just as** C is **not** D.

  • A tomato is **no more** a fruit **than** a cucumber is (a fruit).

    토마토가 과일이 아닌 것은 오이가 (과일이) 아닌 것과 같다.

    = A tomato is **not** a fruit **any more than** a cucumber is (a fruit).

    = A tomato is **not** a fruit **just as** a cucumber is **not** (a fruit).

POINT CHECK

06 「□□□ + 비교급 ~, □□□ + 비교급 …」: 더 ~할수록, 더 …하다

| 정답 |  06 the, the

② 양자 긍정

A is **no less** B **than** C is D.: A가 B인 것은 C가 D인 것에 못지 않다.

- He is **no less** diligent **than** you are (diligent).

  그가 부지런한 것은 네가 그런 (부지런한) 것과 같다.

  = He is **as** diligent **as** you are (diligent).

③ no/not 포함 비교급 관용 표현 암기문법

| 부정적 분위기 | | 긍정적 분위기 | |
|---|---|---|---|
| no more than = as little as | ~밖에 | no less than = as many[much] as | 자그만치, 못지 않게 |
| not more than = at most | 많아 봤자 | not less than = at least | 적어도 |

- She has **no more than** 10 dollars.  그녀는 10달러밖에 없다.

  = She has **as little as** 10 dollars.

- She has **no less than** 10 dollars.  그녀는 10달러나 갖고 있다.

  = She has **as much as** 10 dollars.

④ 「no + 형용사 비교급 + than」: 「as + 반대 의미의 형용사 원급 + as」로 대신할 수 있다.

- I am **no taller than** she (is).  나는 그녀만큼이나 키가 크지 않다.

  → I am **as short as** she (is).  나는 그녀만큼 작다.

⑤ 「not + 형용사 비교급 + than」: 형용사의 반대 의미로 해석할 수 있다.

- I am **not taller than** she (is).

  나는 그녀만큼 크지 않다.

  → I am **shorter than** she (is).

  나는 그녀보다 더 작다.

07 「know better than + to + 동사원형」은 '~하는 것보다는 더 잘 안다'는 뜻이다. ( T / F )

⑥ 「know better than + to + 동사원형」: ~할 만큼 어리석지 않다

- We **know better than to do** such things.

  우리는 그런 일을 할 만큼 어리석지 않다.

⑦ no longer = not ~ any longer: 더 이상 ~ 아닌

- A visit to the moon is **no longer** a dream.

  달나라 여행이 이제는 꿈이 아니다.

  = A visit to the moon is **not** a dream **any longer**.

08 긍정문: still more
부정문: still □□□□

⑧ much[still] more: (긍정문) 하물며 더욱 ~ 그렇다
much[still] less: (부정문) 하물며 전혀 ~ 아니다 암기문법

- Every person has a right to enjoy his liberties, **still more** his life.

  모든 사람은 자신의 자유를 즐길 권리가 있으며 하물며 인생을 즐길 권리는 더 있다.

  ※ 원칙적으로 still more는 much more와 같은 의미이지만, 원어민들은 much more보다는 still more를 압도적으로 더 많이 사용한다.

  ◎ Every person doesn't have a right to enjoy his liberties, **much less** his life.

  모든 사람이 자신의 자유를 즐길 권리는 없으며 하물며 인생을 즐길 권리는 전혀 없다.

  ✕ Every person doesn't have a right to enjoy his liberties, **much more** his life.

  ➡ 부정문이 선행되면, much more가 아니라 much less를 사용해야 하는 것을 잊지 말자.

| 정답 |  07 F  08 less

## (5) 비교급의 강조

비교급 수식 ─── 최상급 수식

even / still / a lot

much (by) far

very

① 비교급 강조 표현: still, a lot, much, even, (by) far 등으로 비교급을 강조해서 '훨씬 더 ∼한'의 의미를 나타낸다.

- I acted **even more cleverly** than usual. 나는 평소보다도 훨씬 더 영리하게 행동했다.
- It was **much worse** than he thought. 그것은 그가 생각했던 것보다 훨씬 더 나빴다.
- She speaks Japanese **far better** than him. 그녀는 그보다 훨씬 더 일본어를 잘한다.
- Volt runs **a lot faster** than Beckham. Volt는 Beckham보다 훨씬 더 빨리 달린다.

② 「배수사＋비교급」: half, two times 등 배수사를 비교급 앞에 써서 '∼배로 더 …한'의 의미를 나타낸다.

- This building is **three times taller** than the Eiffel Tower in Paris.

  이 건물은 파리의 에펠탑보다 3배 더 높다.

## (6) 비교급 출제 포인트

비교하는 대상, 격, 동사가 일치하는지 확인해야 한다.

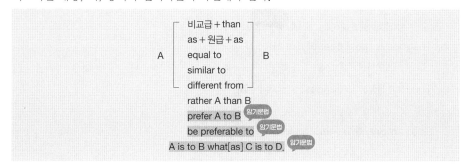

A [ 비교급 + than / as + 원급 + as / equal to / similar to / different from ] B
rather A than B
prefer A to B 암기문법
be preferable to 암기문법
A is to B what[as] C is to D. 암기문법

① 대상 일치

- **The rules of the country** are stricter than **those of this country**.

  그 나라의 규칙들이 이 나라의 그것들(규칙들)보다 더 엄격하다.

② 격 일치

- **Nobody** does it better than **he (does)**. 누구도 그보다 그것을 더 잘하지는 않는다.
- **Nobody** is kinder than **he (is)**. 누구도 그보다 더 친절하지는 않다.

③ 동사 일치

- He **can make** greater record than anyone **can**.

  그는 그 누가 할 수 있는 것보다 더 엄청난 기록을 세울 수 있다.

- He **made** greater record than anyone **did**. 그는 그 누가 했던 것보다 더 엄청난 기록을 세웠다.
- He **was** a greater player than anyone **was**. 그는 그 누구보다도 더 훌륭한 선수였다.

POINT CHECK

09 비교급은 e□□□, m□□□, f□□, a□□□, s□□□□이 (가) 수식한다.

| 정답 | 09 (e)ven, (m)uch, (f)ar, (a) lot, (s)till

## 04 최상급 비교

### (1) 최상급의 비교 범위

① 「최상급 ~ of + 비교의 대상이 되는 복수명사」

- She was **the most diligent girl of my classmates.**

  그녀는 우리 반 학생들 중에서 가장 성실한 소녀였다.

② 「최상급 ~ in + 장소나 범위를 나타내는 단수명사」

- He is **the tallest player in the basketball team.**

  그는 농구팀에서 가장 키가 큰 선수이다.

  ※ 장소나 범위를 나타내는 명사는 반드시 단수 형태이어야 한다.

10 「□□□ ~ that … have[has] ever + p.p.」: 지금까지 …한 것 중에 가장 ~한

### (2) 「최상급 ~ that … have[has] ever p.p.」: 지금까지 …한 것 중에 가장 ~한

- He is **the greatest** soccer player **that has ever lived.**

  그는 역대 최고의 축구 선수이다.

- She is **the greatest** golfer **that Korea has ever produced.**

  그녀는 한국이 낳은 가장 훌륭한 골퍼이다.

### (3) 최상급에 the를 생략할 수 있는 경우

① 최상급 앞에 소유격이 올 때

- My dog is **my best** friend.

  내 개는 나의 가장 친한 친구이다.

② 동일인 또는 동일물을 비교할 때

- The rose is **most beautiful** in May.

  장미는 5월에 가장 아름답다.

- The Han River is **deepest** at this point.

  한강은 이 지점에서 가장 깊다.

- She is **more** clever **than** wise.

  그녀는 현명하다기보다는 영리하다.

  ※ 동일인의 특성을 비교할 때는 「more + 원급 + than + 원급」으로 표현한다.

11 동일인이나 동일물을 최상급 비교할 때는 최상급 앞에 □□□을(를) 보통 사용하지 않는다.

③ 부사의 최상급

- He studied **hardest** at that time.

  그는 그 당시 가장 열심히 공부했다.

  참 I like this one the most. 나는 이것을 가장 좋아한다.

  ※ 단, 문장의 끝에 오는 부사의 최상급에는 the를 사용할 수 있다.

④ 서술적 용법 형용사

- Winter is (the) coldest. 겨울이 가장 춥다.

  참 Winter is **the coldest** season of the year.

  ※ in이나 of로 시작하는 비교 범위가 생략될 때는 최상급 앞의 정관사 the를 생략할 수도 있다.

| 정답 | 10 최상급
11 the

## (4) 원급과 비교급을 이용한 최상급 대용 표현

> • He is the tallest in the world.
> 그는 세상에서 가장 키가 크다.
>
> = No one is as tall as he in the world.
> = No one is so tall as he in the world.
> = No one is taller than he in the world.
> = He is taller than any other person in the wold.
> = He is taller than (all) the other people in the world.
> = He is taller than anyone else in the world.

**POINT CHECK**

12 원급과 비교급을 이용해서 □
□□의 의미를 나타낼 수 있다.

① 원급 이용

• **No** (other) **player** is **so tall as** he.

어떤 선수도 그만큼 키가 크지 않다.

• He is **as tall a player as I've ever seen.**

그는 내가 본 가장 키가 큰 선수이다.

※ 원급 비교처럼 보이지만 최상급을 나타내는 관용 표현이다.

② 비교급 이용

• **No** (other) **player** is **taller than** he.

어떤 선수도 그보다 더 키가 크지 않다.

= He is **taller than any other player.**

그는 다른 어떤 선수보다도 더 키가 크다.

= He is **taller than (all) the other players.**

그는 다른 모든 선수들보다도 더 키가 크다.

= He is **taller than anyone else.**

그는 다른 누구보다 더 키가 크다.

③ 최상급 이용

• He is **the tallest** player.  그는 가장 키가 큰 선수이다.

• He is **the tallest of all (the) players.**  그는 모든 선수들 중에서 가장 키가 크다.

• He is **one of the tallest players.**  그는 가장 키가 큰 선수들 중 한 명이다.

## (5) 최상급의 강조

최상급을 강조할 때는 much, by far, very 등을 쓴다. very가 최상급을 수식하는 경우는 「the very + 최상급」의 어순이 된다.

• He is **much the smartest** boy of them.  그는 그들 중 단연코 가장 똑똑한 소년이다.

• Skiing is **by far the most popular** winter sports.  스키가 단연코 가장 인기 있는 겨울 스포츠이다.

• He is **much the strongest** player in the team.  그는 팀에서 가장 최고로 힘이 센 선수이다.

• This is **the very best** machine.  이건 최고의 기계이다.

◎ She was **the very** best student in the class.

그녀는 그 반에서 단연코 최고의 학생이었다.

✕ She was **very the** best student in the class.

➡ very가 최상급을 수식하는 경우에는 「the very + 최상급」의 어순으로 최상급을 강조하므로 the의 위치에 주의하자.

# 03 비교

[01~05] 다음 중 어법상 옳은 것을 고르시오.

01 The Pacific is as broad [ as / than ] the Atlantic.

02 Jack is no more an angel [ as / than ] John is an angel.

03 He prefers baseball [ to / than ] soccer.

04 The [ much / more ] money you spend, the greater your satisfaction becomes.

05 The problem was [ very / much ] more difficult than she had expected.

---

## 정답&해설

**01  as**
| 해석 | 태평양은 대서양만큼 넓다.
| 해설 | 「as + 원급 + as」의 원급 비교 구문이므로 'as'가 알맞다.

**02  than**
| 해석 | Jack이 천사가 아닌 것은 John이 천사가 아닌 것과 같다.
| 해설 | 「A is no more B than C is D.」는 관용 표현으로 'A가 B가 아닌 것은 C가 D가 아닌 것과 같다.'를 뜻한다.

**03  to**
| 해석 | 그는 축구보다 야구를 선호한다.
| 해설 | 「prefer A to B」는 'B보다 A를 선호하다'라는 뜻의 라틴어 비교 표현으로 'to' 대신에 'than'을 사용할 수 없다.

**04  more**
| 해석 | 돈을 더 많이 쓸수록, 너의 만족감은 더 커진다.
| 해설 | 「the + 비교급 ~, the + 비교급 …」은 '더 ~할수록, 더 …하다'를 뜻하며 'the' 뒤에는 비교급이 들어가야 한다.

**05  much**
| 해석 | 그 문제는 그녀가 예상했던 것보다 훨씬 더 어려웠다.
| 해설 | 'much'는 비교급을 강조하는 부사이고 'very'는 원급과 최상급을 강조하는 부사이므로 정답은 'much'이다.

# 03 비교

**교수님 코멘트▶** 비교급은 단독으로 출제될 뿐만 아니라 형용사와 부사의 쓰임을 구분하는 문제와도 연관되어 출제될 수 있다. 따라서 이를 대비할 수 있도록 형용사와 부사의 쓰임을 비교하는 문항을 수록하였다.

## 01

**밑줄 친 부분이 어법상 옳지 <u>않은</u> 것은?**

① They are not interested in reading poetry, <u>still more</u> in writing.
② <u>Once confirmed</u>, the order will be sent for delivery to your address.
③ <u>Provided that</u> the ferry leaves on time, we should arrive at the harbor by morning.
④ Foreign journalists hope to cover as <u>much news</u> as possible during their short stay in the capital.

## 02

**우리말을 영어로 잘못 옮긴 것을 고르시오.**

① 우리가 영어를 단시간에 배우는 것은 결코 쉬운 일이 아니다.
→ It is by no means easy for us to learn English in a short time.
② 우리 인생에서 시간보다 더 소중한 것은 없다.
→ Nothing is more precious as time in our life.
③ 아이들은 길을 건널 때 아무리 조심해도 지나치지 않다.
→ Children cannot be too careful when crossing the street.
④ 그녀는 남들이 말하는 것을 쉽게 믿는다.
→ She easily believes what others say.

---

**01 비교급 관용 표현**

① '~는 말할 것도 없이, …도 ~하다'를 뜻하는 비교급 관용 표현은 각각 「긍정문, + still/much more ~」 또는 「부정문, + still/much less」로 쓸 수 있다. 해당 문장에서는 주절이 부정문이므로 still more를 still less로 수정해야 한다.

| 오답해설 | ② 주절과 종속절의 주어가 동일하면 종속절의 주어와 be동사를 생략할 수 있다. 부사절 'Once the order is confirmed'에서 동일 주어 'the order'와 be동사 'is'를 생략하고 '접속사(Once) + 과거분사(confirmed)'만 남아있는 형태로 볼 수 있다. 또한, 접속사가 살아있는 분사구문으로 보아도 옳다.
③ Provided that은 조건절을 이끄는 접속사 대용 어구로 '만약 ~라면'이라는 뜻으로 옳게 사용되었다.
④ news는 불가산명사이며 이를 수식하는 형용사 much에 의해서 수식받을 수 있다. 또한, 원급 비교 형태인 as ~ as possible이 사용되었으므로 알맞게 사용되었다.

| 해석 | ① 그들은 시 쓰기는 말할 것도 없이 읽기에도 관심이 없다.
② 일단 승인되면, 주문(제품)은 귀하의 주소로 배송될 것입니다.
③ 만약 여객선이 정각에 출발한다면, 우리는 항구에 아침에 도착할 것이다.
④ 외국 기자들은 수도에서의 짧은 체류 기간 동안 가능한 많은 뉴스를 보도하길 희망한다.

---

**02 최상급 대용 표현**

② 원급과 비교급을 이용하여 최상급을 표현할 수 있다. 원급을 사용할 경우 「부정 주어 + is as[so] + 원급 + as …」로, 비교급을 사용할 경우 「부정 주어 + is + 비교급 + than …」으로 써야 한다. 따라서 위 문장은 원급과 비교급 중 한 가지를 이용한 표현으로 고쳐야 한다. 즉, Nothing is as[so] precious as time in our life. 또는 Nothing is more previous than time in our life.로 바꿀 수 있다.

| 오답해설 | ① 난이형용사(easy 등)는 to부정사를 진주어로 취하므로 옳게 사용된 문장이며, to부정사의 의미상 주어도 「for + 목적격」으로 알맞게 영작되었다. 여기서 by no means는 '결코 ~하지 않는'이라는 의미의 부사구이다.
③ 「cannot be too + 형용사」는 '아무리 ~해도 지나치지 않다'라는 의미의 조동사 관용 표현으로 알맞게 사용되었으며, 주절의 주어와 종속절의 주어가 children으로 동일하므로 종속절에서는 「주어 + be동사」를 생략하고 「when + 현재분사」의 구조를 사용한 것도 옳다.
④ what은 선행사를 포함한 관계대명사로 명사절을 이끌어 타동사의 목적어로 사용될 수 있다. 또한 종속절로 사용된 what절이 「의문사 + 주어 + 동사」의 간접의문문 어순을 취한 것도 어법에 맞다.

| 정답 | 01 ① 02 ②

# 04 부정사

---

**POINT CHECK**

## VISUAL G

---

## 01 부정사의 형태

01 부정사의 형태는 □ □ □ □,
그리고 「to + 동사원형」이다.

**(1) 원형부정사**: 동사원형(조동사, 지각동사, 사역동사, 관용구에 사용)

• I will make you **go** outside.

나는 너를 밖에 나가게 할 것이다.

**(2) to부정사**: 「to + 동사원형」(명사적 용법, 형용사적 용법, 부사적 용법)

• **To see** is **to believe**.

보는 것이 믿는 것이다. (백문이 불여일견)

| 정답 | 01 동사원형

## 02 부정사의 용법_명사

부정사는 문장에서 명사의 역할, 즉 주어, 목적어, 보어의 역할을 대신할 수 있다.

### (1) 주어

· **To learn** English is fun. 영어를 배우는 것은 재미있다.

→ It is fun **to learn** English. (가주어 It)

※ 부정사 주어는 반드시 단수 취급한다.

### (2) 목적어

① to부정사를 목적어로 취하는 타동사

> WHAT CAN DO 동사: want, hope, attempt, threaten, choose, agree, need, desire, offer

● to부정사를 목적어로 취하는 동사 vs. 동명사를 목적어로 취하는 동사

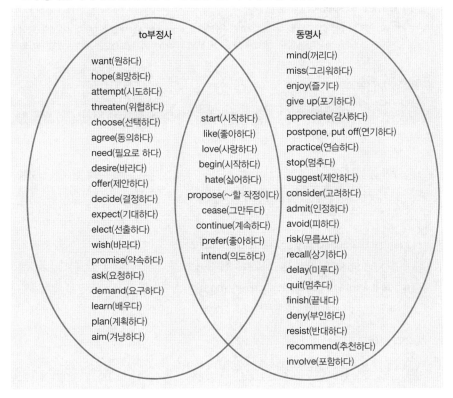

※ 준동사 목적어에 따른 동사 분류

1. 목적어[동명사/to부정사] (의미상 차이가 없는 경우)

start, like, love, begin, hate, propose(~할 작정이다), cease, continue, prefer, intend

2. 목적어[동명사/to부정사] (의미상 차이가 있는 경우)

mean(~을 의미하다/~을 의도하다), remember(~했던 것을 기억하다/~해야 할 것을 기억하다),

forget(~했던 것을 잊어버리다/~해야 할 것을 잊어버리다), regret(~했던 것을 후회하다/~하게 되어

유감이다), try(시험 삼아 ~해 보다/~하려고 애쓰다)

POINT CHECK

02 부정사는 문장에서 주어의 역할을 할 수 있으며 이때는 □□ 취급한다.

03 WHAT CAN DO 동사들은 목적어로 □□□□□을(를) 취한다.

| 정답 |  02 단수  03 to부정사

POINT CHECK

04 가목적어 – 진목적어 구문 → 「make/believe/consider/find/think/imagine + 가목적어(it) + 목적격 보어 + □□□□ (to부정사)」

05 지각동사 및 사역동사는 목적격 보어로 □□□□□을(를) 취한다.

| 정답 | 04 진목적어
05 원형부정사

3. 목적어[to부정사/원형부정사]

- She helped (to) clean the machine. 그녀는 기계를 청소하는 것을 도왔다.

※ help는 목적어로 to부정사 또는 원형부정사를 취할 수 있다.

② 「의문사 + to부정사」 = 「의문사 + S + should + 동사원형」

| | | | |
|---|---|---|---|
| how + to부정사 | 어떻게 ~할지 | whether + to부정사 | ~할지 안 할지 |
| where + to부정사 | 어디로 ~할지 | when + to부정사 | 언제 ~할지 |
| what + to부정사 | 무엇을 ~할지 | which + to부정사 | 어떤 것을 ~할지 |

- They don't know **when to leave.**

그들은 언제 떠날지 모른다.

→ They don't know **when they should leave.**

- We don't know **what to do.** 우리는 무엇을 해야 할지 모른다.

→ We don't know **what we should do.**

⭘ I learned **how to speak** Spanish. 나는 스페인어를 어떻게 말하는지 배웠다.

⭘ I learned **to speak** Spanish.

➡ learn은 '~하는 방법을 배우다'라는 의미로 사용할 때, 「how + to부정사」를 목적어로 사용하는 것이 일반적이나, 「learn + to부정사」도 구어체에서 자주 사용된다. 「learn + to부정사」는 '~ 할 수 있게 되다'의 의미로 쓰인다.

③ 가목적어, 진목적어

| 주어 | 동사 | 가목적어 | 목적격 보어 | 의미상 주어 | 진목적어 |
|---|---|---|---|---|---|
| 명사 | make<br>believe<br>consider<br>find<br>think<br>imagine | it | 형용사<br>명사 | (for + 목적격) | to부정사 |

- I found **it** difficult **to say** something about her.

나는 그녀에 대해 무언가를 말하는 것이 어렵다는 것을 알았다.

- I made **it** a rule **to get up** at six every morning.

나는 매일 아침 6시에 일어나는 것을 규칙으로 정했다.

## (3) 목적격 보어

| | 동사 | | 목적격 보어 |
|---|---|---|---|
| 주어 | 지각동사<br>(see/watch/smell/hear/feel/notice) | 목적어 | 원형부정사<br>현재분사/과거분사 |
| | 사역동사<br>(let/make/have) | | 원형부정사<br>현재분사(have만 가능)/<br>과거분사(have 가능) |
| | 준사역동사<br>(help) | | 원형부정사<br>to부정사 |
| | 준사역동사<br>(get) | | to부정사<br>현재분사/과거분사 |

① 원형부정사

　　㉠「지각동사 + 목적어 + <u>원형부정사/현재분사</u>」
　　　　　　　　　　　　　　　능동

　　　「지각동사 + 목적어 + <u>과거분사</u>」
　　　　　　　　　　　　　　수동

　　　• I heard her **play** the piano. (능동) 나는 그녀가 피아노를 연주하는 것을 들었다.
　　　• I heard her **playing** the piano. (능동) 나는 그녀가 피아노를 연주하고 있는 것을 들었다.
　　　• I heard my name **called.** (수동) 나는 나의 이름이 불리는 것을 들었다.
　　　• Did you **smell** something **burning?** (능동) 당신은 무언가 타는 냄새를 맡았나요?

　　　　※ 단, smell은 불완전타동사로 사용될 때, 목적격 보어로 과거분사는 올 수 없고 현재분사만 사용 가능하다.

　　㉡「사역동사 + 목적어 + <u>원형부정사</u>」
　　　　　　　　　　　　　　능동

　　　「사역동사 + 목적어 + <u>과거분사</u>」
　　　　have　　　　　　　수동

　　　• I had him **carry** the bag. (능동) 나는 그에게 그 가방을 옮기도록 시켰다.
　　　• I had the bag **carried** by him. (수동) 나는 그 가방이 그에 의해 옮겨지도록 만들었다.

② to부정사

권고, 강요, 허락, 기대, 희망, 통보 동사가 왔을 때, 목적격 보어 자리에 to부정사를 사용한다.

| 권고동사 | encourage, convince, cause, persuade, urge, teach, beg, warn, advise |
| 강요/요청동사 | force, compel, order, get, tell, require, ask |
| 허락/금지동사 | permit, allow, enable, forbid |
| 기대/희망동사 | expect, want, invite, need, intend |
| 통보동사 | remind |

　　　• I force him **to go** there. 나는 강제로 그를 그곳에 가게 한다.
　　　• She allowed me **to eat** the cake. 그녀는 내가 그 케이크를 먹도록 허락했다.

## 03　부정사의 용법_형용사

### (1) 한정적 용법

명사 뒤에서 수식하며 형용사와 같은 역할을 하는 부정사를 의미한다.

| somebody to depend[rely/lean/count] on | 의지할 누군가 |
| a friend to talk to | 대화할 친구 |
| a house to live in | 살 집 |
| something to write with | 필기구 |
| money to live on | 생활할 돈 |
| nothing to complain of | 불평할 것이 전혀 없는 |
| children to take care of | 돌봐야 할 아이들 |

**POINT CHECK**

06 「주어 + want + 목적어 + □□
　　□□□(목적격 보어)」

07 부정사가 명사를 수식할 때, 이
　　는 □□□□ 용법으로 쓰인
　　것이다.

| 정답 |　06 to부정사
　　　　07 형용사적

- I have nothing **to write with**. (필기구) 나는 필기구가 없다.
- I have nothing **to write on**. (종이) 나는 쓸 종이가 없다.
- I have nothing **to write about**. (글의 소재) 나는 쓸 글감이 없다.
- There was nothing **to complain of** about noise pollution.

  소음 공해에 관해 불평할 것이 전혀 없습니다.

  ◎ I have no money **to live on**. 나는 생활할 돈이 없다.

  ✕ I have no money **to live on it**.

  ➡ to부정사가 형용사적 용법으로 명사를 수식할 때, 수식받는 명사를 대신하는 대명사가 to부정사 뒤에 중복 사용되어서는 안 된다.

## (2) 서술적 용법 ┌ 교수님 한마디 ▶ 서술적 용법은 일명 「be+to부정사」 용법이다. 용법을 직접적으로 묻는 문항이 출제되는 것은 아니지만, 정확한 독해를 할 수 있도록 각 용법을 잘 파악해 두자.

「be + to부정사」 용법이라고 하며, 문장에서 '예정, 의무, 가능, 운명, 의도'를 나타낸다.

- 예정: ~하려고 하다(will, be going to), 보통 미래부사 「next + 시간명사」 외와 함께 쓰임
- 의무: ~해야 한다(should), 규칙 또는 법규와 함께 쓰임
- 가능: ~할 수 있다(can)
- 운명: ~할 운명이다
- 의도: ~할 작정이다, 주로 조건절(if절)에 쓰임

① 예정: They **are to arrive** here at five. (= be scheduled to = be due to)

그들은 여기에 5시에 도착할 예정이다.

※ 주로 시간의 부사구와 함께 쓰인다.

② 의무: You **are to obey** rules we made. (= must = should)

너희는 우리가 만든 규칙에 따라야 한다.

※ 조동사 must로 대신할 수 있다.

③ 가능: It was too dark that night. Nothing **was to be** seen. (= can)

그날 밤은 너무 어두웠다. 아무것도 보이지 않았다.

※ 조동사 can으로 대신할 수 있고, be동사 뒤에 나오는 to부정사가 수동태로 쓰이는 경우가 빈번하다.

④ 운명: They **were to be** together forever. (= be destined to = be doomed to)

그들은 영원히 함께 할 운명이었다.

⑤ 의도: If you **are to succeed**, you must be diligent. (= intend to)

당신이 성공하고자 한다면, 당신은 근면해야만 한다.

※ 주로 조건절에 사용된다.

## 04 부정사의 용법_부사

문장에서 부사의 역할을 하며, 수식하는 대상에 따라 해석이 달라지니 유의해야 한다.

### (1) 부사적 용법의 역할

① 목적: '~하기 위해서'라는 의미로 목적을 나타낸다. 부정형은 「not + to부정사」로 나타낸다.

- He works hard **not to fail**. 그는 실패하지 않기 위해 열심히 일한다.

  → He works hard **so as not to fail**.

→ He works hard **in order not to fail**.

→ He works hard **so that** he **may not fail**.

→ He works hard **in order that** he **may not fail**.

→ He works hard **lest** he **(should) fail**.

② 결과: 일반적으로 무의지 동사 또는 only to, never to와 결합하는 경우, 부정사는 주로 '결국 ~하다'라는 의미로 부사적 용법의 '결과'를 나타낸다.

> live, grow up, return, awake, wake up

- He **grew up to be** a nurse.

  그는 자라서 간호사가 되었다.

- Some students worked hard **only to fail** in the exam.

  몇몇 학생은 열심히 했으나 시험에서 떨어졌다.

- He went to France **never to return**.

  그는 프랑스로 가서 다시는 돌아오지 않았다.

- She was so well known **as to need** no introduction.

  그녀는 소개할 필요가 없을 정도로 잘 알려져 있었다.

  ※ 「so ~ as + to부정사」는 '…할 정도로 ~한'의 의미로 '정도, 결과'를 나타낸다.

③ 감정의 원인: 어떤 감정이 생기게 된 원인을 to부정사를 통해서 표현하는 용법이다.

> - 감정 동사: cry, smile, weep
> - 감정 형용사: glad, happy, sorry, pleased, surprised

- She **cried to see** the monkey.

  그녀는 원숭이를 보더니 울었다.

  ※ cried라는 감정이 생긴 원인이 'to see ~' 이하이다.

④ 형용사/부사 수식

- This scene is not **good to see**.

  이 장면은 보기에 좋지 않다.

- They are **old enough to play** cards.

  그들은 카드놀이를 하기에 충분히 나이가 들었다.

⑤ 양보: '비록 ~일지라도'라는 의미를 가진다.

- **To do** my best, I could not succeed in it.  최선을 다했음에도, 나는 그것에서 성공하지 못했다.

  → Though I did my best, I could not succeed in it.

⑥ 판단의 근거: to부정사가 판단의 근거를 제공하며 must be, cannot be 또는 감탄문에서 주로 사용된다.

- He **must be** selfish **to say** so.

  그렇게 말하는 것을 보니 그는 이기적인 것이 틀림없다.

⑦ 조건: 가정법을 대신해서 사용하는 용법이다.

- **To be** late again, you will be punished.  또 늦으면, 너는 벌을 받을 것이다.

  → If you are late again, you will be punished.

⑧ 독립부정사

| to tell the truth | 사실을 말하자면 | so to speak (= as it were) | 즉, 말하자면 |
|---|---|---|---|
| to begin with | 우선 | strange to say | 이상한 이야기지만 |
| to be sure | 확실히 | to be frank with you | 솔직히 말해서 |
| to make matters worse<br>= what is worse | 설상가상으로 | to be honest | 솔직히 |
| to make matters better<br>= what is better | 금상첨화로 | to be brief | 간단히 말하면 |
| needless to say(= not to<br>mention, not to speak of) | ~은 말할 것도 없이 | | |

· My car broke down on the way, and **to make matters worse**, it began to rain.

내 차가 운전하는 도중에 고장 났고, 설상가상으로, 비까지 내리기 시작했다.

10 「too ~ to부정사」는 □□의 의미를 내포하고 있다.

⑨ 「too ~ to부정사」: 너무 ~해서 …할 수 없다

「too ~ to부정사」의 경우 부정의 단어가 쓰이지는 않았지만 의미상 부정문이다. 또한 '너무 ~해서 …할 수 없다'라는 해석 대신에 '…하기에는 너무 ~하다'로 해석하기도 한다.

· The box is **too** heavy for her **to** move.

그 상자는 너무 무거워서 그녀가 옮길 수 없다.

※ 동사가 is 하나로 구성된 단문의 경우, 문장의 주어가 부정사의 목적어로도 중복 사용되면 옳지 않다. 그러나 주절과 종속절 두 개로 이루어진 복문의 경우에는 목적어 자리를 채워주어야 한다.

· The box is too heavy for her to move ~~it~~.

→ The box is **so** heavy **that** she **can't** move it.

참 She is strong **enough to** move it.   그녀는 그것을 옮길 만큼 힘이 세다

→ She is **so** strong **that** she **can** move it.

## 05 부정사의 동사적 성향_의미상 주어

(1) 의미상 주어를 나타내는 경우

① 목적격: 5형식 불완전타동사가 이끄는 문장에서는 목적어가 to부정사의 의미상 주어가 된다.

· I forced **him** to open the door.   나는 그에게 문을 열도록 강요했다.

11 「It ~ to부정사」의 가주어-진주어 구문에서 의미상 주어는 「□□□/□□+목적격」으로 나타낸다.

② 「for + 목적격」: to부정사 바로 앞에 「for + 목적격」으로 의미상 주어를 나타낸다.

· He opened the door **for me** to get in.

그는 내가 들어가도록 문을 열어 주었다.

※ to부정사의 의미상 주어를 「for + 목적격」으로 나타낸 것이다.

· It's easy **for him** to open the door.

그가 문을 여는 것은 쉽다.

※ 「가주어 It-진주어 to부정사」 구문에서 진주어인 to부정사의 의미상 주어는 「for + 목적격」으로 나타낸다.

③ 「of + 목적격」: 사람의 성격, 성질을 나타내는 형용사 뒤에 나온 to부정사의 의미상 주어는 「of + 목적격」으로 나타낸다.

kind, careless, rude, wise, honest, considerate, bold, generous

· It is **kind of him** to help me.

나를 도와주다니 그는 친절하다.

→ He is kind to help me.

※ 사람의 성격, 성질을 나타내는 형용사를 수식하는 to부정사의 의미상 주어는 문장의 주어가 될 수 있다.

| 헷갈리지 말자 | You are convenient vs. It is convenient |
|---|---|

Don'ts · Call me whenever you are convenient.

Do's · Call me whenever it is convenient for you.
당신이 편리할 때 언제든 내게 전화해라.

➡ convenient는 사람을 주어로 취하지 않음에 주의한다.

## (2) 형용사별로 주의해야 할 의미상 주어

### ① 이성적/감성적 판단 형용사: 「for + 목적격」

essential, necessary, urgent, important, vital, natural,
advisable, right, rational, surprising, strange

· It is **necessary for us** to persuade him.

우리가 그를 설득하는 것은 필수적이다.

→ It is **necessary** that we (should) **persuade** him.

☒ We are **necessary to persuade** him.

◎ He is **necessary for us to persuade**.

➡ 이성적/감성적 판단 형용사는 부정사의 의미상의 주어가 문장의 주어가 될 수 없다. 단, 진주어로 쓰이는 부정사의 목적어는 주어가 될 수 있으나 잘 쓰이지 않고 주로 We have to persuade him.으로 대체된다.

### ② 인성형용사: 「of + 목적격」

kind, careless, rude, wise, honest, considerate, bold, generous

· It is **kind of you** to please her.  그녀를 기쁘게 해 주다니 당신은 친절하군요.

→ You are kind to please her.

☒ She is **kind for you** to please.

☒ It is **kind that** you should please her.

➡ 인성형용사를 포함한 문장에서 부정사의 목적어는 문장의 주어가 될 수 없다. 또한 「It ~ that」 구문 형태로도 나타낼 수 없다.

### ③ 난이형용사: 「for + 목적격」

easy, hard, difficult, safe, dangerous, comfortable, impossible

· It is **difficult for me** to understand the book.  내가 그 책을 이해하는 것은 어렵다.

☒ It is difficult **that** I should understand the book.

➡ 난이형용사는 that절을 진주어로 가질 수 없다.

◎ The book is **difficult for me** to understand. 그 책은 내가 이해하기 어렵다.

✖ I am difficult to understand the book.

➡ 난이형용사를 수식하는 to부정사의 의미상 주어는 문장의 주어가 될 수 없다.

· It is easy **for us** to meet him. 우리가 그를 만나는 것은 쉽다.

◎ **He** is easy **for us** to meet. 그는 우리가 만나기 쉽다.

✖ **We** are easy to meet him.

➡ 난이형용사를 수식하는 to부정사의 의미상 주어는 문장의 주어가 될 수 없지만 to부정사의 목적어는 사람일지라도 주어로 쓰일 수 있다. 이를 '목적어 상승(object raising)'이라고 한다.

● 한눈에 보는 형용사 영역 주요 요소

| 이성적/감성적 판단 형용사 | It ~ for + 목적격 + to부정사 |
|---|---|
| | It ~ + that + 주어 + should + 동사원형 |
| 인성형용사 | It ~ of + 목적격 + to부정사 |
| | 의미상 주어 + 동사 + to부정사 |
| 난이형용사 | It ~ for + 목적격 + to부정사 + 목적어 |
| | 목적어 ~ for + 목적격 + to부정사 |

④ 사람만을 주어로 하는 형용사

　㉠ 감정을 나타내는 과거분사 형태의 형용사는 「사람 + be surprised + to부정사」의 형태로 쓴다.

　　사람 + be동사 + surprised/astonished/shocked/annoyed/bored/grieved + to부정사

　· We **were surprised to hear** of her death. 우리는 그녀의 사망 소식을 듣고 놀랐다.

　　→ We were surprised when we heard of her death.

　㉡ 감정을 나타내는 형용사는 「사람 + be glad + to부정사」의 형태로 쓴다.

　　사람 + be동사 + glad/happy/content/proud/sure/sorry/lucky/thankful + to부정사

　· She **was glad to invite** them. 그녀는 그들을 초대해서 기뻤다.

　　→ She was glad that she invited them.

　㉢ certain류의 형용사는 「It is ~ that」 구문으로만 사용한다.

　　It is + certain/clear/evident/probable/uncertain + that + 주어 + 동사

　· **It is true that** he is wise. 그가 현명하다는 것은 사실이다.

　· **It is certain that** he will pass the test. 그가 시험에 통과할 것임은 분명하다.

　◎ **It is uncertain that** he will pass the test. 그가 시험에 통과할지는 불확실하다.

　✖ **It is uncertain for him to pass** the test.

　　➡ certain류의 형용사는 「It is ~ for + 목적격 + to부정사」 구문으로 쓸 수 없다.

cf) I am **sure that** the team will win the game. 나는 그 팀이 경기에서 이길 거라고 확신한다.

　→ ◎ The team is sure to win the game.

　→ ✖ It is sure that the team will win the game.

　　➡ sure는 「It be sure that + 주어 + 동사」 형태로 사용이 불가능하다.

POINT CHECK

**12** 부정사도 동사처럼 □□ 시제 와 □□ 시제를 갖는다.

| 구분 | 부정사의 의미상 주어와의 관계 | 형태 | 예시 |
|---|---|---|---|
| 단순부정사 | 능동 | to + 동사원형 | to do |
| 완료부정사 | | to have p.p. | to have done |
| 단순부정사의 수동태 | 수동 | to be p.p. | to be done |
| 완료부정사의 수동태 | | to have been p.p. | to have been done |

(1) **단순부정사**: 주절의 시제와 같은 시점의 행위를 의미한다.

  · She seems **to be** ill.  그녀는 아픈 것 같다.

  → It **seems** that she **is** ill.

(2) **완료부정사**: 주절의 시제보다 이전에 일어났던 일이나 상태에 대한 부정사 표현은 「to have p.p.」로 표현한다.

① 주절의 시제보다 이전에 일어났던 일이나 상태(한 시제 선행)를 나타낸다.

  · She seems **to have been** fat.  그녀는 뚱뚱했던 것으로 보인다.

  → It **seems** that she **was** fat.

② 「소망동사류 과거형 + 완료부정사」: 과거에 이루지 못한 소망으로 '~했어야 했는데 (하지 못했다)'라는 의미로 사용된다.

> want, expect, hope, wish, intend, desire

  · I hoped **to have seen** her at that time.

  나는 그때 그녀를 보길 희망했다.

  ※ '그러나 보지 못했다'는 의미이다.

  → I **had hoped to see** her at that time.

   나는 그때 그녀를 보길 희망했다.

  → I **hoped to see** her at that time but I couldn't do so.

   나는 그때 그녀를 보길 희망했으나 그러지 못했다(보지 못했다).

   참 I **hoped to see** her at that time.

    나는 그때 그녀를 보길 희망했다.

    ※ '보았는지 여부는 알 수 없다'는 의미이다.

(3) **부정사의 능동태**

  · We like **to praise** children.

  우리는 아이들을 칭찬하는 것을 좋아한다.

(4) **부정사의 수동태**

  · Children like **to be praised.**

  아이들은 칭찬받는 것을 좋아한다.

## 07 부정사의 관용 표현

(1) 「do nothing but + 동사원형」: 오로지 ~하기만 하다

• The little girl **did nothing but** cry.

그 어린 소녀는 울기만 했다.

(2) 「All + 주어 + have to do is + (to)동사원형」: …가 해야 하는 것은 ~뿐이다
「All + 주어 + do is + (to)동사원형」: …가 하는 것은 ~뿐이다
「All + 주어 + need is + to + 동사원형」: …가 필요한 것은 ~뿐이다

• **All I did** was **(to) encourage** him.

내가 한 것이라고는 그를 격려한 것뿐이었다.

• **What I have to do is (to) wait** for you.

내가 해야 하는 것은 당신을 기다리는 것이다.

• **The only thing I can do is (to) run away**.

내가 할 수 있는 유일한 일은 도망가는 것이다.

※ 주어가 all, what, the only thing 등으로 유도되고 동사는 일반동사 do인 명사절이 문장의 주어이면 보어로
쓰인 to부정사의 to는 생략 가능하다.

• **All he needs** is **to turn up** the TV.

그가 필요로 하는 것은 TV 소리를 키우는 것뿐이다.

(3) 「come[get/learn/grow] + to + 동사원형」: ~하게 되다

• Long before I learned about your music, I **came to know** about you.

내가 당신의 음악을 알기 오래 전에, 나는 당신에 대해 알게 되었다.

참 The bill **came to** $100.

청구 액수가 100달러에 이르렀다.

※ 「come to + 명사」: ~에 이르다, 도달하다

# 04 부정사

**[01~05] 다음 중 어법상 옳은 것을 고르시오.**

**01** It is necessary [ of / for ] us to learn modern history.

**02** He seems to [ do / have done ] it before.

**03** The firm helps the elderly [ to get / getting ] a job.

**04** Jack forced John [ to stop / stopping ] working.

**05** She observed them [ come / to come ] to her house.

## 정답&해설

**01** **for**

| 해석 | 우리가 현대사를 배우는 것은 필요하다.

| 해설 | 'necessary'는 이성적 판단 형용사로 「It is ∼ for + 목적격 + to부정사 …」의 형태로 사용할 수 있다. 따라서 목적격 'us' 앞에 전치사 'for'를 사용하는 것이 옳다.

**02** **have done**

| 해석 | 그는 전에 그것을 해 본 것 같다.

| 해설 | to부정사가 본동사의 시제와 같을 때는 「to + 동사원형」을 사용하고 그보다 이전의 일인 경우에는 「to have + 과거분사」를 사용한다. 해당 문장은 부사 'before'를 통해서 본동사(seems)의 시제인 현재보다 '이전에 했었던' 일임을 알 수 있으므로, 완료부정사가 완성되도록 'have done'을 써야 한다.

**03** **to get**

| 해석 | 그 회사는 어르신들이 직업을 가질 수 있도록 돕는다.

| 해설 | 'help'는 준사역동사로, 목적격 보어로 to부정사를 사용할 수 있으나 현재분사는 사용할 수 없다.

**04** **to stop**

| 해석 | Jack은 강제로 John이 일하는 것을 멈추게 했다.

| 해설 | 'force'는 불완전타동사로, 목적격 보어로 to부정사를 사용할 수 있으나 현재분사는 사용할 수 없다.

**05** **come**

| 해석 | 그녀는 그들이 자신의 집으로 오는 것을 지켜보았다.

| 해설 | 지각동사 'observe'는 목적격 보어로 원형부정사를 사용할 수 있으나 to부정사는 사용할 수 없다.

# 04 부정사

**교수님 코멘트▶** 부정사는 그 각각의 역할과 기능을 파악하는 것이 매우 중요하다. 그 역할과 기능을 알아두면 문법뿐만 아니라 독해력 향상에도 도움이 되므로 이를 확실히 숙지할 수 있도록 관련 문제들을 수록하였다.

## 01

다음 문장 중 올바른 문장을 찾으시오.

① She allowed herself to kiss by him.
② I got him take my child to the public amusement park.
③ You had better not to go such a place.
④ He worked hard only to fail.

---

**01 to부정사의 부사적 용법(결과)**

④ 「only + to부정사」는 to부정사의 부사적 용법 중 결과의 의미를 나타내므로 올바른 사용이다. 「only + to부정사」의 뜻은 '~했으나 결국 …하고 말았다'이다.

| 오답해설 | ① 'allow'는 완전타동사로 뒤에 목적어(herself)를 수반하고 목적격 보어로 to부정사가 온다. 그녀가 '키스받는 것'을 허락한 것이므로 'to kiss'가 아니라 수동형인 'to be kissed'가 적절하다.
② 준사역동사 'get'은 목적격 보어로 to부정사를 취한다. 따라서 'take'가 아닌 'to take'가 옳다.
③ 'had better' 뒤에는 동사원형이 오므로 'to go'가 아니라 'go'가 옳다.

| 해석 | ① 그녀는 그가 키스하는 것을 허락했다.
② 나는 그에게 나의 아이를 공공 놀이공원에 데려가게 했다.
③ 너는 그런 장소에 가지 않는 편이 낫다.
④ 그는 열심히 일했지만 실패했다.

## 02

우리말을 영어로 잘못 옮긴 것을 고르시오.

① 그는 그 범죄자 주변에 있는 사람들이 어떻게 느꼈을지에 대해 걱정했다.
→ He was concerned about how the people around the criminal felt.
② 그녀는 그녀의 어머니가 정말로 원하는 것을 알기 위해 노력할 필요가 있다.
→ She needs making an effort to know what her mother really wants.
③ 그녀가 좋아하는 것들 중 하나는 그가 라디오에서 인터뷰하는 것을 듣는 것이었다.
→ One of her favorites is to listen to his being interviewed on the radio.
④ 미국에서의 학기제는 9월에 시작하고 두 학기로 나뉜다.
→ The semester system in the United States starts in September and is divided into two terms.

---

**02 to부정사의 능동태 vs. 수동태**

② 'need'는 완전타동사로 쓰일 경우 to부정사를 목적어로 가지며, 목적어가 to부정사의 수동태인 경우 「to be + 과거분사」는 동명사로 바꾸어 사용할 수 있다. 따라서 'needs'의 목적어로 사용한 동명사 'making'은 'to be made'를 의미하므로 주어진 해석인 '노력하다'와 일치하지 않으며, 또한 목적어에 해당하는 'an effort'가 존재하므로 틀린 표현이다. 따라서 'making'을 to부정사의 능동태인 'to make'로 수정해야 한다. 이때 'make an effort'는 관용 표현으로 '노력하다'를 뜻한다. 'know' 뒤에 온 'what'은 'wants'의 목적어에 해당하는 목적격 관계대명사이다.

| 오답해설 | ① 'be concerned about'은 관용 표현으로 '~에 대해 걱정하다'를 뜻하며 목적어를 가진다. 해당 문장에서는 'how the people around the criminal felt'가 「의문사 + 주어 + 동사」의 간접의문문 어순으로 적절하게 목적어로 쓰였다.
③ 'to listen to his being interviewed'는 불완전자동사 'is'의 주격 보어로 쓰인 to부정사의 명사적 용법에 해당하며 이때 'listen'은 완전자동사이므로 목적어 앞에 전치사 'to'를 사용한다. 또한 전치사 'to'의 목적어로 동명사의 수동태 'being interviewed'가 적절하게 사용되었으며 'his'는 'being interviewed'의 의미상 주어에 해당한다.
④ 주어가 단수 형태인 'The semester system'이므로 단수 형태의 동사인 'starts'와 'is'의 쓰임은 적절하다. 또한 주어진 해석이 '나뉜다'이며 과거분사 'divided' 뒤에 전명구 'into two terms'가 왔으므로 'divide'의 수동태 'is divided'는 옳은 표현이다.

| 정답 | 01 ④ 02 ②

# 05 동명사

## VISUAL G

POINT CHECK

## 01  동명사의 역할과 성질

동사가 명사의 역할을 대신해서 주어, 목적어, 보어의 역할을 하는 것이 '동명사'이다. 동명사는 형용사, 부사, 전치사구의 수식을 받는다. 동명사의 명사적 성향으로는 문장의 명사 자리인 주어, 목적어, 보어에 쓰일 수 있다는 점이고, 동사적 성향으로는 의미상 주어를 가질 수 있으며, 수동태와 완료형 모두 가능하다는 점이 특징이다.

01 「동사＋명사」＝ ☐☐☐

### (1) 관사의 동명사 한정

· It marks **the beginning** of a new season. (명사적 성향)

　그것은 새로운 계절의 시작을 알린다.

| 정답 |   **01** 동명사

### (2) 부사의 동명사 수식

- She improved her skill by **constantly practicing**. (동사적 성향)

  그녀는 끊임없이 연습해서 그녀의 기술을 향상시켰다.

### (3) 형용사의 동명사 수식

- She improved her skill by the **constant practicing**. (명사적 성향)

  그녀는 끊임없는 연습을 통해 그녀의 기술을 향상시켰다.

## 02 동명사의 명사적 성향

> **헷갈리지 말자** 동명사 -ing vs. 현재분사 -ing
>
>  • His hobby is **collecting** stamps.
>   그의 취미는 우표를 모으는 것이다.
>
>   (His hobby = collecting stamps, 동명사)
>
>  • He is **collecting** stamps.
>   그는 우표를 모으는 중이다.
>   (He ≒ collecting stamps, 현재분사)
>
> ➡ 동명사와 현재분사는 형태가 같아서 헷갈린다. 특히나 be동사 뒤에서 동명사가 보어의 역할을 하면 더욱 혼동된다. -ing 형태가 의미상 주어와 같으면 동명사, 그렇지 않으면 현재분사로 구분할 수 있다. 현재분사의 경우, 주어가 행위의 주체가 된다.

**02** 동명사는 문장에서 주어, 목적어, 보어로 쓰여 □□의 기능을 한다.

### (1) 동명사의 역할

① 주어의 역할

- **Studying** hard is important.  열심히 공부하는 것은 중요하다.

  = To study hard is important.

  ※ 주어에 동명사나 to부정사가 단독으로 사용되는 경우 항상 단수로 취급한다.

② 목적어의 역할

- She likes **doing** the project alone.  그녀는 그 프로젝트를 혼자 하는 것을 좋아한다.

③ 보어의 역할

- My hobby is **listening** to music. (My hobby = listening to music)

  나의 취미는 음악을 듣는 것이다.

  = My hobby is to listen to music.

**03** MEGA PFS CARDQ는 반드시 목적어로 ( to부정사 / 동명사 ) 가 온다.

### (2) 동명사를 목적어로 취하는 동사

> mind, miss, enjoy, give up, appreciate, postpone, put off, practice, stop, suggest, consider, admit, avoid, risk, recall, delay, quit, finish, deny, resist, recommend, involve

※ appreciate은 '감사하다'라는 의미로 사용될 경우 동명사를 목적어로 가질 수 있다.

- He finished **doing** his homework.  그는 숙제하는 것을 끝냈다.

## (3) 목적어에 따라 의미가 달라지는 동사

① 「need + to + 동사원형」 → ~할 필요가 있다 (능동)

「need -ing」 = 「need to + be p.p.」 → ~되어질 필요가 있다 (수동)

need, want, deserve

목적어로 to부정사를 취할 경우 능동, 동명사를 취할 경우 수동의 의미로 사용된다.

- She worked hard and **deserves to be promoted**.

  (= She worked hard and **deserves promoting**)

  그녀는 열심히 일했고, 승진을 받을 자격이 있다.

- The old car **needs repairing**.  그 낡은 차는 수리가 필요하다.

  ◎ The old car needs **to be repaired**.  그 낡은 차는 수리되어야 한다.

  ✕ The old car needs **to repair**.

  ➡ 자동차는 '수리가 되어져야' 하므로, 부정사의 수동태를 써야 하는 것을 잊지 말자.

② 「remember/forget/recall/regret -ing」: (과거) ~했던 것을 …하다

「remember/forget/recall/regret + to + 동사원형」: (미래) ~해야 할 것을 …하다

- I **remember seeing** him.  나는 그를 보았던 것을 기억한다.

  → I remember that I have seen him before.

  ※ 참고로 recall은 부정사를 목적어로 가질 때 「recall + 의문사 + to부정사」의 형태를 취한다.

③ 「mean + to + 동사원형」: ~하는 것을 의도하다

「mean -ing」: ~하는 것을 의미하다

- He didn't **mean to bother** you.  그가 당신을 괴롭히려고 의도한 것이 아니었다.

- My new job will **mean hiring** employees.

  내 새로운 일은 직원을 고용하는 것을 의미할 것이다.

④ 「stop + to + 동사원형」: ~하기 위해 멈추다 (to부정사의 부사적 용법)

「stop -ing」: ~하는 것을 그만두다 (타동사의 목적어)

- The whale **stops to breathe**. ('숨을 쉬기 위해서'라는 의미로 '목적어'가 아닌 to부정사의 부사적 용법 중 '목적'의 역할만 함)

  그 고래는 숨을 쉬기 위해서 멈춘다.

- The whale **stops breathing**. (목적어 역할을 하는 동명사)

  그 고래는 숨을 쉬는 것을 멈춘다.

- I **stopped to smoke**. ('목적어'가 아니라, to부정사의 부사적 용법 중 '목적'의 역할만 함)

  나는 담배를 피우려고 멈췄다.

- I **stopped smoking**. (목적어 역할을 하는 동명사)

  나는 담배를 끊었다.

⑤ 「try + to + 동사원형」: ~하려고 노력하다, 시도하다

「try -ing」: 시험 삼아 ~해 보다, 시도하다

- He **tried to move** the piano.  그는 피아노를 옮기기 위해서 애썼다.

- He **tried moving** the piano.  그는 피아노를 옮기려고 시도했다.

04 「need + -ing」 = 「need to + □ □ + □□」

05 remember, forget, regret 등은 목적어로 to부정사와 동명사를 둘 다 취할 수 있다. 그러나 목적어의 형태에 따라 □□은(는) 전혀 달라진다.

⑥ 「like/love/hate＋to＋동사원형」: ～하고 싶다/ ～을 싫어하다

「like/love/hate -ing」: (그 자체를 하는 것을) 좋아하다/싫어하다

• I **hate to lie.** 나는 거짓말하는 것이 싫다. (지금 거짓말을 하고 싶지 않다는 의미)

• I **hate lying.** 나는 거짓말하는 것을 싫어한다.

※ like, love, hate, dislike는 동명사와 to부정사 둘 다 목적어로 쓸 수 있으며, 의미가 비슷하고 문법적으로도 옳지만 약간의 뉘앙스 차이가 있다.

06 전치사는 목적어로 □□, □□□, □□□ 그리고 일부 □□□을(를) 취한다.

### (4) 전치사의 목적어

• The scientist goes **beyond** simply **discovering** the fact.

그 과학자는 단순히 사실을 발견하는 것을 넘어선다.

※ 전치사는 명사와 동명사 둘 다 목적어로 가질 수 있는데, 이를 결정짓는 것은 동사적 기능의 필요 여부에 따라 결정된다. the fact라는 목적어가 있으므로, 동사적 기능이 있는 동명사가 왔다.

참 The scientist goes **beyond** the **discovery** of the fact.

그 과학자는 사실의 발견을 넘어선다.

● 전치사 to + 동명사 관용 표현

① 「look forward to + 명사/-ing」: ～을 학수고대하다

② 「object to + 명사/-ing」＝「be opposed to + 명사/-ing」＝「have an objection to + 명사/-ing」: ～을 반대하다

※ 매우 드문 경우이지만 「have an objection + to + 동사원형」도 사용 가능하며, 부정사의 형용사적 용법으로 objection을 수식하는 것으로 분석할 수 있으나 문맥에 유의해야 한다.

③ 「lead to + 명사/-ing」: 결국 ～가 되다, ～로 이끌다

＝「lead + 목적어 + to + 동사원형」: ～가 …하도록 이끌다

※ 「lead + 목적어 + 전치사 to + 명사/-ing」도 가능하다.

④ 「pay attention to + 명사/-ing」: ～에 주의를 기울이다

⑤ 「when it comes to + 명사/-ing」: ～에 관해서라면

⑥ 「in addition to + 명사/-ing」: ～ 이외에도, ～뿐만 아니라

⑦ 「react to + 명사/-ing」: ～에 반응하다

⑧ 「respond to + 명사/-ing」: ～에 응답하다

⑨ 「belong to + 명사/-ing」: ～에 속하다

⑩ 「reply to + 명사/-ing」: ～에 대답하다

⑪ 「due to + 명사/-ing」＝「owing to + 명사/-ing」＝「thanks + to 명사/-ing」: ～ 때문에

⑫ 「contribute to + 명사/-ing」: ～하는 것에 기여하다

⑬ 「subject A to B(명사/-ing)」: A를 B에 복종시키다

⑭ 「owe A(결과) to B(명사/-ing, 원인)」＝「attribute A(결과) to B(명사/-ing, 원인)」: A는 B 덕택[때문]이다

⑮ 「add A to + 명사/-ing」: ～에 A를 추가하다[더하다]

⑯ 「devote A to B(명사/-ing)」: A를 B에 바치다

  ※ 「A be devoted[dedicated] to B(명사/-ing)」: A가 B에 헌신하다

⑰ 「be exposed to + 명사/-ing」: ～에 노출되다, 접하다

   ＝「expose A to + 명사/-ing」: A를 ～에 노출시키다

⑱ 「be tied to + 명사/-ing」: ～와 관련되다

## 03 동명사의 동사적 성향_의미상 주어

동명사의 의미상 주어는 대명사일 때 원칙적으로 소유격으로 쓰나 현대 영어에서는 구어
체에서 목적격을 쓰는 경우도 있으니 참고하자.

- I don't like **his[him]** drinking too much.

  나는 그가 과음하는 것을 좋아하지 않는다.

- I don't like **my husband** drinking too much.

  나는 남편이 과음하는 것을 좋아하지 않는다.

- I don't like **my car** being repaired by an unauthorized mechanic.

  나는 허가받지 않은 정비공에 의해 내 차가 수리되는 것을 좋아하지 않는다.

  ※ 의미상 주어가 무생물 명사일 경우 소유격이 아니라 그대로 쓰며, 이를 목적격으로 이해해도 좋다.

## 04 동명사의 동사적 성향_시제와 태

| 구분 | 동명사의 의미상 주어와의 관계 | 형태 | 예시 |
|---|---|---|---|
| 단순동명사 | 능동 | -ing | doing |
| 완료동명사 | | having p.p. | having done |
| 단순동명사의 수동태 | 수동 | being p.p. | being done |
| 완료동명사의 수동태 | | having been p.p. | having been done |

07 동사가 시제를 가지듯, 동명사
도 □□을(를) 갖는다. 단, □□
시제, □□ 시제만 존재한다.

### (1) 단순동명사

- The boy is ashamed of **being** short.  그 소년은 키가 작은 것이 부끄럽다.

  → The boy **is** ashamed that he **is** short.

- I was sure of his **passing** by me.  나는 그가 나를 스쳐 지나갈 것이라고 확신했다.

  → I **was** sure that he **would pass** by me.

### (2) 완료동명사

- She is ashamed of **having lied**.  그녀는 거짓말을 했던 것이 창피하다.

  → She **is** ashamed that she **lied**.

  → She **is** ashamed that she **has lied**.

  ※ 주절의 시제가 현재일 때, 완료동명사는 '과거'와 '현재완료' 두 가지 시제일 가능성이 있다.

- She was ashamed of **having lied**.  그녀는 거짓말을 했던 것이 창피했다.

  → She **was** ashamed that she **had lied**.

  ※ 주절의 시제가 과거일 때, 완료동명사는 과거완료(대과거)시제를 나타낸다.

| 정답 |  07 시제, 단순, 완료

(3) 동명사의 능동태

- He objected to **attending** the meeting.  그는 그 모임에 참석하는 것에 반대했다.
- He admitted **having committed** a crime.  그는 범죄를 저질렀음을 인정했다.

(4) 동명사의 수동태

- They objected to **being treated** like children.  그들은 아이처럼 취급받는 것에 반대했다.
- They denied **having been invited** to the party.  그들은 파티에 초대받은 것을 부인했다.

## 05  동명사의 관용 표현

(1) 「be worth -ing」 = 「It is worth -ing」 = 「be worthwhile + -ing/to + 동사원형」: ～할 가치가 있다

- This book **is worth reading** carefully.  이 책은 주의 깊게 읽을 가치가 있다.

  = It **is worth reading** this book carefully.

  ☒ This book **is worth to be read** carefully.

    ➡ worth는 서술적 용법으로만 쓰는데, 명사나 동명사를 목적어로 취하는 형용사이다.

  ☒ It **is worth being read** this book carefully.

    ➡ 형용사 worth는 능동태 동명사만을 목적어로 취한다.

08 「feel like + -□ □ □」: ～하고 싶은 심정이다

(2) 「feel like -ing」 = 「feel inclined to + 동사원형」 = 「have a mind + to + 동사원형」, 「would[should] like to + 동사원형」: ～하고 싶은 심정이다

- I **feel like going** home now.  나는 지금 집에 가고 싶은 심정이다.

(3) 「There is no -ing」 = 「It is impossible + to + 동사원형」 = 「We cannot + 동사원형」 : ～하는 것은 불가능하다

- **There is no knowing** what will happen next.

  다음에 무슨 일이 일어날지는 알 수 없다.

  = It **is impossible to know** what will happen next.

(4) 「It is no use -ing」 = 「It is of no use + to + 동사원형」 = 「There is no use (in) -ing」 : ～해 봐야 소용없다

- It **is no use crying** over spilt milk.

  이제 와서 후회해 봐야 소용없다. (속담)

(5) 「be above -ing」 = 「the last + man[person] + to + 동사원형」: 결코 ～할 사람[것]이 아니다

- He is **above telling** a lie.  그는 결코 거짓말할 사람이 아니다.

  = He is **the last man to tell** a lie.

  ◎ He is the last person **to sacrifice** himself.  그는 결코 자신을 희생할 사람이 아니다.

  ☒ He is the last person **to sacrificing**.

    ➡ to부정사가 앞에 나온 명사 person을 수식하는 구조이기 때문에, 주어진 해석과 일치하지 않는 전명구로 쓸 수 없음에 주의하자.

(6) 「It goes without saying that ∼」= 「It is quite obvious that ∼」= 「It is needless to say that ∼」: ∼하는 것은 말할 필요도 없다

· **It goes without saying that** our plans depend on the weather.

우리의 계획이 날씨에 달려 있다는 것은 말할 필요도 없다.

(7) 「be busy (in) -ing」: ∼하느라 바쁘다

· He **is busy preparing** for his lessons.

그는 수업을 준비하느라 바쁘다.

(8) 「What do you say to -ing ∼?」= 「How[What] about -ing ∼?」= 「Let's + 동사원형」

: ∼하는 것이 어떻습니까?

· **What do you say to starting** to study English grammar with Tom?

Tom과 함께 영어 문법을 공부하는 것을 시작하는 것이 어떻습니까?

(9) 「be on the point of -ing」= 「be about to + 동사원형」= 「be on the verge[brink] of -ing」: 막 ∼하려는 참이다

· The old man **is on the point of dying**.

그 노인은 막 숨이 끊어지려는 참이다.

◎ He **is about to leave** Seoul. 그는 막 서울을 떠나려는 참이다.

✗ He **is about to leaving** Seoul.

➡ 여기서 to는 전치사가 아니라 부정사의 to이므로, 뒤에는 반드시 동사원형이 나와야 한다.

(10) 「far from -ing」= never ∼ = anything but = by no means: 결코 ∼가 아닌

· He is **far from telling** a lie. 그는 절대로 거짓말을 하지 않는다.

(11) 「come near to -ing」= 「narrowly escape from -ing」: 하마터면 ∼할 뻔하다

· He **came near to being** run over by a car.

그는 하마터면 자동차에 치일 뻔했다.

(12) 「go -ing」: ∼하러 가다

· He **went fishing**. 그는 낚시하러 갔다.

(13) 「spend + 시간/돈 + -ing」: ∼하는 데 시간/돈을 소비하다

· He **spent much time (in) shopping**.

그는 쇼핑을 하는 데 많은 시간을 소비했다.

· They **spend little money (on) eating** out.

그들은 외식하는 데 돈을 거의 쓰지 않는다.

(14) 「have difficulty (in) -ing」: ∼하는 데 어려움을 겪다

· Some people **have difficulty (in)** learning English.

어떤 사람들은 영어를 배우는 데 어려움을 겪는다.

# 05 동명사

[01~05] 다음 중 어법상 옳은 것을 고르시오.

01 Would you mind [ to open / opening ] the window?

02 Her mother is looking forward to [ meet / meeting ] her daughter again.

03 [ Solve / Solving ] the problem yourself when you are in trouble is really nice.

04 What do you say to [ leave / leaving ] for New York?

05 Jack remembered [ to meet / meeting ] her before when he saw her again.

---

### 정답&해설

**01  opening**
| 해석 | 창문 좀 열어 주시겠어요?
| 해설 | 'mind'는 목적어로 동명사는 사용할 수 있으나 to부정사는 사용할 수 없다.

**02  meeting**
| 해석 | 그녀의 엄마는 딸을 다시 만나는 것을 기대하고 있다.
| 해설 | 「look forward to -ing」는 관용 표현으로 '~하는 것을 기대하다'를 뜻한다.

**03  Solving**
| 해석 | 곤경에 처해 있을 때 네 스스로 그 문제를 해결하는 것은 정말 멋지다.
| 해설 | 동사 'is'의 주어 역할을 할 수 있는 것은 동명사 'Solving'이다.

**04  leaving**
| 해석 | 뉴욕으로 떠나는 게 어때?
| 해설 | 「What do you say to -ing?」는 관용 표현으로 '~하는 게 어때?'를 뜻한다.

**05  meeting**
| 해석 | Jack이 그녀를 다시 보았을 때 전에 그녀를 만났던 것을 기억했다.
| 해설 | 여기서는 '~했던 것을 기억하다'의 의미가 되어야 하므로 'remembered'의 목적어로 동명사인 'meeting'이 와야 한다.

# 05 동명사

**교수님 코멘트▶** 동명사는 동사적인 성향과 명사적인 성향을 동시에 포함하고 있으므로 명사, 현재분사와 그 쓰임을 구별하는 데 주의해야 한다.

## 01

밑줄 친 것 중 어법상 옳지 <u>않은</u> 것은?

It is worth ① <u>pointing out</u> that despite ② <u>guiding</u> by an ideal of physicalism, most philosophers ③ <u>have come to</u> recognize the distinctive aspects of the mind as, in some way, ④ <u>irreducible</u>.

## 02

우리말을 영어로 잘못 옮긴 것은?

① 나는 네 열쇠를 잃어버렸다고 네게 말한 것을 후회한다.
　→ I regret to tell you that I lost your key.
② 그 병원에서의 그의 경험은 그녀의 경험보다 더 나빴다.
　→ His experience at the hospital was worse than hers.
③ 그것은 내게 지난 24년의 기억을 상기시켜준다.
　→ It reminds me of the memories of the past 24 years.
④ 나는 대화할 때 내 눈을 보는 사람들을 좋아한다.
　→ I like people who look me in the eye when I have a conversation.

---

### 01 동명사의 수동태

② 전치사 'despite'의 목적어로 동명사가 오는 것은 적절하나, '물리주의라는 이상(an ideal of physicalism)'에 의해 주절의 주체인 '철학자들(philosophers)'이 '이끌려져' 왔다는 의미이므로, 동명사의 수동태가 와야 적절하다. 따라서 'guiding'은 'being guided'가 되어야 옳다.

**| 오답해설 |** ① 'worth'는 동명사를 목적어로 가지는 형용사이다. 따라서 동명사 'pointing'을 사용한 것은 적절하다.

③ 동사 'come'의 과거분사 형태는 'come'이므로 현재완료를 'have come'으로 쓴 것은 적절하다. 또한 「come + to + 동사원형」은 관용 표현으로 '~하게 되다'를 뜻한다.

④ 'recognize'가 불완전타동사인 경우 「recognize + 목적어 + 목적격 보어(as + 형용사)」의 형태로 사용할 수 있다. 따라서 'as' 뒤에 형용사 'irreducible'을 사용한 것은 적절하다. 'in some way'는 삽입구이다.

**| 해석 |** 물리주의라는 이상에 의해 이끌려져 왔음에도 불구하고, 대부분의 철학자들이 인간 정신의 독특한 측면들을 어떤 면에 있어서는 축소될 수 없는 것으로 인식하게 되었다는 사실은 지적할 만한 가치가 있다.

### 02 「regret -ing」 vs. 「regret + to부정사」

① 'regret'은 to부정사와 동명사를 둘 다 목적어로 취할 수 있는 동사이나, 목적어의 형태에 따라 그 의미가 달라진다. 동명사를 취하는 경우 '(과거 지향적) ~한 것을 후회하다'라는 의미가 되고, to부정사를 취하는 경우 '(미래 지향적) ~하게 되어 유감이다'라는 의미가 된다. 해당 문장에서는 '후회하다'라는 의미로 사용되었으므로, 'to tell'을 'telling'으로 수정해야 한다.

**| 오답해설 |** ② 「소유격 + 명사」를 대신하기 위해 '~의 것'이라는 소유대명사(mine, yours, his, hers, ours, theirs)를 사용할 수 있다. 해당 문장에서는 비교급을 사용해 '그의 경험(His experience)'과 '그녀의 경험(her experience)'을 비교하고 있는데, 명사의 중복을 피하기 위해 '그녀의 것(hers)'이라는 소유대명사를 사용해 표현하였다.

③ 「remind A of B」는 'A에게 B를 상기시키다'라는 표현이다.

④ 선행사가 사람이고, 관계대명사절에서 관계대명사가 주어 역할을 하는 경우 'who'를 사용한다. 해당 문장에서 주격 관계대명사로 쓰인 'who'의 선행사는 복수 형태 'people'이므로 관계대명사절 내의 동사 또한 수 일치시켜 복수 형태의 동사 'look'이 알맞게 쓰였다. 또한 '~을 때리다'류의 가격동사는 「가격동사 + 사람(목적어) + 전치사 + the + 신체 부위」의 형태로 사용한다. 따라서 'look me in the eye'는 어법에 맞는 표현이다.

**| 정답 |** **01** ② **02** ①

# 06 분사

POINT CHECK

## VISUAL G

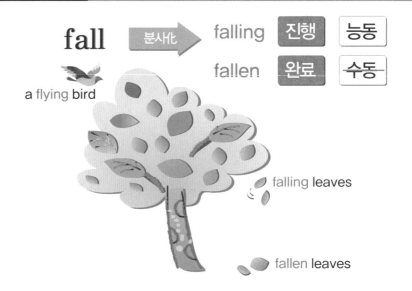

**fall** 분사化 ➡ falling 진행 능동
fallen 완료 수동

a flying bird

falling leaves

fallen leaves

**break** 분사化 ➡ breaking 진행 능동
broken 완료 수동

the boy breaking the vase

the broken vase

## 01 분사의 종류

교수님 한마디 ▶ 분사의 종류는 크게 두 가지로 나뉘지만, 그 의미는 진행, 완료, 능동, 수동의 네 가지로 구분된다. 이를 구분하려면 동사에서 파생된 분사가 자동사와 타동사 중 어떤 것에서 발화되었는지를 파악하는 것이 중요하다.

### (1) 현재분사(-ing): 능동, 진행의 의미

① 자동사의 현재분사는 진행형 능동의 의미를 갖는다.

· a **sleeping** baby

　잠자는 아기

② 타동사의 현재분사는 사역적 능동의 의미를 갖는다.

· an **exciting** game

　열광시키는 경기

### (2) 과거분사(p.p.): 수동, 완료의 의미

① 타동사의 과거분사는 수동의 의미가 있다.

· This is a **returned** product.
　　　　　　수동

　이것은 반품된 상품이다.

· The **wounded** soldiers were carried to the hospital.
　　　　수동

　그 부상 입은 군인들은 병원으로 후송되었다.

② 타동사의 과거분사와 자동사의 과거분사는 완료의 의미를 갖는다.

· He was the **drowned** man in the lake.
　　　　　　완료

　그는 호수에서 익사한 남자였다.

참 He was the **drowning** man in the lake.
　　　　　　진행

　그는 호수에서 익사 중인 남자였다.

· There are lots of **fallen** leaves on the ground.
　　　　　　완료

　땅에 낙엽이 많다.

| 현재분사(능동적 의미) | | 과거분사(수동적 의미) | |
|---|---|---|---|
| a walking man | 걸어가는 사람 | a wounded soldier | 부상당한 군인 |
| a sleeping child | 잠자는 아이 | a spoken language | 구어(口語) |
| a crying baby | 우는 아기 | a broken promise | 깨진 약속 |
| a flying bird | 날고 있는 새 | broken English | 엉터리 영어, 서투른 영어 |
| a running cat | 달리는 고양이 | a surprised look | 놀란 표정 |

POINT CHECK

01 분사에는 □□□□와(과) □□□□의 두 가지 형태가 있다. 각각은 능동/진행과 □□/□□의 의미를 나타낸다.

| 정답 | 01 현재분사, 과거분사,
수동/완료

### (3) 형용사화된 분사의 형태

분사의 기존 의미와는 상관없이 표현이 고착된 형태이다. 일정한 규칙이 없으므로 암기해야 한다.

① 현재분사 형태의 형용사

| lacking | 부족한 | leading | 일류의 |
|---|---|---|---|
| missing | 없어진, 사라진 | promising | 유망한 |
| stimulating | 자극이 되는, 고무적인 | | |

② 과거분사 형태의 형용사

| advanced | 상급의, 고급의 | married | 결혼한 |
|---|---|---|---|
| experienced | 노련한, 경험이 풍부한 | learned | 박식한, 학식이 있는 |
| developed | 고도로 발달한 | complicated | 복잡한 |
| finished | 끝난 | done | 끝난 |
| qualified | 적격의, 자격 있는 | educated | 교양 있는, 교육받은 |
| committed | 성실한 | dedicated | 헌신적인, 열심인 |

· She is a fully **qualified** accountant. 그녀는 충분한 자격이 있는 회계사이다.

③ 「명사–분사」의 복합 형용사

| time-consuming | 시간이 걸리는 | man-made | 인공의 |
|---|---|---|---|
| battery-powered | 배터리(전지)로 움직이는 | self-made | 자수성가한 |

④ 「형용사–분사」의 복합 형용사

| red-haired | 붉은 머리의 | hot-tempered | 다혈질의 |
|---|---|---|---|
| good-natured | 사람이 좋은 | strong-willed | 의지가 강한 |
| ready-made | 기성품의, 미리 만들어 놓은 | hard-working | 열심히 일하는 |

◎ He didn't make a **ready-made** excuse.

그는 미리 만들어 놓은 변명을 하지 않았다.

✕ He didn't make a **ready-making** excuse.

➡ ready-made는 관용 표현으로, 해석만으로 분사의 올바른 형태를 알아내기가 어려우므로 꼭 미리 암기하자!

## 02 분사의 용법

### (1) 분사의 용법

① 한정적 용법: 수식받는 명사와 분사의 관계에 따라 현재분사와 과거분사의 형태로 명사를 수식한다.

· Look at the **crying** baby.

저 우는 아기를 보라.

· A **wounded** man was sent to the hospital.

다친 사람은 병원으로 보내졌다.

02 분사는 명사를 직접 수식하는 □□□ 용법과 보어 역할을 하는 □□□ 용법으로 쓰인다.

| 정답 | 02 한정적, 서술적

② 서술적 용법: 주격 보어 또는 목적격 보어로 사용되는 분사는 서술적 용법에 해당된다.

　　㉠ 주격 보어로 쓰일 때

　　　　· They remained **standing** there.　그들은 거기에서 서 있는 상태를 유지했다.

　　　　※ 주어와 현재분사가 능동의 관계를 이루고 있다.

　　　　· He got **injured** in the accident.　그는 그 사고로 부상을 당했다.

　　　　※ 과거분사는 자동사 다음에 쓰여 주격 보어의 역할을 한다.

　　㉡ 목적격 보어로 쓰일 때

　　　　· He found her **skipping** classes.　그는 그녀가 수업을 빼먹는다는 것을 알았다.

　　　　· She has her laptop computer **repaired**.　그녀는 노트북 컴퓨터를 수리 맡긴다.

③ 지각동사

| see, watch, notice, hear, feel, listen to, look at, smell, perceive |
| --- |

· I saw you **study** alone. (목적격 보어: 원형부정사)

　나는 네가 혼자 공부하는 것을 봤다.

· I saw you **studying** alone. (목적격 보어: 현재분사)

　나는 네가 혼자 공부하고 있는 것을 봤다.

　　※ 지각동사는 일시적인 지각일 때 목적격 보어로 현재분사를 사용하기도 한다.

· I heard my name **repeated** several times. (목적격 보어: 과거분사)

　나는 내 이름이 여러 번 반복해서 언급되는 것을 들었다.

④ 사역동사

| make, have, let |
| --- |

· He made me **write** a letter. (목적격 보어: 원형부정사)

　그는 내가 편지를 쓰게 했다.

· He had a letter **written** by me. (목적격 보어: 과거분사)

　그는 나에 의해 편지가 쓰이게 했다.

　　※ 사역동사 have는 목적어와 목적격 보어의 관계가 수동이면 목적격 보어로 과거분사를 사용할 수 있다.

　**참** Let him **go**.　그를 보내 줘.

　　※ 사역동사 let은 목적격 보어로 원형부정사만 사용할 수 있다.

⑤ 준사역동사

| help, get |
| --- |

· I can help you **see** a doctor.　나는 당신이 의사를 만나게 도울 수 있다.

　= I can help you **to see** a doctor.

· I got the car **to start**.　나는 차를 출발시켰다.

· I can't get him **going** to bed.　나는 그를 재울 수 없다.

　※ 준사역동사 get은 목적격 보어로 현재분사를 쓰기도 하니 주의하자.

　◯ He helped me **(to) do** it.　그는 내가 그것을 하게 도와주었다.

　✕ He helped me **doing** it.

　　➡ help는 준사역동사이므로 목적격 보어로 원형부정사와 to부정사 둘 다 쓸 수 있지만, 현재분사는 쓸 수 없다.

⑥ 유사분사: 「형용사-명사+-ed」의 형태로 형용사처럼 쓰인다.

| a long-armed monkey | 팔이 긴 원숭이 | a warm-hearted man | 마음이 따뜻한 사람 |
| a red-haired lady | 빨간 머리의 아가씨 | an open-minded man | 마음이 열린 사람 |
| a blue-eyed girl | 푸른 눈을 가진 소녀 | a narrow-minded man | 속이 좁은 사람 |

## (2) 현재분사 vs. 동명사

현재분사와 동명사의 차이는, 현재분사가 형용사적 성질을 가지는 반면 동명사는 명사적 성질을 가진다는 점이다.

| 현재분사 | 동명사 |
| --- | --- |
| a **sleeping** child<br>= a child who is sleeping<br>자고 있는 아이 | a **sleeping** car<br>= a car for sleeping<br>침대차 |
| a **dancing** girl<br>= a girl who is dancing<br>춤추고 있는 소녀 | a **dancing** room<br>= a room for dancing<br>무용실 |

03 • a sleeping baby: 자고 있는
아기
• a sleeping car: □□□

· My father is **making** a model plane for me. (현재분사)

   아버지는 나를 위해 모형 비행기를 만들고 계신다.

   ※ 현재분사는 형용사적 역할을 하므로 진행시제나 보어로 쓰이거나 명사를 수식한다. 이 문장에서 making은
      현재진행시제에 쓰인 현재분사로 주어의 행위를 설명하고 있다. (동사 역할)

· My hobby is **making** model planes. (동명사)

   내 취미는 모형 비행기를 만드는 것이다.

   ※ 동명사는 명사의 역할을 하므로 주어, 목적어, 보어로 쓰인다. 이 문장에서 making은 My hobby를 설명해
      주는 주격 보어로 사용되었다.

· The **increasing** price of oil delays economic growth. (현재분사)

   유가 상승은 경제 성장을 둔화시킨다.

   ※ increasing은 현재분사로 '상승 중인 ~'이라는 의미로 price를 수식하고 있다.

· **Increasing** the speed is dangerous. (동명사)

   속도를 높이는 것은 위험하다.

   ※ increasing은 동명사로 주어의 역할을 하며, 목적어로 the speed를 갖는다.

## 03 분사의 동사적 성향

### (1) 분사의 시제와 태

분사는 동사적 성향으로 인해서, 다른 형용사와는 달리 시제와 태의 특징을 가진다.

| 구분 | 단순형 분사 | | 완료형 분사 | |
|---|---|---|---|---|
| | 능동형 | 수동형 | 능동형 | 수동형 |
| make | making | being made | having made | having been made |

- My mother is **making** the dress for my wedding.

  엄마는 내 결혼식을 위해서 그 드레스를 만들고 계신다.

- The dress **being made** by my mother will be worn at my wedding.

  엄마가 만들고 계신 그 드레스는 내 결혼식에서 입(혀지)게 될 것이다.

- My mother **having made** the dress for my wedding is sitting over there.

  내 결혼식을 위해 드레스를 만들어 주셨던 엄마가 저기에 앉아 계신다.

- The dress **having been made** by my mother will be worn at my wedding.

  엄마가 만드신 그 드레스는 내 결혼식에서 입(혀지)게 될 것이다.

## 04 감정형 분사

「감정 유발 동사 + -ing」: 감정 제공 sb/sth
「감정 유발 동사 + -ed」: 감정 상태 sb/sth

감정 유발 동사는 원래의 뜻이 '~한 감정을 일으키다'라는 의미이다. 따라서 현재분사 형태가 되면 '어떤 감정을 일으키는'의 의미를 가지며, 과거분사 형태가 되면 '어떤 감정을 가진' 상태를 뜻하게 된다.

| 감정 유발 동사 | | 감정 제공 형용사 (현재분사) | | 감정 상태 형용사 (과거분사) | |
|---|---|---|---|---|---|
| surprise | ~을 놀라게 하다 | surprising | 놀라게 하는 | surprised | 놀란 |
| please rejoice amuse delight | ~을 기쁘게 하다 | pleasing rejoicing amusing delighting | 기쁘게 하는 | pleased rejoiced amused delighted | 기쁜 |
| satisfy content gratify | ~을 만족시키다 | satisfying contenting gratifying | 만족시키는 | satisfied contented gratified | 만족한 |
| interest excite thrill | ~에게 흥미를 일으키다 | interesting exciting thrilling | 흥미를 일으키는 | interested excited thrilled | 흥미를 느낀 |

### (1) interest: ~에게 흥미를 일으키다

- Baseball is **interesting** me. (감정형 분사: 감정 제공) 야구는 나에게 흥미를 일으키고 있다.
- I am **interested** in baseball. (감정형 분사: 감정 상태) 나는 야구에 흥미가 있다.

**POINT CHECK**

04 분사는 □ □ □와(과) 동사적 성향을 동시에 갖는다.

05 감정형 분사는 감정을 제공할 때는 □ □ □ □, 감정을 느낄 때는 □ □ □ □(으)로 각각 표현할 수 있다.

| 정답 |　04 형용사
　　　　05 현재분사, 과거분사

(2) surprise: ~을 놀라게 하다

· The news was **surprising** people. (감정형 분사: 감정 제공)

　그 뉴스는 사람들을 놀라게 하는 중이었다.

· The criminal was **surprising** people. (감정형 분사: 감정 제공)

　그 범죄자는 사람들을 놀라게 하는 중이었다.

· People were **surprised at** the news. (감정형 분사: 감정 상태) 사람들은 그 뉴스에 놀랐다.

　※ 일반적으로 감정 상태 형용사는 사물 주어를 갖지 못한다.

　　🔘 The machine was **surprising**. 그 기계는 놀라웠다.

　　❌ The machine was **surprised**.

　　　➡ 사물 주어는 감정을 느끼는 상태가 될 수 없기 때문에 보어로 과거분사를 쓸 수 없다.

---

| 헷갈리지 말자 | 감정을 제공하는 사물 vs. 감정을 제공하는 사람 |
|---|---|

 · There is the news **surprising** citizens.
　시민들을 놀라게 하는 뉴스가 있다.

 · There is the girl **surprising** citizens.
　시민들을 놀라게 하는 소녀가 있다.

➡ 감정 유발 동사의 분사 형태 중 능동의 현재분사는 사물만 수식한다고 생각하기 쉽지만, 사실 사람도 감정을 제공할 수 있다는 것을 기억해야 한다.

---

## 05 분사구문

06 분사구문은 □을(를) 구로 바꾸는 과정이다. 단, 분사구문으로 변환되어도 의미는 유지되어야 한다.

● 분사구문 만드는 공식

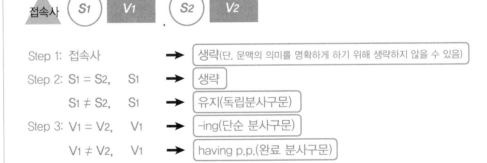

접속사 S₁ V₁ , S₂ V₂

Step 1: 접속사 → 생략(단, 문맥의 의미를 명확하게 하기 위해 생략하지 않을 수 있음)

Step 2: S₁ = S₂, S₁ → 생략
　　　　S₁ ≠ S₂, S₁ → 유지(독립분사구문)

Step 3: V₁ = V₂, V₁ → -ing(단순 분사구문)
　　　　V₁ ≠ V₂, V₁ → having p.p.(완료 분사구문)

분사를 이용하여 부사절을 부사구로 고친 것으로, 그 구가 주절을 부사적으로 수식할 때 이를 '분사구문'이라고 한다. 분사구문에는 때·시간, 이유·원인, 조건, 양보, 부대상황(동시 동작, 연속 동작)을 표시하는 접속사가 생략되어 있으므로, 문맥에 맞게 접속사를 유추해서 해석하도록 한다.

## (1) 분사구문 만드는 방법

분사구문은 문장의 맨 앞, 문장의 맨 뒤, 또는 주어와 동사 사이에 위치하기도 한다.

**When I was cleaning** the room, I found a gold ring.
방 청소를 하고 있을 때, 나는 금반지를 발견했다.

⇩

**Step 1**

접속사를 생략한다.

→ **I was cleaning** the room, I found a gold ring.

※ 의미를 확실하게 하기 위해 접속사를 남겨두기도 한다.

참 **(When) Cleaning** the room, I found a gold ring.

방 청소를 하다가, 나는 금반지를 발견했다.

⇩

**Step 2**

종속절의 주어와 주절의 주어가 같으면 종속절의 주어를 생략한다.

→ **was cleaning** the room, I found a gold ring.

※ 주절의 주어와 종속절의 주어가 같지 않으면 그대로 남겨둔다. 이를 독립분사구문이라고 한다. 후반부
독립분사구문에서 자세히 정리할 것이다.

참 **It being** very hot, **I** went swimming. (독립분사구문)

매우 덥기 때문에, 나는 수영하러 갔다.

⇩

**Step 3**

종속절의 동사와 주절의 동사의 시제가 같으면, 「동사＋-ing」의 형태로, 종속절의 동사와 주절의 동사의 시
제가 다르면 「having p.p.」로 분사구문화한다.

→ **(Being) Cleaning** the room, I found a gold ring.

방 청소를 하다가, 나는 금반지를 발견했다.

※ 분사구문의 being은 생략이 가능하다.

## (2) 분사구문의 종류

① '때 · 시간'을 나타내는 분사구문

'~할 때에, ~하는 동안에'라는 의미로 접속사 when, while, after, as 등이 있는 부사절
을 분사구문으로 바꾼 것이다.

· **While he walked** along the street, he met an old friend of his.

길을 따라 걸어가다가, 그는 그의 옛 친구 한 명을 만났다.

⇩

**Walking** along the street, he met an old friend of his.

② '이유 · 원인'을 나타내는 분사구문

'~이므로, ~ 때문에'라는 의미로 접속사 as, because 등이 있는 부사절을 분사구문으로
바꾼 것이다.

· **As he was tired**, he went to bed early.

피곤했기 때문에, 그는 일찍 잠자러 갔다.

⇩

**(Being) Tired**, he went to bed early.

③ '조건'을 나타내는 분사구문

'~한다면'이라는 의미로 접속사 if가 있는 부사절을 분사구문으로 바꾼 것이다.

· **If you turn** to the left, you will see the building.  왼쪽으로 돌면, 그 건물이 보일 것이다.

⇩

**Turning** to the left, you will see the building.

④ '양보'를 나타내는 분사구문

'비록 ~한다 할지라도'라는 의미로 접속사 though, although 등이 있는 부사절을 분사구문으로 바꾼 것이다.

· **Though I admitted** what he said, I still don't believe it.

그가 한 말을 인정하기는 했지만, 나는 여전히 그것을 믿지 않는다.

⇩

**Having admitted** what he said, I still don't believe it.

⑤ '부대상황'을 나타내는 분사구문

㉠ '동시 동작'을 나타내는 분사구문: '~ 동안에', '~할 때', '~하며'의 의미로 접속사 while, when, as 등이 있는 부사절을 분사구문으로 바꾼 것이다.

· **As she walked** on tiptoe, she approached the door. (동시 동작)

발끝으로 걸으며, 그녀는 문으로 다가갔다.

⇩

**Walking** on tiptoe, she approached the door.

㉡ '연속 동작'을 나타내는 분사구문

· We started in the morning, **and arrived** in Chicago at noon. (연속 동작)

우리는 아침에 출발해서, 정오에 시카고에 도착했다.

⇩

We started in the morning, **arriving** in Chicago at noon.

※ 연속 동작 「주어 + 동사, and + (주어 + )동사」의 경우에도 분사구문을 활용한다.

---

**헷갈리지 말자**　분사구문 접속사 살리기 vs. 접속사 생략

 · **While swimming** in the river, he was drowned.
강에서 수영을 하다가, 그는 익사했다.

 · **Swimming** in the river, he was drowned.
강에서 수영을 하다가, 그는 익사했다.

➡ 분사구문의 의미를 명확하게 하기 위해서, 접속사를 생략하지 않고 분사구문의 앞에 그대로 두는 경우도 있으니 주의해야 한다. 첫 번째 예문에서는 Swimming in the river를 Because he swam in the river 등 다른 의미로 이해하는 것을 막기 위해 접속사 While을 그대로 남겨둔 것이다.

## (3) 분사구문의 시제

교수님 한마디 분사구문의 시제는 이중적인 분석이 가능하기 때문에 출제되기 쉽지 않다. 단, 아래에 주어진 예시와 같이 명확한 상황이 제공되면, 분사구문의 시제를 정확하게 파악할 수 있어야 한다.

① 단순 분사구문

- **While she was walking** along the street, she met him.

  길을 따라 걷는 동안, 그녀는 그를 만났다.

  → **(Being) Walking** along the street, she met him.

- **As we exercise** regularly, we are very healthy.

  규칙적으로 운동하기 때문에, 우리는 매우 건강하다.

  → **Exercising** regularly, we are very healthy.

  ※ 주절과 종속절의 시제가 같을 경우 단순형 분사를 사용한다.

② 완료 분사구문

- **If he had been born** in better times, he would have been a great scholar.

  더 좋은 시대에 태어났다면, 그는 위대한 학자가 되었을 텐데.

  → **(Having been) Born** in better times, he would have been a great scholar.

- **As he had seen** the movie before, he wasn't interested in watching it again.

  그 영화를 전에 봤었기 때문에, 그는 그것을 다시 보는 것에는 흥미가 없었다.

  → **Having seen** the movie before, he wasn't interested in watching it again.

## (4) 분사구문의 부정

분사구문의 부정은 분사 앞에 not이나 never를 쓴다.

- **As I had never heard** about that before, I couldn't say anything.

  나는 전에 그것에 대해서 들어 본 적이 없었기 때문에, 아무 말도 할 수가 없었다.

  → **Never having heard** about that before, I couldn't say anything.

  ※ 종속절의 사건이 주절의 사건보다 먼저 일어났으므로 완료 분사구문을 사용하고, 부정의 의미를 가진 never를 분사 앞에 쓴 것이다.

- **As I don't know** his address, I can't write to him.

  그의 주소를 몰라서, 나는 그에게 편지를 쓸 수 없다.

  → **Not knowing** his address, I can't write to him.

  → I, **not knowing** his address, can't write to him.

  ※ 분사구문은 문두, 문미 또는 문장 중간에도 삽입될 수 있다.

## (5) 독립분사구문: 주어가 달라 생략하지 못하는 경우

- **As it was** fine, they went hiking.

  날씨가 좋았기 때문에, 그들은 하이킹을 갔다.

  → **It being** fine, they went hiking.

- **After the sun had set**, we started for home.

  해가 저서, 우리는 집을 향해 출발했다.

  → **The sun having set**, we started for home.

**POINT CHECK**

07 동사가 시제를 가지듯 분사도 시제를 가진다. 단, □□ 시제, □□ 시제만 존재한다.

08 주절의 주어와 분사구문의 주어가 다른 경우, 분사구문 앞에 □□을(를) 생략하지 않고 남겨둔다.

| 정답 |   07 단순, 완료
      08 주어

### (6) 비인칭 독립분사구문: 일반인 주어가 생략된 경우

독립분사구문의 의미상 주어가 we, you, they, people, one 등과 같이 막연한 일반인을 나타낼 때는 생략하는데, 이를 '비인칭 독립분사구문'이라고 한다.

| | | | |
|---|---|---|---|
| Generally speaking | 일반적으로 말해서 | Granting that | 가령 ~이라 하더라도/ 만약 ~라면 |
| Strictly speaking | 엄격히 말해서 | Compared with | ~과 비교하면 |
| Frankly speaking | 솔직히 말해서 | Supposing that | 만약 ~이라면 |
| Judging from | ~으로 판단해 보면 | Considering (that) = Seeing (that) | ~을 고려하면 |
| Concerning | ~에 관해서라면 | Assuming that | ~을 가정하자면 |
| Seeing that | ~이기 때문에 | Regarding | ~에 관해서라면 |

- **If we speak generally**, dogs are very friendly.  일반적으로 말하면, 개는 매우 친근하다.
  → **Generally speaking**, dogs are very friendly.
- **Considering** all things, I think they made the right decision.
  모든 것을 고려하면, 나는 그들이 올바른 결정을 내렸다고 생각한다.
- **All things considered**, I think they made the right decision.
  모든 것이 고려되자면, 나는 그들이 올바른 결정을 내렸다고 생각한다.

  ※ 분사구문의 주어가 살아있는 독립분사구문에 해당된다.

## 06 with 분사구문

09 「□□□□ + 목적어 + 현재분 사/과거분사」: ~한 채로(동시 상황)

생생한 묘사에 효과적이며 동시에 일어나고 있는 상황을 묘사할 때 주로 쓰인다.

with + 목적어 + 현재분사/과거분사/형용사/부사구/전명구

### (1) 「with + 목적어 + 현재분사」

목적어와 분사의 관계가 능동일 때, 현재분사를 사용한다.

- It was a cloudy morning **and little wind was blowing.**
  구름 낀 아침이었고, 바람이 거의 불지 않았다.
  → It was a cloudy morning, **little wind** (being) **blowing.** (독립분사구문)
  → It was a cloudy morning, **with little wind blowing.** (with 분사구문)

### (2) 「with + 목적어 + 과거분사」

목적어와 분사의 관계가 수동일 때, 과거분사를 사용한다.

● 신체와 관련 있는 with 분사구문 관용 표현: 「with + one's 신체 부위 + 분사」

| | | | |
|---|---|---|---|
| with one's eyes closed | 눈을 감고서 | with one's arms folded | 팔짱을 끼고서 |
| with one's legs crossed | 다리를 꼬고서 | with one's mouth watering | 침을 흘리면서 |
| with one's body shaking | 몸을 흔들면서 | | |

- The boy stood there **and he closed his eyes.** 그 소년은 거기에 서 있었고 그는 눈을 감고 있었다.
  → The boy stood there, **closing his eyes.**

→ The boy stood there, **and his eyes were closed (by him)**.

→ The boy stood there, **his eyes (being) closed (by him)**. (독립분사구문)

→ The boy stood there, **with his eyes closed**. (with 분사구문)

그 소년은 눈을 감은 채로 거기에 서 있었다.

## (3) 「with + 목적어 + 형용사」

목적어와 형용사 사이에 being이 생략되었다고 보면 의미 파악이 쉽다.

· Don't talk **with your mouth (being) full**, please.  입에 음식이 가득한 채로 말을 하지 마십시오.

## (4) 「with + 목적어 + 부사(구)/전명구」

목적어와 부사(구)/전명구 사이에 being이 생략되었다고 보면 의미 파악이 쉽다.

· She worked **with her new clothes (being) on**.  그녀는 새 옷을 입고서 일했다.

※ 여기서 on은 부사이다.

· **With a smile (being) on his face**, he waved goodbye to his friends.

그의 얼굴에 미소를 띠며, 그는 친구들에게 작별 인사로 손을 흔들었다.

## 07 준동사 특징 비교

준동사는 부정사, 동명사, 분사를 가리키며 동사에서 품사가 변형된 형태를 말한다.

저는 전기로 움직이는 기계가 어떻게 작동하는지 모르지만, 그 기계는 잘 작동합니다.

· You <u>are sitting</u> on an airplane in economy class <u>and</u> another passenger seated
    동사

very close to you <u>coughs</u> <u>and</u> <u>sneezes</u> continually throughout the flight.
              동사        동사

당신은 비행기의 이코노미석에 앉아 있고 당신이랑 매우 가까운 곳에 앉아 있는 또 다른 승객이 비행 내내 계속 기침과 재채기를 한다.

● 한눈에 보는 준동사

| 준동사 | 능동 | 수동 | 단순 | 완료 | 부정 | 의미상 주어 |
|---|---|---|---|---|---|---|
| to부정사 | to + 동사원형 | to be p.p. | to + 동사원형 | to have p.p. | not to + 동사원형 | 목적격<br>for + 목적격<br>of + 목적격 |
| 동명사 | -ing | being p.p. | -ing | having p.p. | not -ing | 소유격/목적격 |
| 분사 | -ing | -ed(p.p.) | -ing<br>-ed(p.p.) | having p.p.<br>having been p.p. | not -ing<br>not p.p. | |

10 준동사는 □□□, □□□, □□(으)로 구성된다.

11 준동사는 절대 □□이(가) 아니다.

| 정답 |  10 부정사, 동명사, 분사
          11 동사

# 06 분사

[01~05] 다음 중 어법상 옳은 것을 고르시오.

01 Here is an [ interesting / interested ] area.

02 You have to handle the unexpected events [ relate / related ] to your work.

03 The clown's funny performance had the entire audience [ amusing / amused ].

04 [ Solving / Solved ] the question, Jack considered what is the right answer.

05 He came to me, with his emotion [ hiding / hidden ].

## 정답&해설

**01 interesting**

| 해석 | 이곳은 흥미로운 지역이다.

| 해설 | 감정 유발 형용사(현재분사)는 사물을 수식하고 감정 상태 형용사(과거분사)는 사람을 수식한다.

**02 related**

| 해석 | 당신은 당신의 업무와 관련된 예상치 못한 일을 처리해야 한다.

| 해설 | 뒤에 전명구에 해당하는 'to your work'가 왔으며 문맥상 '당신의 업무와 관련된'이 적절하므로 과거분사 'related'를 사용하는 것이 옳다.

**03 amused**

| 해석 | 광대의 재미있는 공연은 전체 관객들을 즐겁게 만들었다.

| 해설 | 문맥상 문장의 주어인 '광대의 재미있는 공연'이 '전체 관객들'을 '즐거워하는' 상태로 만들었음을 알 수 있다. 따라서 사역동사 'had'의 목적어인 'the entire audience'는 목적격 보어로 감정 상태 형용사인 'amused(즐거워하는)'를 사용하는 것이 적절하다.

**04 Solving**

| 해석 | Jack은 문제를 풀면서 무엇이 정답인지를 고민했다.

| 해설 | 생략된 주어 'Jack'과 'solve'의 관계가 능동이므로 현재분사 'Solving'을 사용하는 것이 옳다.

**05 hidden**

| 해석 | 그는 자신의 감정을 숨기고 나에게 다가왔다.

| 해설 | 목적어 'his emotion'과 'hide'는 '(감정이) 숨겨지는' 수동의 관계이므로 과거분사 'hidden'을 사용하는 것이 옳다.

# 06 분사

**교수님 코멘트▶** 분사는 명사를 수식하는 역할을 하므로 수식 대상인 명사를 파악하는 것이 최우선이다. 이에 명사의 위치가 다양하게 제시되는 문제들을 수록하였으니, 정답 선지 외에 오답 선지 분석도 반드시 할 것을 추천한다.

## 01

2022 국가직 9급

**우리말을 영어로 잘못 옮긴 것을 고르시오.**

① 커피 세 잔을 마셨기 때문에, 그녀는 잠을 이룰 수 없다.
→ Having drunk three cups of coffee, she can't fall asleep.

② 친절한 사람이어서, 그녀는 모든 이에게 사랑받는다.
→ Being a kind person, she is loved by everyone.

③ 모든 점이 고려된다면, 그녀가 그 직위에 가장 적임인 사람이다.
→ All things considered, she is the best-qualified person for the position.

④ 다리를 꼰 채로 오랫동안 앉아 있는 것은 혈압을 상승시킬 수 있다.
→ Sitting with the legs crossing for a long period can raise blood pressure.

## 02

2018 지방직 9급(사회복지직 9급)

**우리말을 영어로 잘못 옮긴 것은?**

① 모든 정보는 거짓이었다.
→ All of the information was false.

② 토마스는 더 일찍 사과했어야 했다.
→ Thomas should have apologized earlier.

③ 우리가 도착했을 때 영화는 이미 시작했었다.
→ The movie had already started when we arrived.

④ 바깥 날씨가 추웠기 때문에 나는 차를 마시려 물을 끓였다.
→ Being cold outside, I boiled some water to have tea.

---

### 01 with 분사구문

④ with 분사구문은 '~한 채로'라는 의미로 동시 상황을 나타낼 때 사용할 수 있다. 이때 「with + 목적어 + 분사」에서, 목적어와 분사의 관계가 능동이면 현재분사를, 수동이면 과거분사를 써야 하는데, 다리는 '꼬여지는' 대상이므로 수동의 의미가 알맞다. 따라서 crossing을 crossed로 고쳐야 알맞은 문장이 된다.

**| 오답해설 |** ① 커피를 마신 것이 지금 잠을 이룰 수 없는 것보다 더 과거의 일이므로, 완료형 분사구문(Having drunk ~)이 올바르게 사용되었다.
② 그녀가 친절한 사람인 사실은 변치 않는 특성이므로, 단순 분사구문(Being ~)이 알맞게 사용되었다.
③ 주절과 분사구문의 주어가 다르면 분사구문의 주어를 표시해 주는데, 이를 독립 분사구문이라 한다. 여기서 분사구문의 주어는 'All things'이고 주절의 주어는 'she'이므로 각각 표시해 주었고, 'All things'는 고려되는 대상이므로 수동의 의미를 갖는 과거분사 'considered'가 알맞게 쓰였다. 본래 'All things (being) considered'에서 'being'은 생략 가능하므로 'considered'만 남아 있는 형태이다. 단, 'considering all things'는 '모든 것을 고려하자면'이라는 의미이므로 해석상의 차이에 주의해야 한다.

---

### 02 독립분사구문

④ 'Because it was cold outside, I boiled some water to have tea.'의 부사절을 분사구문으로 바꾼 형태이다. 이때 부사절의 비인칭주어 'it'은 주절의 주어 'I'와 다르므로 생략할 수 없다. 따라서 'It being cold outside, ~'로 써 주어야 한다.

**| 오답해설 |** ① 'information'은 불가산명사이므로 이를 단수 취급하여 3인칭 단수동사 'was'가 쓰였다.
② 「should have p.p.」는 '~했어야 했는데 (하지 못했다)'라는 뜻으로 과거 사실에 대한 후회나 유감을 나타낸다.
③ 영화가 시작한 것이 우리가 도착하기 이전에 일어난 일이므로 과거완료 동사 'had already started'가 쓰였다.

**| 정답 |** 01 ④  02 ④

무엇이든 넓게 경험하고 파고들어
스스로를 귀한 존재로 만들어라.

– 세종대왕

# 01 접속사

---

**POINT CHECK**

## VISUAL G

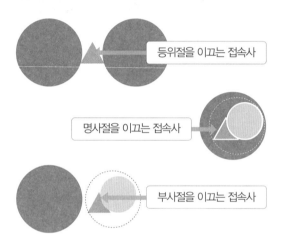

등위절을 이끄는 접속사

명사절을 이끄는 접속사

부사절을 이끄는 접속사

---

### 01 등위접속사

01 등위접속사와 등위상관접속사가 연결하는 개체는 서로 ☐☐ 구조를 이루어야 한다.

단어와 단어, 구와 구, 절과 절을 대등한 관계로 연결시켜 주는 품사를 접속사라고 한다. 등위접속사 중 and, or, but 좌우에는 반드시 '문법적 기능이 동일한 어구'가 존재하며, 어구의 형태도 동일해야 한다. 등위상관접속사 「both A and B」, 「not A but B」, 「not only A but also B」, 「either A or B」, 「neither A nor B」, 「B as well as A」, 「whether A or B」 등도 등위접속사에 포함되므로 역시 병렬 구조를 이룬다.

- 등위접속사: and, but, or, for, so 등
- 종속접속사: if, whether, that, because 등

| 정답 | 01 병렬

## (1) 등위접속사 and

### ① 조건

> 「명령문, + and + 주어 + 동사」: ~해라, 그러면 …할 것이다

- Study hard, **and** you will pass the exam.
  열심히 공부해라. 그러면 당신은 시험에 통과할 것이다.
  → **If** you study hard, you will pass the exam.

### ② 목적

come, go, run, try, be sure, send 등의 동사 뒤에 「and + 동사원형」이 이어지면 to부정사의 부사적 용법 중 '목적'의 의미로 바꾸어 쓸 수 있다.

> 「come/go/run/try/be sure/send + and + 동사」: ~하기 위해서 …하다, …해서 ~하다

- I will **go and help** them.  나는 가서 그들을 돕겠다.
  → I will **go to help** them.  나는 그들을 도우러 가겠다.
- **Come and see** me next week.  다음 주에 와서 나를 봐라.
  → **Come to see** me next week.  다음 주에 나를 보러 와라.

### ③ 「부정어 + A and B」: A하면서 B인 것은 아니다

- You **cannot** have a cake **and** eat it.  케이크를 가지고 있으면서 동시에 먹을 수는 없다.

### ④ 「형용사 + and + 형용사」에서 앞의 형용사가 부사의 의미처럼 사용되는 경우가 있다.

> 「nice, fine, big, good, rare + and + 형용사」
> 아주, 매우, 몹시

- The dog is **rare and** hungry.  그 개는 몹시 배고프다.

### ⑤ 불가분 관계, 동일인, 단일 개념은 단수 취급한다.

- bread and butter: 버터 바른 빵
- a watch and chain: 줄 달린 시계
- a needle and thread: 실을 꿴 바늘
- a cart and horse: 마차

O Slow **and** steady **wins** the race.  느리더라도 꾸준하면 결국 승리한다.

X Slow **and** steady **win** the race.

➡ 'slow and steady(느리지만 꾸준함)'는 단일 개념으로 단수 취급한다.

---

**헷갈리지 말자**  바둑이 vs. 검둥이와 흰둥이

- There **is a** white **and** black dog.
  바둑이(점 무늬 개)가 있다.

- There **are a** white **and a** black dog.
  흰 개와 검은 개가 있다.

➡ 접속사 and 뒤의 관사 유무에 따라서 개체 수가 달라진다. 단, 개별 개체의 속성을 강조할 경우 개별 관사를 제시하는 경우도 있으니 주의해야 한다.

- **The** writer **and** statesman **is** dead. (한 사람)
  작가이자 정치인이었던 그 사람은 죽었다.
- **The** writer **and the** statesman **are** dead. (두 사람)
  그 작가와 그 정치인은 죽었다.

## (2) 등위접속사 or

'또는'이라는 선택의 의미이며 주어가 or로 연결되면 마지막 주어에 동사의 수를 일치시킨다.

### ① 조건

> 「명령문, + or + 주어 + 동사」: ~해라, 그렇지 않으면 …할 것이다

- Work hard, **or** you will fail.

  열심히 해라, 그렇지 않으면 당신은 실패할 것이다.

  → **Unless** you work hard, you will fail.

  ※ 이때 or는 or else/otherwise로 대신할 수 있다.

### ② 선택

「A or B」: A 또는 B

- He **or** I am to blame.

  그나 내가 비난받아야 한다.

  ※ to blame은 to be blamed와 마찬가지로 수동의 의미로 해석되며, 동사에 가까운 쪽 주어인 I에 맞추어

   동사는 am으로 쓴다.

### ③ 동격

- We will debate about euthanasia, **or** mercy killing.

  우리는 안락사, 즉 자비로운 죽음에 대해 토론할 것이다.

  ※ or은 that is(즉)로 대신할 수 있다.

## (3) 등위접속사 nor 암기문법

부정의 의미가 있는 등위접속사로 '또한 ~ 아니다'라는 의미이다.

- The gentleman **doesn't** smoke, **nor** does he drink.

  그 신사는 담배를 피우지도 술을 마시지도 않는다.

  → The gentleman **neither** smokes **nor** drinks.

  → The gentleman **does not either** smoke **or** drink.

  → The gentleman **doesn't** smoke, and he does **not** drink **either.**

  → The gentleman **doesn't** smoke, and **neither** does he drink.

- ○ He doesn't enjoy fish, **nor** does she.

  그는 생선을 좋아하지 않고, 그녀도 좋아하지 않는다.

- ✕ He doesn't enjoy fish, **and nor** does she.

  ➡ and와 nor는 둘 다 접속사이기 때문에 이중으로 함께 쓰지 않는다.

- ○ He doesn't enjoy fish, and she doesn**'t, either.**

- ✕ He doesn't enjoy fish, and she doesn**'t, too.**

  ➡ 부정문에서는 too 대신에 either를 사용해야 한다.

- ○ He doesn't enjoy fish, **and neither** does she.

- ✕ He doesn't enjoy fish, **neither** does she.

  ➡ neither는 부정부사일 뿐 접속사의 기능은 없으므로, 접속사와 함께 써야 한다. 단, neither 뒤에 이어지는 절의

   어순은 의문문 어순이다.

## (4) 등위접속사 for

'~을 위한'이라는 의미로 쓰이면 전치사이다. 접속사일 때는 이유를 나타내며 '왜냐하면'이라는 의미로 쓰인다. 이유를 부가적으로 설명하는 등위접속사로서 절과 절 사이에 쓰인다.

> 「주어 + 동사 ~, for + 주어 + 동사 …」: ~, 왜냐하면 … 때문이다

- It's morning, **for** the birds are singing.  아침이다. 새들이 지저귀고 있으니까.

◎ **Because** he was ill, he absented himself from school.

　　그는 아팠기 때문에, 학교에 결석하였다.

☒ **For** he was ill, he absented himself from school.

　➡ 등위접속사 for는 격식체에 쓰이며 일반적으로 문두에 올 수 없고, for 앞에 반드시 콤마(,)를 써야 한다. 반면에 because는 문두, 문미, 문중에 모두 사용될 수 있다.

## (5) 등위접속사 so

① 그래서, 그러므로

- He looked honest, **so** I let him come in.  그가 정직해 보여서, 나는 그를 들어오게 했다.

② so (that): 결국, 그래서

- No one told me the time, **so** I was late for the meeting.

　아무도 나에게 시간을 말해 주지 않았고, 그래서 나는 회의에 늦었다.

　→ No one told me the time, **so that** I was late for the meeting.

③ so that: ~하기 위해서

- Come close **so** I can hear you.  내가 너의 말을 들을 수 있게 가까이 와라.

　→ Come close **so that** I can hear you.

## 02 　등위상관접속사

등위상관접속사는 같은 품사나 상당어구를 상관적으로 연결하며, 연결하는 어구가 같은 형태여야 한다.

### (1) 「both A and B」

'A, B 둘 다'의 의미로 쓰인다.

- He is **both** a pianist **and** a poet.  그는 피아니스트이면서 시인이다.
- The little boy is remarkable **both** for his intelligence **and** for his skill.

　그 어린 소년은 지성과 기술 둘 다에 대해 주목할 만하다.

### (2) 「either A or B」

'A 또는 B 둘 중 하나'의 의미로 쓰인다.

- **Either** uncle **or** aunt may come later.  이따가 삼촌이나 이모 중 한 분이 오실지도 모른다.
- That man must be **either** mad **or** drunk.  저 남자는 미쳤거나 술에 취한 것이 분명하다.
- **Either** he could not come **or** he did not want to (come).

　그는 올 수 없었거나 아니면 (오기를) 원하지 않았다.

02 등위상관접속사가 연결하는 A와 B의 구조는 □□ 구조여야 한다.

| 정답 |　02 병렬

(3) 「neither A nor B」

'A도 아니고 B도 아닌'의 의미로 쓰인다.

- **Neither** you **nor** she is right.　너나 그녀 둘 다 옳지 않다.

- He was **neither** witty **nor** humorous.　그는 재치있지도 재미있지도 않았다.

  → He was **not either** witty **or** humorous.

  〇 This book is **not either** interesting **or** informative.

  　　이 책은 흥미롭지도 않고 유익하지도 않다.

  ✕ This book is **not either** interesting **nor** informative.

  　　➡ neither가 not either로 분리되면, 뒤따라오는 접속사도 nor가 아니라 or를 써야 한다.

| 헷갈리지 말자 | Either you or he have ~ vs. Either you or he has ~ |
|---|---|
| Don'ts | • **Either** you **or** he **have** to go. |
| Do's | • **Either** you **or** he **has** to go.<br>당신 아니면 그가 가야만 한다. |

➡ 「either A or B」 또는 「neither A nor B」가 주어로 쓰이면 동사는 반드시 B에 수를 일치시킨다. 즉, 동사에 가까운 주어와 수를 일치시켜야 함을 기억해야 한다.

(4) 「not only A but also B」

'A뿐만 아니라 B도'라는 의미로, 「B as well as A」로 바꿔 쓸 수 있다.

| not only<br>not merely<br>not just<br>not alone | A | but (also) | B |
|---|---|---|---|

- The gentleman gave us **not only** food **but also** money.

  그 신사는 우리에게 음식뿐만 아니라 돈도 주었다.

- My brother **not only** teaches English **but also** writes many novels.

  우리 형은 영어를 가르칠 뿐만 아니라 많은 소설도 쓴다.

(5) 「not A but B」

'A가 아니라 B'의 의미로 쓰인다.

| not by<br>not that<br>not because | A | but by<br>but that<br>but because | B |
|---|---|---|---|

- The true worth can be measured **not by** his abilities, **but by** his character.

  진정한 가치는 그의 능력이 아니라, 그의 성격으로 측정될 수 있다.

  ※ 「not by A but by B」는 'A에 의해서가 아니고 B에 의해서'라는 의미이다.

- **Not that** I dislike the work, **but that** I have no time.

  나는 그 일이 싫은 것이 아니라, 시간이 없는 것이다.

  ※ 「not that A but that B」는 'A가 아니고 B이다'라는 의미이다.

- **Not because** I am fond of her, **but because** I respect her.

내가 그녀를 좋아해서가 아니라, 그녀를 존경해서이다.

※ 「not because A but because B」는 'A 때문이 아니고 B 때문이다'라는 의미이다.

● **주의해야 할 never[not/no] A but B**

'A하면 반드시 B한다, B하지 않고는 A하지 않는다'라는 의미로, 등위접속사 but과는 다른 의미로 쓰인다.

| never<br>not<br>no | A | but (that) | B |
| --- | --- | --- | --- |

- I **never** see this picture **but** it reminds me of my school days.

나는 이 사진을 볼 때면 내 학창 시절이 생각난다.

→ I **never** see this picture **without** being reminded of my school days.

→ **Whenever** I see this picture, it reminds me of my school days.

→ **When** I see this picture, it **always** reminds me of my school days.

## 03 명사절을 이끄는 종속접속사

명사절은 문장 내에서 주어, 목적어, 보어, 동격 역할을 한다.

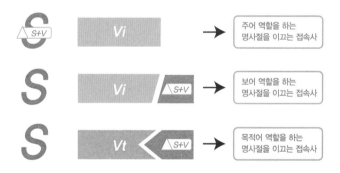

명사절은 문장 내에서 명사의 쓰임처럼 주어, 동사의 목적어, 전치사의 목적어, 보어, 동격으로 쓰인다. 전체 문장에서 명사절을 제외하면 나머지 부분만으로는 불완전한 문장이 되므로 부사절과 차이가 있다.

### (1) 접속사 that

that이 이끄는 명사절은 '~라는 것'의 의미로 주어, 목적어, 보어로 쓰인다. 또한 that은 동격의 명사절을 이끌기도 한다. 단, 목적어 역할을 하는 that절은 전치사의 목적어로는 보통 사용할 수 없다.

① 주어로 쓰인 명사절

- **That she is alive** is certain. 그녀가 살아 있는 것이 확실하다.

※ 명사절 That she is alive는 문장의 주어로 쓰였다.

04 명사절을 이끄는 종속접속사 이후에는 반드시 「□□+□□」, 즉 완전한 문장 구조를 이루고 있는 절이 온다.

| 정답 | 04 주어, 동사

- It is true **that he has returned home alive**.  그가 집에 살아 돌아온 것은 사실이다.

   ※ 명사절 that he has returned home alive가 진주어로 쓰였다.

   ◎ That Jack and Jill are short of money **is** not true.

   Jack과 Jill이 돈이 부족하다는 것은 사실이 아니다.

   ✕ That Jack and Jill are short of money **are** not true.

   ➡ 명사절이 주어인 경우 단수 취급해야 함에 유의하자.

② 목적어로 쓰인 명사절

   - He will find **that there's no place like home**.

   그는 집 같이 좋은 곳이 없다는 것을 알게 될 것이다.

   ※ 명사절 that there's no place like home은 동사 find의 목적어로 쓰였다.

   - Everything is fine except **that weather is bad**.  날씨가 나쁜 것을 제외하고는 모든 것이 좋다.

   ※ that이 이끄는 명사절은 예외적으로 '~을 제외하고'라는 의미의 전치사 except, save, but 등의 목적어
   로 쓰이는 경우가 있으므로 유의하자.

③ 보어로 쓰인 명사절

   - The best part of this game is **that it can be enjoyed by the beginners**.

   이 경기의 가장 좋은 점은 초보자들도 즐길 수 있다는 것이다.

   ※ 명사절 that it can be enjoyed by the beginners는 보어로 쓰였다.

   - The trouble is **that my father likes smoking**.

   문제는 나의 아버지가 흡연을 좋아한다는 것이다.

05 동격의 명사절의 어순: 「추상명
사＋□□□□＋완전한 문장」

④ 동격으로 쓰인 명사절

   ● 동격절 앞에 자주 나오는 추상명사

| fact | 사실 | truth | 진실 |
|---|---|---|---|
| statement | 언급 | opinion | 의견 |
| news | 뉴스 | rumor | 소문 |
| report | 보고서 | right | 권리 |
| suggestion | 제안 | claim | 주장 |
| chance | 기회 | evidence | 증거 |

   - The news **that his son was found** was not true.

   그의 아들이 발견되었다는 소식은 사실이 아니었다.

   ※ 명사절 that his son was found는 The news와 동격이다.

   - There is a chance **that they may lose the game**.  그들이 경기에서 질 가능성이 있다.

   ※ 명사절 that they may lose the game은 a chance와 동격이다.

| 헷갈리지 말자 | 동격의 that vs. 관계대명사 that |
|---|---|

 - There is no evidence **that** he murdered her. (동격의 that)
   그가 그녀를 살해했다는 증거는 없다.

 - There is no evidence **that** you can trust. (관계대명사 that)
   당신이 신뢰할 수 있는 증거가 없다.

   ➡ 우리말 해석만 보면 동격의 that과 관계대명사 that을 구별하기 어려울 수도 있다. 이런 경우 뒤따라오
   는 절의 문장 구조가 완전하면 동격의 that이고, 불완전하면 관계대명사 that으로 구분하면 된다.

| 정답 |　05 that

## (2) 접속사 if와 whether

교수님 한마디 if와 whether은 명사절을 이끄는 접속사로 쓰인다. 특히 if의 경우 부사절을 이끄는 경우에도 사용되므로 구별해서 파악해야 한다. 또한 if가 명사절을 이끄는 경우 whether보다는 제약이 있으므로 이를 반드시 학습해야 한다.

if와 whether는 '~인지 (아닌지)'의 의미로 명사절을 이끈다.

- Ask your brother **if** it is true.

  그것이 사실인지 너의 형에게 물어보아라.

  → Ask your brother **whether** it is true (**or not**).

① whether의 용법: 주어, 목적어, 보어의 역할을 한다.

- **Whether** she is rich (**or not**) isn't important. (주어)

  그녀가 부유한지 (아닌지)는 중요하지 않다.

- I wonder **whether** his decision is wise (**or not**). (목적어)

  나는 그의 결정이 현명한지 (그렇지 않은지) 궁금하다.

- The question is **whether** I go to America or England. (보어)

  문제는 내가 미국을 가느냐 영국을 가느냐이다.

  참 You are entitled to a free gift **whether** you accept it (**or not**).

  당신이 그것을 받아들이든 아니든, 당신은 무료 선물을 받을 자격이 있다.

  ※ whether은 부사절을 이끌 수도 있다.

② 명사절 접속사 if 사용이 불가한 경우

  ㉠ if 바로 뒤에 or not을 사용할 수 없다. 단, 「if ~ or not」은 사용 가능하다.

   ◎ I don't know **whether or not** she will come.

   나는 그녀가 올지 안 올지 모른다.

   ✕ I don't know **if or not** she will come.

   ➡ if절의 if 바로 뒤에는 or not을 이어 사용하지 않는다. 또한 whether 뒤의 or not은 생략할 수 있다.

  ㉡ if절을 주어로 사용하지 않는다.

   ◎ **Whether** it is a good plan **or not** is a matter for argument.

   그것이 좋은 계획인지 아닌지는 논의될 문제이다.

   ✕ **If** it is a good plan **or not** is a matter for argument.

   ➡ 문장 첫머리에 '~인지 (아닌지)'의 의미로 if를 사용할 수 없다.

  ㉢ if 뒤에는 절 대신 to부정사가 올 수 없다.

   ◎ I don't know **whether to go** there alone is dangerous.

   나는 거기에 혼자 가는 것이 위험한지는 알지 못한다.

   ✕ I don't know **if to go** there alone is dangerous.

  ㉣ if절을 전치사의 목적어로는 사용하지 않는다.

   ◎ You must think **about whether** you want to continue a close friendship with your friends.

   네가 친구들이랑 친밀한 우정을 이어나가고 싶은지에 관해 생각해 봐야 한다.

   ✕ You must think **about if** you want to continue a close friendship with your friends.

   ➡ 전치사의 목적어절을 이끌 때는 if 대신에 whether가 쓰인다. 명사절을 이끄는 접속사 if는 주로 know, wonder, ask, doubt의 목적어로, 또는 형용사 aware, sure, doubtful과 함께 쓰인다.

POINT CHECK

06 '~인지 (아닌지)'를 나타내는 if는 문장에서 □□□을(를) 이끄는 □□□의 역할을 한다.

## 04 부사절을 이끄는 종속접속사

교수님 한마디 ▶ 부사절을 이끄는 접속사의 종류는 다양하다. 아래 개념에 대한 문제가 직접적으로 출제되는 경우도 있지만, 대부분의 접속사 학습은 독해 속도를 높이고 세부 사항을 파악하는 데 그 목적이 있다.

### (1) 시간

when, while, before, after, since, until, whenever(= every time), by the time, as soon as, as long as

① when(일시적 동작 or 시점): '~할 때'라는 의미로 특정한 시점에 발생하는 사건을 나타낼 때 사용한다.

· Would you spare five minutes **when** it's convenient?

편하실 때 5분만 시간을 내 주시겠어요?

· She was shocked **when** she heard the news.

그녀는 그 뉴스를 들었을 때 충격을 받았다.

② before

긍정문: ~하고서야 비로소 …했다

「It was + 시간 ~ before[when] + S + 과거동사」
↳ (A)　　　　　　　　↳ (B)
: A하고서야 비로소 B했다

· **It was** forty years **before** I **met** my father again.

40년이 지나고서야 비로소 나는 아버지를 다시 만났다.

③ till[until]: '~까지 (쭉)', '~하여 비로소'라는 의미로 사용된다. 시간의 '계속'을 나타내며, 전치사로도 쓰일 수 있다.

「not A until[till] B」: B하고 나서야 비로소[이윽고, 그제서야] A하다

· not A until[till] B(주어 + 동사)
· Not until[till] B(주어 + 동사) + A(동사 + 주어)
· It be not until[till] B(주어 + 동사) + that + A(주어 + 동사)
· Only after B(주어 + 동사) + A(동사 + 주어)

· She did **not** learn the truth **until** he told her of it.

그가 그녀에게 그것을 알리고 나서야 그녀는 비로소 그 진실을 알게 되었다.

→ **Not until** he told her of it **did she learn** the truth.

→ **It was not until** he told her of it **that she learned** the truth.

※ not until이 문장의 맨 앞에 오면 어순 도치에 주의해야 한다.

→ **Only after** he told her of it **did she learn** the truth.

④ since

㉠ ~ 이래로: 접속사, 전치사, 부사로 쓰일 수 있다.

· It has been five years **since** they lived in L.A.

그들이 L.A에 산 이래로 5년이 흘렀다.

→ It is five years **since** they lived in L.A.

· It has been raining **since** last night.

어젯밤부터 비가 내리고 있는 중이다.

ⓛ ∼ 때문에: 접속사로만 쓰이므로 since 뒤에는 「주어＋동사」가 온다.

　　• He cannot be tired **since** he had a good sleep.

　　그는 잘 잤기 때문에 피곤할 리 없다.

⑤ as long as ＝ so long as: ∼하는 동안은, ∼하는 한, ∼이기만 하다면

　• **As long as** I live, I will not forget Paris. (∼하는 동안은 ＝ while)

　　내가 사는 동안은, 나는 파리를 잊지 않을 것이다.

⑥ 「as[so] far as＋주어＋be동사＋concerned」: ∼에 관한 한

　• **As far as** English **is concerned**, he is my teacher.　영어에 관한 한, 그가 내 선생님이다.

　　참 She is rich, **as far as** I know.　(as far as: ∼하는 한)

　　　내가 아는 한, 그녀는 부자다.

⑦ while: 동작의 계속이나 기간을 나타낸다.

　ⓐ ∼하는 동안에

　　• **While** I stay in London, I will meet her.　내가 런던에 머무는 동안, 나는 그녀를 만날 것이다.

　　• I fell asleep **while** I was talking.　나는 얘기하던 도중에 잠이 들었다.

　ⓑ ∼하지만, 한편, 반면에(＝ whereas)

　　• She is diligent, **while** her brother is lazy.

　　그녀의 오빠는 게으른 반면, 그녀는 성실하다.

## (2) 이유, 원인

> because, as, since, for, (inasmuch) as, seeing that, on the ground that, so ∼ that

① because: ∼ 때문에

　접속사로 주절 앞뒤에 위치할 수 있으며 because 뒤에는 직접적인 원인이 이어진다.

　• The final match was called off **because** it rained heavily.

　　비가 많이 왔기 때문에 결승전이 취소되었다.

　　→ It rained heavily, **so** the final match was called off.

　　→ The heavy rain **resulted in** calling off the final match.

　　→ Calling off the final match **resulted from** the heavy rain.

　　　※ result는 수동태 불가 동사로서 result in과 result from의 인과 관계 해석에 유의해야 한다.

② inasmuch[in as much] as

　ⓐ ∼이므로(＝ seeing that)

　　• She has no right to vote, **inasmuch as** she is a minor.

　　그녀는 미성년자이므로, 투표권이 없다.

　　→ She has no right to vote, **seeing that** she is a minor.

　ⓑ ∼하는 한(＝ insofar as)

　　• **Inasmuch as** we don't give up liberty, we may do whatever we want.

　　자유를 포기하지 않는 한, 우리는 우리가 원하는 어떤 것을 해도 좋다.

　　→ **Insofar as** we don't give up liberty, we may do whatever we want.

③ on the ground that: ~라는 근거로, ~라는 이유로

- He objected **on the ground that** the sites were sensitive.

  그는 그 장소들이 불안정하다는 이유로 반대했다.

④ 「so ~ that …」

　ⓐ 결과: 너무 ~해서 …하다

- She was **so** feverish **that** she nearly died.

  그녀는 열이 너무 많이 나서 거의 죽을 뻔했다.

　ⓑ 정도: …할 정도로 그렇게 ~하다

- He was not **so** feverish **that** he could not walk.

  그는 걸을 수 없을 정도로 열이 나는 것은 아니었다.

　ⓒ so much so that: 매우 그러해서 ~하다

- Caffeine beverage is popular in Korea, **so much so that** even younger students **drink it.** 카페인 음료는 한국에서 매우 인기 있어서, 심지어 어린 학생들도 그것을 마신다.

## (3) 조건 (암기문법)

suppose, provided, granting, on condition, once, in case, if, considering that

① suppose[supposing] (that): 만약 ~라면, ~라고 가정하면

- **Suppose that** you die tomorrow, who(m) would you like to be with now?

  만약 당신이 내일 죽는다면, 지금 누구와 함께 있고 싶은가요?

② provided[providing] (that): 만약 ~라면

- I will go, **provided that** she goes there.

  만약 그녀가 그곳에 간다면, 나는 갈 것이다.

③ granting[granted] (that): 만약 ~라면, 가령 ~이라 하더라도

- **Granted that** he did so, what are you going to do?

  만약 그가 그렇게 했다고 하면, 당신은 어떻게 할 것입니까?

④ on condition (that): ~한다면, ~라는 조건으로

- The president has agreed to speak **on condition that** no questions are asked.

  질의가 없다는 조건으로 대통령은 연설을 수락했다.

⑤ once(= when once): 일단 ~하면

- **Once** he makes a promise, he always keeps his words.

  일단 약속을 하면, 그는 항상 자신이 뱉은 말을 지킨다.

⑥ in case: ~에 대비해서

「in case (that) + 주어 + 동사」: 만약 ~할 경우에 대비해서

- **In case that** I should fail, I would back up files.

  실패할 경우에 대비해서, 나는 파일들을 백업할 것이다.

참 「in case of + 명사(구)」: 만약 ~의 경우에 대비해서 (구 전치사)

- **In case of** my failure, I would back up files.

  나의 실패에 대비해서, 나는 파일들을 백업할 것이다.

⑦ if: 만약 ~라면, ~일지라도[~이지만]

> - if: ~라면
> - unless(= if ~ not): 만약 ~이 아니라면
> - as[so] long as(= if only): ~이기만 하다면

- **Unless** the Earth rotates on its axis, day and night will cease.

  만약 지구가 자전하지 않는다면, 낮과 밤은 멈출 것이다.

- **As long as** the Earth rotates on its axis, day and night will never cease.

  지구가 자전하는 한, 낮과 밤은 절대 멈추지 않을 것이다.

## (4) 비교, 범위, 정도

> than, as, as far as, as long as

비교급 표현에서 보이는 than 또는 as는 문장에서 접속사 역할을 한다.

- He spends more **than** he earns.

  그는 그가 버는 것보다 쓰는 것이 더 많다.

- He is as tall **as** I am.

  그는 나만큼 키가 크다.

- I will help you **as far as** I can.

  내가 할 수 있는 한 당신을 돕겠다.

## (5) **양보**: 비록 ~일지라도

> - though, although, even if, even though
> - 「형용사/부사/무관사 명사 + as[though] + 주어 + 동사 ~, 주어 + 동사」

- She took care of her sisters **though** she was only ten.

  그녀는 겨우 10살이었지만 자신의 여동생들을 돌보았다.

- You must go tomorrow **even if** you aren't ready.

  준비가 안 되더라도 너는 내일 가야만 한다.

- Young **as** he is, he is very careful.

  그는 비록 젊지만, 매우 신중하다.

## (6) **주의해야 할 접속사**

① now that: ~이므로, ~이기 때문에

- **Now (that)** she is gone, he misses her very much.

  그녀가 가 버려서, 그는 그녀를 매우 그리워한다.

② in that: ~라는 점에서, ~이므로

- Men differ from animals **in that** they can think and speak.

  인간은 생각하고 말할 수 있다는 점에서 동물과 다르다.

POINT CHECK

09 「so + □ □ □ / □ □ ~ that + 주어 + 동사」/「such + □ □ ~ that + 주어 + 동사」: 너무 ~해서 …하다

10 전치사구 뒤에는 명사(구)가 오며, 접속사 뒤에는 □이(가) 온다.

| 정답 | 09 형용사, 부사, 명사
10 절

③ 「so ~ that …」/「such ~ that …」: 너무 ~해서 … 하다 (결과)

• He is **so** kind a boy **that** everyone likes him.

그는 너무 친절한 소년이어서 모두가 그를 좋아한다.

→ He is **such** a kind boy **that** everyone likes him.

참 It was very hot, **so that** we went swimming. (so that ~: 그래서 ~하다)

날씨가 매우 더워서, 우리는 수영하러 갔다.

• His anxiety was **such that** he lost his health.

그의 근심이 너무 지나쳐서 그는 건강을 잃었다.

→ **Such** was his anxiety **that** he lost his health.

※ 「such ~ + that + 결과」에서 such가 문두로 이동하여 강조되면 주어와 동사의 도치가 이루어지므로 유의해야 한다.

• **Such** a big problem was it **that** they didn't know what to do.

그것은 그렇게 큰 문제여서, 그들은 무엇을 해야 할지를 몰랐다.

④ 「so that ~ may」=「in order that ~ may」: ~하기 위해서

• I came here **so that** I **might** study English. 나는 영어를 공부하기 위하여 여기에 왔다.

| 구분 | 「접속사 + 주어 + 동사」 | 「전치사(구) + 명사(구)/동명사/대명사」 |
|---|---|---|
| 이유 | because | because of, due to, owing to, on account of |
| 시간 | while | during, for |
| 양보 | although, though, even if, even though | despite, in spite of |
| 양태 | as | like |
| 비례 | according as | according to |
| 제외 | but that, except that, save that | but for, except for, except |
| 조건 | in case | in case of |
| 완료 | by the time | by |

# 01 접속사

[01~05] 다음 중 어법상 옳은 것을 고르시오.

01    They didn't finish their homework, [ nor / neither ] did I.

02    [ Despite / Although ] he is a specialist, nobody believes him.

03    I can't believe the fact [ that / which ] they escaped from there.

04    Jack doesn't know [ if / whether ] or not Jane will give a present to him.

05    William heard the rumor [ that / which ] Jack became a millionaire.

## 정답&해설

**01  nor**

| 해석 | 그들은 숙제를 끝내지 못했고 나도 그렇다.

| 해설 | 'nor'는 접속사로 절을 연결할 수 있으나 'neither'는 부사로 절을 연결할 수 없으므로 'nor'가 알맞다.

**02  Although**

| 해석 | 그는 전문가이지만, 아무도 그를 믿지 않는다.

| 해설 | 'although'는 접속사로 절을 연결할 수 있으나 'despite'는 전치사로 절을 연결할 수 없으므로 'Although'가 알맞다.

**03  that**

| 해석 | 나는 그들이 그곳에서 탈출했다는 사실을 믿을 수 없다.

| 해설 | 접속사 앞에 'the fact'가 있고 뒤따라오는 절이 완전하므로 동격의 접속사 'that'이 알맞다.

**04  whether**

| 해석 | Jack은 Jane이 그에게 선물을 줄지 안 줄지 알지 못한다.

| 해설 | 'whether'는 바로 뒤에 'or not'을 사용할 수 있으나 'if'는 바로 뒤에 'or not'을 사용할 수 없으므로 'whether'가 알맞다.

**05  that**

| 해석 | William은 Jack이 백만장자가 되었다는 소문을 들었다.

| 해설 | 접속사 앞에 'the rumor'가 있고 뒤따라오는 절이 완전하므로 동격의 접속사 'that'이 알맞다.

# 01 접속사

**교수님 코멘트▶** 접속사는 절과 절을 연결하는 역할을 하므로 보통 복합문의 형태로 많이 제시된다. 이에 단순한 접속사뿐만 아니라 동사의 쓰임을 확인할 수 있는 문제들을 수록하였다. 접속사의 의미를 파악하여 절과 절의 관계를 분석하는 연습이 필요하다.

## 01

밑줄 친 부분 중 어법상 옳지 않은 것을 고르시오.

Researchers conducted a study ① in which people were asked to remember a terrible sin from their past, something ② that was unethical. The researchers asked them to describe how the memory made them ③ feel. They then offered half of the participants the opportunity to wash their hands. At the end of the study, they asked subjects ④ that they would be willing to take part in later research for no pay as a favor to a desperate graduate student.

## 02

우리말을 영어로 가장 잘 옮긴 것을 고르시오.

① 당신이 부자일지라도 당신은 진실한 친구들을 살 수는 없다.
→ Rich as if you may be, you can't buy sincere friends.
② 그것은 너무나 아름다운 유성 폭풍이어서 우리는 밤새 그것을 보았다.
→ It was such a beautiful meteor storm that we watched it all night.
③ 학위가 없는 것이 그녀의 성공을 방해했다.
→ Her lack of a degree kept her advancing.
④ 그는 사형이 폐지되어야 하는지 아닌지에 대한 에세이를 써야 한다.
→ He has to write an essay on if or not the death penalty should be abolished.

---

**01  that vs. whether/if**

④ 수여동사 'ask'가 '~을 묻다, 물어보다'를 뜻하는 경우 직접목적어로 「의문사/whether/if+절」은 사용할 수 있으나 「that+절」은 사용하지 않는다. 해당 문장은 문맥상 'asked'가 '~을 물어보았다'는 의미의 수여동사로 사용되었으나 직접목적어에 「that+절」을 사용하였으므로 틀린 문장이다. 따라서 'that'을 문맥에 맞게 접속사 'if' 또는 'whether'로 수정해야 한다.

|오답해설| ① 밑줄 친 'in which'는 「전치사+관계대명사」로 이때 관계대명사 'which'의 선행사는 'a study'이며 뒤에 오는 절은 완전한 형태이다.
② 밑줄 친 'that'은 'something'을 선행사로 하며 뒤에 오는 절이 주어가 없는 불완전한 형태이므로 주격 관계대명사임을 알 수 있다.
③ 밑줄 친 'feel'은 불완전타동사 'made'의 목적격 보어로 쓰인 원형부정사이다.

| 해석 | 연구자들은 사람들이 그들의 과거로부터 끔찍한 죄, 비윤리적인 어떤 것을 기억해 달라고 요청받았던 한 연구를 했다. 연구자들은 그들에게 그 기억이 그들을 어떻게 느끼게 만들었는지를 묘사해 달라고 요청했다. 그리고 나서 그들은 참가자들의 절반에게 그들의 손을 씻을 기회를 제공했다. 연구가 끝날 때, 그들은 절박한 상황에 놓인 대학원생에게 주는 호의로 돈을 받지 않고 이후의 실험에 기꺼이 참가할 것인지 피실험자들에게 물었다.

---

**02  「so[such] ~ that」**

② '너무 ~해서 …하다'라는 표현은 「so[such] ~ that …」 구문으로 표현할 수 있으며, 이 문장에서는 'such' 뒤에 명사 'storm'이 있으므로 어법에 맞다. 어순도 「such a+형용사+명사」로 바르게 썼다.

|오답해설| ① as if는 '마치 ~인 것처럼'이라는 뜻의 접속사이므로 우리말 해석에 일치하지 않는다. '~일지라도'라는 양보의 의미가 되려면 「형용사/명사+as+주어+동사」의 어순이 되어야 하므로 if를 삭제하는 것이 옳다. 즉, 'Rich as you may be, ~'가 올바르다.
③ 「keep A -ing」는 'A가 계속 ~하게 하다'라는 의미이므로 우리말과 일치하지 않는다. 'A가 B하는 것을 방해하다'라는 표현은 「keep A from B(-ing)」로 써야 한다. 따라서 'her' 뒤에 'from'이 삽입되어야 알맞다.
④ 접속사 'if'는 '~인지 아닌지'의 의미로 쓰일 때, 바로 이어서 'if or not'의 형태로 쓸 수 없으며, 전치사의 목적어로도 사용할 수 없다. 따라서 'if' 대신 'whether'를 써야 한다.

| 정답 |  **01 ④**  **02 ②**

# 02 관계사

## VISUAL G

**POINT CHECK**

| A | | B | |
|---|---|---|---|
| Do you know the girl | that | came here yesterday? | |

1. 「접속사 + 대명사」
   ⇨ 관계대명사

2. 관계대명사 이후
   문장은 불완전하다.

3. 관계대명사는 선행사를
   최선을 다해 수식한다.

| A | | B |
|---|---|---|
| I remember the place | where | I met you. |

1. 「접속사 + 부사」
   ⇨ 관계부사

2. 관계부사 이후
   문장은 완전하다.

3. 관계부사는 선행사를
   최선을 다해 수식한다.

01 관계대명사는 「□□□+□□
　□」의 기능을 한다.

02 관계대명사가 이끄는 절은 항
　상 문장 구조가 □□□하다.

## 01 관계대명사

· Do you know **the girl**? + **The girl** came here yesterday.

　당신은 그 여자아이를 아시나요? + 그 여자아이가 어제 여기에 왔어요.

→ Do you know the girl **who** came here yesterday?

　당신은 어제 여기 왔던 그 여자아이를 아시나요?

　※ who는 the girl을 선행사로 취하는 주격 관계대명사이자 came의 주어이다.

　　수식을 받는 명사나 대명사를 선행사(先行詞: antecedent)라고 한다.

● 관계대명사의 분류

| 선행사 \ 격 | 주격 | 소유격 | 목적격 | | 문장에서의 역할 |
|---|---|---|---|---|---|
| 사람 | who | whose | who(m) | 생략 가능 | 형용사절 |
| 동물, 사물 | which | whose, of which | which | | 형용사절 |
| 사람, 동물, 사물 | that | – | that | | 형용사절 |
| 사물(선행사 포함) | what | – | what | | 명사절 |

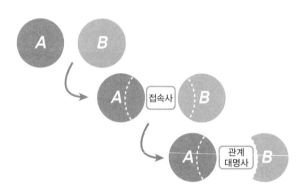

## 02 관계대명사의 격

03 관계대명사의 격은 관계대명사 뒤에 이어지는 절의 □□에 따라 결정된다.

(1) **주격**: 「선행사 + which[who, that] + 주어 + 동사」

• I know that girl **who** is coming here.

　나는 여기로 오고 있는 저 소녀를 안다.

(2) **목적격**: 「선행사 + which[whom, that] + 주어 + 동사 + 목적어」

• This is the book **which** I read yesterday.

　이것은 어제 내가 읽었던 책이다.

(3) **소유격**: 「선행사 + whose + ~~관사 or 소유격~~ + 명사 + 동사」

• She lives in that building **whose** roof is red.

　그녀는 지붕이 빨간 저 건물에 산다.

## 03 주격 관계대명사

04 「선행사 + 주격 관계대명사 + 동사」는 선행사와 동사를 □□□ 시킨다.

선행사가 종속절 동사의 주어일 때 사용하며, 절과 절을 연결하는 접속사의 역할과 주어의 역할을 동시에 한다.

(1) **선행사가 사람일 때**: who, that

• I have **a friend**. + **She** plays tennis very well.

　나는 친구가 한 명 있다. + 그녀는 테니스를 매우 잘 친다.

→ I have a friend **who[that]** plays tennis very well.

　나는 테니스를 매우 잘 치는 친구가 한 명 있다.

- He is the boy **who[that]** broke the window.

  그가 창문을 깬 그 소년이다.

◎ **The girl** who[that] is dancing **is** my sister. 춤추고 있는 소녀는 내 언니이다.

✕ **The girl** who[that] is dancing **are** my sister.

➡ who is dancing은 관계대명사절로서 선행사인 **The girl**을 수식하고 있는데, **The girl**이 이 문장의 주어이므로 단수동사가 필요하다. **The girl** (who is dancing) is my sister.라고 분석해 보면 이해가 쉽다.

---

**헷갈리지 말자** 의문사 who vs. 관계대명사 who

 • I know **who** can speak English well. (의문사가 이끄는 명사절)
나는 누가 영어를 잘할 수 있는지 안다.

 • I know a boy **who** can speak Korean well. (관계사가 이끄는 형용사절)
나는 한국어를 잘할 수 있는 소년을 안다.

➡ 첫 번째 문장에서 who can speak English well은 명사절로서 know의 목적어이고, 이때 who는 의문사이다. 두 번째 문장에서 who can speak Korean well은 관계대명사절로서 선행사 a boy를 수식하고 있고, 이때 who는 관계대명사이다. 의문사와 관계대명사를 구별하는 방법은 선행사의 유무임을 잊지 말아야 한다. 또한 의문사 who 는 '누구'라고 해석이 된다는 점도 차이점이다.

---

- Heaven helps those who help themselves. 하늘은 스스로 돕는 자를 돕는다.

※ those (people) who ~ 는 ~하는 사람(들)을 뜻하는 주격 관계대명사 관용 표현이다.

## (2) 선행사가 사물일 때: which, that

- I have **a book**. + **It** is very interesting.

  나는 책이 한 권 있다. + 그것은 아주 재미있다.

  → I have a book **which[that]** is very interesting. 나는 아주 재미있는 책이 한 권 있다.

  ※ 여기서 which는 선행사 a book이라는 사물을 수식하는 형용사절을 이끌며, 주격 관계대명사로 쓰였다.

- We have a cat **which[that]** catches rats very well.

  우리에게는 쥐를 아주 잘 잡는 고양이가 있다.

## 04 목적격 관계대명사

선행사가 종속절의 목적어 역할을 할 때 사용한다. 즉, 절과 절을 연결하는 접속사의 역할과 타동사의 목적어 또는 전치사의 목적어 역할을 동시에 한다.

### (1) 선행사가 사람일 때: who(m), that

- He is **the boy**. + I met **him** yesterday.

  그는 소년이다. + 나는 그를 어제 만났다.

  → He is the boy **whom[that]** I met yesterday.

  그는 내가 어제 만났던 소년이다.

◎ He is the boy **who(m)** I met yesterday.

✕ He is the boy **whom** met yesterday.

➡ 현대 영어에서는 목적격 관계대명사로 who를 사용하는 경우도 있지만, 주격 관계대명사 who를 whom으로 대신할 수는 없다.

05 목적격 관계대명사는 타동사 또는 □□□의 목적어이다.

### (2) 선행사가 사물일 때 타동사의 목적격 관계대명사: which, that

「선행사 + (목적격 관계대명사) + 주어 + 타동사」

· This is **the book**. + I read **it** yesterday.

이것이 그 책이다. + 나는 그것을 어제 읽었다.

→ This is the book **which[that]** I read yesterday.

→ This is the book I read yesterday. (목적격 관계대명사 생략)

이것이 내가 어제 읽었던 책이다.

### (3) 선행사가 사물일 때 전치사의 목적격 관계대명사: which / 「전치사 + 관계대명사」

「선행사 + (목적격 관계대명사) + 주어 + 동사~ + 전치사」
「선행사 + 전치사 + 목적격 관계대명사 + 동사~ + 자동사」

· This is **the house**. + She lives in **it**.

이것은 그 집이다. + 그녀는 그 집에서 산다.

→ This is the house **which** she lives **in**. (목적격 관계대명사)

→ This is the house she lives **in**. (목적격 관계대명사 생략)

→ This is the house **in which** she lives. (전치사 + 관계대명사)

여기가 그녀가 사는 집이다.

※ 여기서 the house와 it은 동일한 것이고, it은 전치사 in의 목적어이다. it을 관계대명사 which로 바꾸어 한 문장으로 만들면 which는 전치사 in의 목적격 관계대명사가 된다.

◯ This is the house I was born **in**. 이것은 내가 태어난 집이다.

✕ This is the house **in** I was born.

➡ 목적격 관계대명사는 타동사의 목적어가 될 수 있을 뿐 아니라 전치사의 목적어도 될 수 있다. 목적격 관계대명사는 생략이 가능하지만, 앞에 전치사가 있는 경우 전치사는 놔두고 목적격 관계사만 생략하는 것은 불가능하다. 단, 선행사의 종류가 시간, 장소, 방법, 이유인 경우 「전치사 + 관계대명사」의 동반 생략은 가능하다.

## 05 소유격 관계대명사

절과 절을 연결하는 접속사의 역할과 선행사의 소유격의 역할을 동시에 한다.

### (1) 선행사가 사람일 때: whose

· **The doctor** likes to play chess. + **His** office is near my house.

그 의사는 체스 두기를 좋아한다. + 그의 사무실은 우리 집 근처이다.

→ The doctor **whose** office is near my house likes to play chess.

우리 집 근처에 사무실이 있는 그 의사는 체스 두기를 좋아한다.

※ 여기서 whose는 who의 소유격 관계대명사이므로 whose office처럼 whose 뒤에는 반드시 무관사 (a[an]/the) 명사가 뒤따른다는 점에 유의해야 한다. whose가 이끄는 관계대명사절 whose office is near my house가 수식하는 선행사는 The doctor이다.

**(2) 선행사가 사물일 때: whose, of which**

· I have found **a book**. + **Its** cover is red.

나는 책 한 권을 찾아냈다. + 그것의 표지는 빨간색이다.

→ I have found a book **whose** cover is red.

나는 표지가 빨간 책을 한 권 찾아냈다.

→ I have found a book the cover **of which** is red.

→ I have found a book **of which** the cover is red.

※ whose가 이끄는 관계대명사절 whose cover is red가 수식하는 선행사는 a book이다. 여기서 whose 는 which의 소유격 관계대명사이므로 whose cover처럼 whose 뒤에는 반드시 명사가 뒤따른다는 점 에 유의해야 한다. 관계대명사 whose는 사람뿐 아니라 사물과 동물을 선행사로 하며, 선행사가 사물인 경우에는 whose 대신에 of which를 사용할 수도 있다. 이는 of를 이용해 무생물의 소유격을 나타내는 형태와 같은 것이다.

· The writer **whose book** I borrowed was famous.  내가 빌렸던 책의 작가는 유명했다.

· The house **whose roof** was damaged in the storm is being repaired.

폭풍으로 손상된 지붕을 가진 집이 수리되는 중이다.

※ 「선행사 + whose + 명사」의 구조에서 명사는 반드시 선행사의 피소유물에 해당된다.

---

**헷갈리지 말자**　소유격 관계대명사 whose vs. 소유격 관계대명사 of which

· I saw a car **whose** windows were all broken.
나는 창문이 모두 깨진 자동차를 봤다.

· I saw a car the windows **of which** were all broken.

· I saw a car **of which** the windows were all broken.
나는 창문이 모두 깨진 자동차를 봤다.

➡ 선행사가 사물일 때 소유격 관계대명사로는 whose와 of which 둘 다 쓸 수 있다. 단, whose 뒤에는 무관 사 명사가 나오고, of which는 앞 또는 뒤에 「the + 명사」 형태로 반드시 정관사를 포함하는 명사가 와야 한다 는 점에 유의한다.

---

## 06 관계대명사의 용법

### (1) 한정적[제한적] 용법

관계대명사 앞에 콤마(,)가 없으며, 뒤에서부터 앞으로 해석한다. 관계대명사가 이끄는 형용 사절이 앞에 있는 선행사를 수식하며 한정 또는 제한하는 경우를 한정적[제한적] 용법이라고 한다.

· Everybody likes Beckham **who** is handsome.

모두가 잘생긴 Beckham을 좋아한다.

### (2) 계속적[서술적] 용법

관계대명사 앞에 콤마(,)가 있으며 선행사에 대해 부연 설명하는 경우를 계속적[서술적] 용법 이라고 한다. 앞에서부터 뒤로 해석하며 「접속사(and/but/for/though) + 대명사」로 바꾸어 쓸 수 있다.

① 「접속사(and, but, for, though)＋대명사」의 역할을 한다.

② 구와 절을 선행사로 하기도 한다.

- He said that he saw me there, **which** was just a lie.

  그가 거기서 나를 봤다는데, 그건 그냥 거짓말이에요.

  ※ 계속적 용법의 관계대명사 which는 선행 절 전체 또는 구를 가리킬 수 있다.

③ 관계대명사 that은 계속적 용법에 쓸 수 없다.

- She will meet her old friend, **who** hasn't seen her for 10 years.

  그녀는 그녀의 오래된 친구를 만날 예정인데, 그 친구는 그녀를 10년 동안 보지 않았다.

  Ⓞ I don't know the actress, **whom** everyone likes.

  나는 그 여배우를 모르지만 모두가 그녀를 좋아한다.

  Ⓧ I don't know the actress, **that** everyone likes.

  ➡ 관계대명사 that은 계속적 용법으로 쓸 수 없다.

### (3) 한정적 용법과 계속적 용법의 비교

- We have four sons **who** became teachers.

  우리는 선생님이 된 아들 넷이 있다.

  ※ 선생님이 되지 않은 다른 아들이 또 있을 수도 있다.

- We have four sons, **who** became teachers.

  우리는 네 명의 아들이 있는데, 그들은 선생님이 되었다.

  ※ 아들 넷이 있는데, 모두 선생님이 되었다.

## 07 관계대명사 that의 쓰임

관계대명사 that은 전치사 뒤와 계속적 용법에 사용되지 않으며, 소유격이 존재하지 않는다. 하지만 선행사가 다음과 같은 경우에는 관계대명사 that을 쓰는 것이 원칙이다.

### (1) 사람과 동물 두 가지가 선행사인 경우

- I know **the boy and his dog that** are coming this way.

  나는 이쪽으로 오고 있는 소년과 그의 개를 알고 있다.

  ※ 선행사가 the boy and his dog이기 때문에 관계대명사 that을 사용한다.

- Look at the picture of **a man and a horse that** are crossing the river.

  강을 건너고 있는 남자와 말의 그림을 보라.

### (2) all, every, some, any, no 등이 선행사이거나 선행사에 포함된 경우

- **All that** glitters is not gold.

  반짝이는 것이라고 모두 금은 아니다.

- He didn't say **anything that** I wanted to hear.

  그는 내가 듣고 싶어 했던 것을 아무것도 말해 주지 않았다.

### (3) the only, the very, the same 등이 선행사에 포함되어 있는 경우

- Man is **the only** animal **that** can think.  인간은 사고를 할 수 있는 유일한 동물이다.

09 선행사에 the only, the very, the same 등이 포함되어 있을 경우에는 관계대명사로 반드시 □□□□을(를) 사용한다.

| 정답 | 09 that

• She is **the very** woman **that** I have wanted to marry.

그녀는 내가 결혼하고 싶어 했던 바로 그 여자이다.

---

**헷갈리지 말자** | 관계대명사 vs. 유사 관계대명사

 • This is **the same** wallet **that** I lost.
이것은 내가 잃어버렸던 것과 똑같은 지갑이다.

 • This is **the same** wallet **as** I lost.
이것은 내가 잃어버렸던 것과 같은 (종류의) 지갑이다.

➡ 일반적으로 「the same ~ that …」은 동일한 것을 나타내고, 「the same ~ as …」는 같은 종류의 것을 나타낸다. 이때 as와 같은 것을 '유사 관계대명사'라고 한다. 관계대명사 that은 '잃어버린 바로 그 지갑'을 나타내는 것이고, 유사 관계대명사 as는 '내가 잃어버린 것과 같은 종류의 지갑'을 나타낸다.

---

### (4) 선행사가 형용사의 최상급이나 서수의 수식을 받는 경우

• This is **the oldest** building **that** I have ever seen.

이것은 여태껏 내가 본 것 중 가장 오래된 건물이다.

• Johansson was **the first** person **that** left here.

Johansson은 이곳을 떠난 최초의 사람이었다.

### (5) 의문사 who가 선행사일 경우

• **Who** can do such a thing? + **Someone** has common sense.

누가 그런 짓을 할 수 있을까? + 누군가는 상식을 가지고 있다.

→ **Who that** has common sense can do such a thing?

상식이 있는 사람이라면 누가 그런 짓을 할 수 있을까?

※ 선행사가 의문사 who인 경우 관계대명사로 who를 쓰면 Who who로 시작하는 문장이 되기 때문에, 관계대명사는 반드시 that만 사용한다.

### (6) 관계대명사로 that을 쓰지 못하는 경우

① 계속적 용법에 사용할 수 없다.

• The player won the first prize, **which** made not only her but also her family happy.

그 선수는 1등을 했고, 이것이 그녀뿐만 아니라 그녀의 가족도 행복하게 해 주었다.

☒ The player won the first prize, **that** made not only her but also her family happy.

② 관계대명사 앞에 that을 목적어로 하는 전치사가 있으면 that을 사용할 수 없다. 앞에서 언급한 「전치사+관계대명사」 예문을 통해 다시 확인해 보자. 단 전치사와 떨어져 있을 때는 관계대명사 that의 사용이 가능하니 주의해야 한다.

◎ This is the bike **that** I spoke of. 이것이 내가 말한 자전거이다.

☒ This is the bike **of that** I spoke.

◎ This is the house **that** she lives in. 이것이 그녀가 사는 집이다.

☒ This is the house **in that** she lives.

**10** 관계대명사 □□□□은(는) 계속적 용법으로 쓰이지 않는다. 즉, 관계대명사 □□□□은(는) 콤마(,) 뒤에는 오지 않는다.

## 08 관계대명사 what의 쓰임

**(1)** 선행사를 포함한 관계대명사로, what절은 문장에서 명사 역할을 하여 주어, 목적어, 보어로 쓰일 수 있다.

· Show me **the thing**. + **It** is in your right pocket.

그것을 나에게 보여 주시오. + 그것은 당신의 오른쪽 주머니에 있어요.

→ Show me **what[the thing which]** is in your right pocket.

당신의 오른쪽 주머니에 있는 것을 나에게 보여 주시오.

※ 관계대명사 what은 명사절을 이끌며, 관계사절에서 동사 is의 주어 역할을 하고 있다.

· I do **the thing**. + I can do **it**.

나는 그것을 한다. + 나는 그것을 할 수 있다.

→ I do **what[the thing that]** I can do. 나는 내가 할 수 있는 것을 한다.

※ 관계대명사 what은 명사절을 이끌며, 관계사절에서 동사 do의 목적어 역할을 하고 있다.

· **The thing** is important. + **The thing** becomes our goal.

그것은 중요하다. + 그것은 우리의 목표가 된다.

→ **What[The thing which]** is important becomes our goal. 중요한 것은 우리의 목표가 된다.

※ 관계대명사 what은 명사절을 이끌며, 동사 becomes의 주어 역할을 하고 있다. 이때 what은 주격 관계대명사로서 수 일치와 문장 전체의 수 일치가 동일하게 단수 동사임에 유의해야 한다.

**(2)** what의 관용 표현

① what we[you, they] call = what is called = what one calls : 소위, 이른바

· His parents are able to give their children **what is called** a sound education.

그의 부모님은 이른바 좋은 교육을 그들의 자녀들에게 줄 수 있다.

② what one is[was, used to be]: 현재의[과거의] 인격

what one has[had]: ~의 재산, ~가 가진 것

· I owe **what I am** to my mother. 나의 인격은 나의 어머니 덕분이다.

· I'm not **what I was**. 나는 예전의 내가 아니다.

= I'm not **what I used to be**.

· He was judged by **what he had**. 그는 그의 재산으로 판단되었다.

③ 「A is to B what[as] C is to D」: A의 B에 대한 관계는 C의 D에 대한 관계와 같다.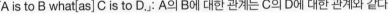

· Reading **is to** the mind **what** food **is to** the body.

독서의 정신에 대한 관계는 음식의 신체에 대한 관계와 같다.

④ 「what is + 비교급」: 더욱 ~한 것은

「what is + 최상급」: 가장 ~한 것은

· what is worse 설상가상으로

· what is better 금상첨화로

· She is beautiful, and **what is better**, very smart.

그녀는 아름답고, 금상첨화로, 아주 똑똑하다.

## 09 관계대명사의 생략

### (1) 「주격 관계대명사 + be동사」의 경우 생략 가능

- The person (**who is**) sleeping in the room is Beckham.

  그 방에서 자고 있는 사람은 Beckham이다.

  ※ 「주격 관계대명사+be동사」는 한 세트처럼 함께 생략될 수 있는데, 이 경우 결국 분사가 직접 명사를 수식하는 형태가 된다. 따라서 분사의 개념으로 이해하는 것도 가능하다. 위 문장에서는 현재분사 sleeping이 The person을 수식하게 된다.

### (2) 목적격 관계대명사 단독 생략 가능

- The person (**whom**) you know is sleeping.

  당신이 아는 그 사람은 자고 있는 중이다.

- ◎ The person **of whom** you are afraid is sleeping.

  당신이 두려워하는 그 사람은 자고 있는 중이다.

- ✕ The person **of** you are afraid is sleeping.

  ➡ 선행사 뒤의 관계대명사가 「전치사＋목적격 관계대명사」의 형태를 취하면 목적격 관계대명사는 생략이 불가하다.

## 10 유사 관계대명사 (암기문법)

● 선행사별 유사 관계대명사 정리

| 선행사 | 유사 관계대명사 |
|---|---|
| as + 명사<br>such + 명사<br>the same + 명사 | as |
| no + 명사<br>nobody<br>no one<br>few<br>little | but |
| 비교급 포함 명사 | than |

### (1) 유사 관계대명사 as: as, such, the same 등이 선행사 앞에 올 경우

- Read **such** a book **as** benefits you.

  당신에게 득이 되는 그런 책을 읽어라.

- They were from England, **as** I knew from accent.

  그들이 영국에서 왔다는 것은 억양으로 알게 되었다.

  ※ 앞 절 전체가 선행사인 경우이다.

- **As is often the case with him**, he played basketball after school.

  그에게 있어 흔히 그러하듯이, 그는 방과 후에 농구를 했다.

  ※ 'as is often the case with ~'는 '~에게 있어 흔히 그러하듯이'라는 의미로, 뒤의 절 전체가 선행사인 경우이다.

**POINT CHECK**

12 문장 중에 「명사 + (대)명사 + 동사」의 전개에는 □ □ □ □ □이(가) 숨어 있다.

13 유사 관계대명사를 사용할 경우 □ □ □의 형태를 반드시 확인해야 한다.

| 정답 |  12 관계대명사
13 선행사

**(2) 유사 관계대명사 but: 부정어가 선행사일 때(= that ~ not …)**

선행사에 not/no/few/little 등의 부정어가 있을 경우, '~하지 않는'이라는 의미를 포함하는 부정 유사 관계대명사이다.

- There is **no** rule **but** has exceptions.

  예외 없는 규칙은 없다.

  → There is **no** rule **that** does **not** have exceptions.

  ※ 유사 관계대명사 but 안에 이미 「that ~ not …」의 의미가 포함되어 있으니 해석에 유의해야 한다.

- There is **no one but** loves one's country.

  자신의 나라를 사랑하지 않는 사람은 없다.

  → There is **no one that** does **not** love one's country.

  ◎ There is **no** one **but** will help him. 그를 돕지 않을 사람은 없다.

  ✕ There is **no** one **but** will **not** help him.

  ➡ 유사 관계대명사 but 안에 이미 부정의 의미가 포함되어 있으므로, not을 또 써서 이중 부정을 만들지 않도록 유의하자.

**(3) 유사 관계대명사 than: 비교급과 관련된 표현일 때**

- I made **more** money **than** I had expected.

  나는 내가 예상했던 것보다 더 많은 돈을 벌었다.

- I made **more** money **than** had been expected.

  나는 예상되었던 것보다 더 많은 돈을 벌었다.

## 11 관계형용사

**(1) 관계형용사 what: what이 관계형용사로 쓰이면 all(모든)의 뜻을 내포한다.**

- She gave us **money**. + She had **that money**.

  그녀는 우리에게 돈을 주었다. + 그녀는 그 돈을 가졌다.

  → She gave us **what** money she had.

  ※ 주절과 종속절에 공통적으로 money가 존재하고 종속절의 지시형용사 that을 대신할 것으로 관계형용사 인 what이 쓰였다. 여기서 관계형용사 what은 두 절을 연결하고 지시형용사의 역할을 대신하고 있다.

**(2) 관계형용사 which: which가 관계형용사로 쓰일 때는 계속적 용법으로, 반드시 「which + 명사」 형태로 사용된다.**

- The student spoke Spanish, **which language** his teacher couldn't understand.

  그 학생은 스페인어를 말했는데, 그 언어를 그의 선생님은 이해할 수 없었다.

  ※ which가 관계형용사로 명사 language를 수식하고 있다.

## 12 복합 관계대명사/복합 관계형용사

### (1) 복합 관계대명사

「관계대명사 + -ever」의 형태로 「대명사 + 관계대명사」의 역할을 하며, 선행사를 포함하고, 단수 취급한다.

#### ① 명사절

| | | |
|---|---|---|
| whoever(주격) | anyone who | 누구든 ~하는 사람 |
| whomever(목적격) | anyone whom | 누구든 ~하는 사람 |
| whatever | anything that | ~한 것은 무엇이든 (범위가 정해지지 않은 막연한 것) |
| whichever | anything which | 어느 쪽이든 ~한 것 (범위가 정해진 선택의 뜻일 때) |

- Give it to **whoever** needs it.  누구든 그것을 필요로 하는 사람에게 그것을 주어라.
- Give it to **whomever** you like.  누구든 당신이 좋아하는 사람에게 그것을 주어라.
- I will give you **whatever** you want.  당신이 원하는 것은 무엇이라도 주겠다.
- Choose **whichever** you want.  어느 쪽이든 당신이 원하는 것을 선택하라.

◎ **Whoever** comes will be welcomed.  누가 오든지 환영받을 것이다.

☒ **Anyone whoever** comes will be welcomed.

➡ 복합 관계대명사에는 이미 선행사의 개념이 포함되어 있으므로 선행사가 따로 필요 없다.

◎ I will give it to **whomever** you like.  나는 그것을 누구든지 네가 좋아하는 사람에게 줄 것이다.

☒ I will give it to **whomever** likes us.

➡ 복합 관계대명사는 whoever와 whomever의 격을 구분하는 것이 주된 출제 포인트이다. 관계사 이후에 주어가 없으면 주격, 목적어가 없으면 목적격 관계대명사가 쓰여야 한다는 것에 유의하자.

#### ② 부사절

| | | |
|---|---|---|
| whoever | no matter who | 누가 ~하더라도 |
| whomever | no matter whom | 누구를 ~하더라도 |
| whichever | no matter which | 어느 쪽이[것을] ~하더라도 |
| whatever | no matter what | 무엇이[무엇을] ~하더라도 |
| whosever | no matter whose | 누구의 ~이든지 |

- **Whoever** may come, he won't be welcomed. (= No matter who)

  누가 오든지, 그는 환영받지 못할 것이다.

- **Whomever** you love, you must not believe him from the beginning.

  (= No matter whom)

  누구를 사랑하든, 당신은 그를 처음부터 믿어서는 안 된다.

- **Whichever** he selects, the cost is not important to me. (= No matter which)

  그가 어떤 것을 선택하더라도, 비용은 나에게 중요하지 않다.

- **Whatever** you may do, do it right now. (= No matter what)

  당신이 무엇을 할지라도, 지금 당장 해라.

- **Whosever** they are, I want one of them. (= No matter whose)

  그것들이 누구의 것일지라도, 나는 그것들 중 하나를 원한다.

**POINT CHECK**

15 복합 관계대명사 = 「□□□ □□ + -□□□□」

## (2) 복합 관계형용사

「whatever/whichever + 명사」 형태를 말한다.

| whosever + 명사 | …하는 누구의 ~라도 |
|---|---|
| whatever + 명사 | 어떤 ~라도 |
| whichever + 명사 | …하는 것은 어떤 ~라도 |

① 명사절

- **Whosever runner** comes in first wins the race.

  누구라도 처음 들어오는 주자가 경주에서 이긴다.

- You may read **whatever book** you like. (= any book that)

  당신이 좋아하는 어떤 책이라도 읽어도 좋다.

- Take **whichever book** you like. (= any of the books that)

  당신이 좋아하는 어떤 책이든 가져가라.

② 부사절

- **Whichever book** you may choose, I will give it to you for your birthday gift.

  네가 어떤 책을 고르더라도, 나는 너의 생일 선물로 그것을 너에게 줄 것이다.

- **Whatever language** you may learn, you should study hard.

  네가 어떤 언어를 배우더라도, 너는 열심히 공부해야 한다.

## 13 관계대명사절

### (1) 「주격 관계대명사 + 삽입」

$$\sim \text{주격 관계대명사} + \begin{cases} \text{주어 + think} \\ \text{주어 + imagine} \\ \text{주어 + guess} \\ \text{주어 + believe} \\ \text{주어 + be sure} \end{cases} + \text{동사}$$

- I know the girl who **I think** is honest.

  나는 내가 정직하다고 생각하는(내 생각에 정직한) 소녀를 알고 있다.

  ※ 주격 관계대명사 이후 「주어 + 동사 + 동사」 구조가 이어지면 「주어 + 동사」가 삽입된 경우이다.

### (2) 「목적격 관계대명사 + 삽입」

$$\sim \text{목적격 관계대명사} + \begin{cases} \text{주어 + think} \\ \text{주어 + imagine} \\ \text{주어 + guess} \\ \text{주어 + believe} \\ \text{주어 + be sure} \end{cases} + \text{주어 + 동사}$$

- I know the girl whom **I am sure** you are afraid of.

  나는 내가 확신하기에 네가 두려워하는(네가 두려워한다고 내가 확신하는) 소녀를 알고 있다.

  ※ 목적격 관계대명사 이후 「주어 + 동사 + 주어 + 동사」 구조가 이어지면 「주어 + 동사」가 삽입된 경우이다

관계부사는 접속사와 부사의 역할을 동시에 하며, 관계부사 다음에는 문장의 주요소가 반드시 갖추어진 완전한 절이 와야 한다. 관계부사는 「전치사 + 관계대명사」로 바꾸어 쓸 수 있다.

| 「전치사 + 명사」 ⇨ 부사 | 「전치사 + 관계대명사」 ⇨ 관계부사 |
| --- | --- |
| I live **with happiness**.<br>나는 행복하게 산다.<br>⇩<br>I live **happily**.<br>나는 행복하게 산다. | There is an old house **in which** I was born.<br>내가 태어난 옛집이 있다.<br>⇩<br>There is an old house **where** I was born.<br>내가 태어난 옛집이 있다. |

POINT CHECK

16 시간, 장소, 방법, 이유를 나타내는 선행사 뒤의 「전치사 + 관계대명사」는 □ □ □ □(으)로 바꾸어 쓸 수 있다.

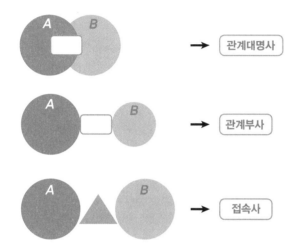

관계대명사 → 관계대명사

관계부사 → 관계부사

접속사 → 접속사

관계대명사는 선행사가 있고 뒤따라오는 문장이 불완전하며, 그에 비해 관계부사는 선행사는 있으나 뒤따라오는 문장이 완전하다는 차이점이 있다. 참고로 접속사가 이끄는 절은 완전하며 선행사라는 개념이 존재하지 않는다.

| 선행사 | 때 | 장소 | 이유 | 방법 |
| --- | --- | --- | --- | --- |
| 관계부사 | when<br>= at[on] which | where<br>= in which | why<br>= for which | how<br>= in which |

## (1) 관계부사 when

시간을 나타내는 선행사를 관계부사 when이 이끄는 관계부사절로 수식한다.

> Do you know **the time**? + The test is going to start **at that time**.
> 몇 시인지 아십니까?　　시험이 그 시간에 시작할 것입니다.

⇩

- Do you know **the time which[that]** the test is going to start **at**?　(전치사의 목적어로 쓰인 관계대명사)
- Do you know **the time at which** the test is going to start?　(전치사 + 관계대명사)
- Do you know **the time when** the test is going to start?　(관계부사 when)
- Do you know **the time that** the test is going to start?　(관계부사 that)
- Do you know **when** the test is going to start?　(선행사 the time 생략)

시험이 언제 시작하는지 아십니까?

## (2) 관계부사 where

장소를 나타내는 선행사를 관계부사 where이 이끄는 관계부사절로 수식한다.

> This is **the place**. + I worked **in it**.
> 이곳은 장소이다.     내가 그곳에서 일했다.
>
> ⇩
>
> - This is **the place which[that]** I worked in. (전치사의 목적어로 쓰인 관계대명사)
> - This is **the place in which** I worked.     (전치사 + 관계대명사)
> - This is **the place where** I worked.     (관계부사 where)
> - This is **the place that** I worked.     (관계부사 that)
> - This is **where** I worked.     (선행사 the place 생략)
>   이곳은 내가 일했던 곳이다.

- There are cases **where** honesty seems meaningless.

  정직함이 무의미하게 보이는 경우들이 있다.

  ※ 관계부사 where의 선행사는 주로 물리적 공간인 장소를 나타낸다. 단, 위의 경우처럼 추상적 공간이나 상황
  에 해당되는 선행사 the situation, the experiment, the case, the disorder 등도 where의 선행사로 쓰일
  수 있음에 유의하자.

## (3) 관계부사 why

> Tell me **the reason**. + Your son was absent **for that reason**.
> 이유를 말해 주십시오.  당신의 아들이 그 이유로 결석했습니다.
>
> ⇩
>
> - Tell me **the reason which[that]** your son was absent for. (전치사의 목적어로 쓰인 관계대명사)
> - Tell me **the reason for which** your son was absent.     (전치사 + 관계대명사)
> - Tell me **the reason why** your son was absent.     (관계부사 why)
> - Tell me **the reason that** your son was absent.     (관계부사 that)
> - Tell me **the reason** your son was absent.     (관계부사 why 생략)
> - Tell me **why** your son was absent.     (선행사 the reason 생략)
>   당신의 아들이 결석한 이유를 말해 주십시오.

- There is no **reason why** you should go.  당신이 가야 할 이유가 없다.

  ※ the reason과 why는 함께 쓸 수도 있고 둘 중 하나만 쓸 수도 있다.

## (4) 관계부사 how

> This is **the way**. + She solved the problem **in that way**.
> 이것이 방법이다.   그녀가 그 문제를 그 방법으로 해결했다.
>
> ⇩
>
> - This is **the way which** she solved the problem in. (전치사의 목적어로 쓰인 관계대명사)
> - This is **the way in which** she solved the problem. (전치사 + 관계대명사)
> - This is ~~the way how~~ she solved the problem. (×) (관계부사 how와 선행사 the way는 함께 쓸 수 없다.)
> - This is **the way** she solved the problem.     (관계부사 how 생략)
> - This is the way **that** she solved the problem.     (관계부사 that)
> - This is **how[that]** she solved the problem.     (선행사 the way 생략)
>   이것이 그녀가 그 문제를 해결한 방법이다.

## 15 관계부사의 용법

### (1) 관계부사의 계속적[서술적] 용법

관계대명사의 계속적 용법과 마찬가지로, 앞에서부터 순서대로 해석한다.

① when과 where만 계속적[서술적] 용법이 가능하다.

- He was about to reply, **when** she cut in.

  그가 답하려 했을 때, 그녀가 그의 말을 잘랐다.

- My parents took me to the museum, **where** we enjoyed ourselves.

  부모님께서 나를 박물관으로 데려가셨고, 거기에서 우리들은 즐거웠다.

② 계속적[서술적] 용법의 관계부사 앞에는 콤마(,)가 있다.

- ~, when = ~, and then(그리고 그때)
- ~, where = ~, and there(그리고 그곳에서)

- Wait till nine, **when** he will be back.

  9시까지 기다려라, 그때쯤이면 그는 돌아올 것이다.

  → Wait till nine, **and then** he will be back.

- I went to his place, **where** I stayed for all day.

  나는 그의 집에 갔고, 거기서 나는 하루 종일 머물렀다.

  → I went to his place, **and there** I stayed for all day.

### (2) 주의해야 할 관계부사 용법

관계부사의 선행사가 the time, the day, the place, the reason 등과 같이 일반적인 선행사인 경우에는 생략할 수 있다. 이때 선행사 없이 단독으로 쓰인 관계부사는 부사절이나 명사절을 이끌게 된다. 선행사 없는 관계부사가 명사절을 이끌 때는 '~하는 때(when)', '~하는 장소(where)', '~하는 이유(why)', '~하는 방법(how)'과 같이 명사절로 해석하는 것이 좋다.

- Sunday is (the day) **when** I get up late. (명사절로 is의 보어)

  일요일은 내가 늦게 일어나는 날이다.

- I know (the place) **where** he lived. (명사절로 know의 목적어)

  나는 그가 살았던 곳을 안다.

- Noon is (the time) **when** I'm not so busy. (명사절로 is의 보어)

  정오는 내가 그렇게 바쁘지 않은 때이다.

- I can't tell (the reason) **why** they have gone abroad. (명사절로 tell의 목적어)

  나는 왜 그들이 해외에 가 버렸는지 모른다.

- That is **how** he solved the problem. (명사절로 is의 보어)

  그것은 그가 문제를 풀었던 방식이다.

- I told her **how** I had opened it. (명사절로 told의 직접목적어)

  나는 그것을 어떻게 열었었는지 그녀에게 말했다.

POINT CHECK

17 관계부사 중 계속적 용법이 가능한 것은 □□□□, □□□ □□뿐이다.

18 관계부사의 일반적인 선행사는 □□할 수 있다.

| 정답 | 17 when, where
　　　　18 생략

## 16 복합 관계부사

whenever, wherever, however는 그 자체가 선행사를 포함하여, 양보를 나타내는 부사절을 이끈다.

### (1) 복합 관계부사 whenever

'~할 때면 언제나'라는 의미이다.

- I will see him **whenever** he visits us.

  나는 그가 우리를 방문할 때면 언제나 그를 볼 것이다.

### (2) 복합 관계부사 wherever

'~하는 곳은 어디에나'라는 의미이다.

- You may stay **wherever** you like to stay.

  당신은 당신이 머물고 싶은 곳이면 어디든 머물 수 있다.

### (3) 복합 관계부사 however

'아무리 ~해도'라는 의미이다.

- **However** stupid he is, he will not make such a mistake again.

  그가 아무리 멍청할지라도, 그는 다시는 그런 실수를 하지 않을 것이다.

  → **No matter how** stupid he is, he will not make such a mistake again.

- ◎ **However**(= No matter how) **hard** you may try, you can't finish it in a day.

  네가 아무리 열심히 노력해도, 그것을 하루에 끝낼 수는 없다.

- ✕ **However**(= No matter how) you may try **hard**, you can't finish it in a day.

  ➡ However가 수식하는 형용사나 부사는 However 바로 뒤에 위치해야 한다.

- ◎ **However difficult** the problem is, you shouldn't give it up.

  그 문제가 아무리 어렵더라도, 너는 그것을 포기해서는 안 된다.

- ✕ **However difficultly** the problem is, you shouldn't give it up.

  ➡ however가 '아무리 ~일지라도'라는 의미의 복합관계부사로 쓰일 경우, 형용사나 부사가 뒤따라 나온다. 명사는 however 뒤에 올 수 없다. 형용사가 올지 부사가 올지는 문장 구조나 문맥을 통해 확인해야 한다.

## 17 관계대명사와 관계부사의 차이

관계대명사 뒤의 절은 불완전한 반면, 관계부사 뒤의 절은 완전하다.

· This is the city **which** I like best. (like의 목적어가 없음)

　이곳은 내가 가장 좋아하는 도시이다.

· This is the city **where** I was born. (수동태 문장으로 완전한 문장 구조임)

　이곳은 내가 태어난 도시이다.

### 헷갈리지 말자  관계대명사 vs. 관계부사

· I remember the time **which** we fell in love at. (관계대명사)
　나는 우리가 사랑에 빠졌던 그 시간을 기억한다.

· I remember the time **when** we fell in love. (관계부사)
　나는 우리가 사랑에 빠졌던 때를 기억한다.

➡ 관계대명사와 관계부사의 차이점은 선행사가 아니라, 뒤따라오는 절의 구조이다. 전치사 at으로 끝나는 절이 불완전한 것이다.

POINT CHECK

19 「관계대명사 + 불완전한 절」
vs. 「관계부사+□□□ □」

# 02 관계사

[01~05] 다음 중 어법상 옳은 것을 고르시오.

**01** He forgot the place [ when / where ] he had met Jane.

**02** John met the student [ whom / whose ] I taught English.

**03** Jane remembers the result [ which / of which ] the research showed.

**04** They knew the time [ when / which ] the dog reacted to the stimulus.

**05** The geologist found the place [ which / where ] the earthquake had started.

## 정답&해설

**01**  **where**

| 해석 | 그는 Jane을 만났던 장소를 잊어버렸다.

| 해설 | 선행사가 장소를 나타내는 명사 'the place'이고 관계사 뒤의 절이 완전한 3형식 구조이므로 관계부사 'where'을 사용하는 것이 옳다.

**02**  **whom**

| 해석 | John은 내가 영어를 가르쳐 줬던 그 학생을 만났다.

| 해설 | 관계대명사 뒤에 따라오는 절이 완전한 3형식 구조를 취하고 있는 것처럼 보이지만 선행사 'the student'는 taught의 간접목적어에 해당하므로 목적격 관계대명사 'whom'을 사용하는 것이 옳다. 또한 'whose' 뒤에는 대명사는 올 수 없고 명사가 와야 한다.

**03**  **which**

| 해석 | Jane은 그 연구가 보여 줬던 결과를 기억한다.

| 해설 | 관계대명사 뒤에 따라오는 절에서 동사 'showed'의 목적어가 없으므로 목적격 관계대명사 'which'를 사용하는 것이 옳다.

**04**  **when**

| 해석 | 그들은 그 개가 자극에 반응했던 시간을 알았다.

| 해설 | 선행사가 시간을 나타내는 명사 'the time'이고 뒤따라오는 절이 2형식 구조로 완전하므로 관계부사 'when'을 사용하는 것이 옳다.

**05**  **where**

| 해석 | 그 지질학자는 지진이 시작된 장소를 발견했다.

| 해설 | 선행사가 장소를 나타내는 'the place'이고 뒤따라오는 절이 2형식 구조로 완전하므로 관계부사 'where'을 사용하는 것이 옳다.

# 02 관계사

**교수님 코멘트▶** 관계사는 문장의 절과 절을 연결하는 접속사의 기능을 포함하고 있어서, 접속사와의 구분이 중요하다. 따라서 관계사만을 묻는 문제가 아니라 접속사와 비교 분석하는 문제들을 제시하였으니, 이를 통해 정확히 관계사를 파악하는 것이 좋겠다.

## 01

**밑줄 친 부분 중 어법상 옳지 <u>않은</u> 것은?**

Urban agriculture (UA) has long been dismissed as a fringe activity that has no place in cities; however, its potential is beginning to ① be realized. In fact, UA is about food self-reliance: it involves ② creating work and is a reaction to food insecurity, particularly for the poor. Contrary to ③ which many believe, UA is found in every city, where it is sometimes hidden, sometimes obvious. If one looks carefully, few spaces in a major city are unused. Valuable vacant land rarely sits idle and is often taken over — either formally, or informally — and made ④ productive.

### 01 관계대명사 what

③ 밑줄 친 'which' 이후의 'many believe'에서 'many'는 주어의 역할을 하는 대명사로 사용되었고, 타동사인 'believe'의 목적어가 없으므로 many believe는 불완전한 구조이다. 또한 관계대명사 which 앞에는 선행사의 역할을 하는 명사도 없다. 따라서 전치사구 'Contrary to'의 목적어 역할을 할 수 있는 명사절을 이끌면서 선행사를 포함하는 관계대명사가 필요하다. 따라서 밑줄 친 'which'는 'what'으로 수정해야 한다.

| 오답해설 | ① 주어 'its potential'과 'realize'는 의미상 수동의 관계이므로 수동태가 온 것은 적절하다.
② 'involve'는 동명사를 목적어로 취하는 완전타동사이므로 동명사 'creating'의 쓰임은 적절하다.
④ 'made' 앞에 'is'가 생략된 수동태 문장이다. 불완전타동사 make가 수동태로 전환될 때, 목적격 보어로 쓰인 형용사는 그대로 동사 뒤에 위치하므로, 형용사 형태인 'productive'는 적절하다.

| 해석 | 도시 농업(UA)은 오랫동안 도시에서 설 곳이 없는 비주류 활동으로 치부되어 왔다. 그러나 그것의 잠재력이 인식되기 시작하고 있다. 사실 UA는 식량 자립에 관한 것이다. 그것은 일자리 창출을 수반하며, 특히 빈곤한 사람들에게 있어서는 식량 불안정에 대한 대응이다. 많은 사람들이 믿는 것과 대조적으로, UA는 모든 도시에서 발견되는데, 그곳에서 그것은 때때로 숨겨져 있거나, 때로는 명백하다. 주의 깊게 살펴보면, 주요 도시에서 사용되지 않는 공간은 거의 없다. 귀중한 공지는 좀처럼 놓고 있지 않으며, 공식적으로든 비공식적으로든 종종 점유되어 있어서 생산적이게 된다.

## 02

**우리말을 영어로 잘못 옮긴 것은?**

① 보증이 만료되어서 수리는 무료가 아니었다.
→ Since the warranty had expired, the repairs were not free of charge.
② 설문지를 완성하는 누구에게나 선물카드가 주어질 예정이다.
→ A gift card will be given to whomever completes the questionnaire.
③ 지난달 내가 휴가를 요청했더라면 지금 하와이에 있을 텐데.
→ If I had asked for a vacation last month, I would be in Hawaii now.
④ 그의 아버지가 갑자기 작년에 돌아가셨고, 설상가상으로 그의 어머니도 병에 걸리셨다.
→ His father suddenly passed away last year, and, what was worse, his mother became sick.

### 02 복합 관계대명사

② 복합 관계대명사는 「관계대명사 + -ever」의 형태로, 명사절을 이끌어 전치사의 목적어로 쓰일 수 있다. 특히 사람을 나타내는 관계대명사 'who'의 경우 해당 절에서 관계대명사가 하는 역할에 따라, whoever(주격), whosever(소유격), whomever(목적격)로 그 형태가 달라진다. 주어진 문장에서는 복합 관계대명사절 내에 주어가 존재하지 않으므로, 복합 관계대명사는 주격으로 쓰여야 한다. 따라서 목적격 'whomever'가 주격인 'whoever'가 되어야 어법상 알맞은 문장이 된다.

| 오답해설 | ① 'expire(만료되다)'는 완전자동사로서 수동태로 사용될 수 없으므로, 'the warranty had expired'는 올바르게 사용되었다. 또한 과거의 한 시점보다 더 이전에 발생한 사건에 대해 말할 때는 대과거(과거완료, 「had p.p.」)를 사용한다. '보증이 만료된 것'이 '수리를 한' 시점보다 더 이전에 발생한 일이므로 대과거로 표현한 것은 어법상 적절하다.
③ '휴가를 요청하지 않은 것'은 'last month(지난 달)'인 과거의 일이며, '하와이에 있지 않은 것'은 'now(지금)'인 현재의 일이다. 서로 다른 시점의 반대 상황을 가정하여 말하는 것을 혼합가정법이라고 한다. 해당 문장에서는 과거의 일이 현재에 영향을 미치고 있으므로, 혼합가정법 「If + 주어 + had p.p. ~(가정법 과거완료), 주어 + would + 동사원형 …(가정법 과거),을 이용해 옳게 영작되었다.
④ 'what is worse'는 '설상가상으로, 엎친 데 덮친 격으로'라는 의미의 관용 표현이며, 전체적으로 과거시제를 사용하고 있으므로, 시제 일치를 위해 'what was worse'로 쓰인 것이다.

| 정답 | 01 ③ 02 ②

행운이란
100%의 노력 뒤에 남는 것이다.

– 랭스턴 콜먼(Langston Coleman)

# VI

# Balancing

# 01 강조와 도치

---

POINT CHECK

## VISUAL G

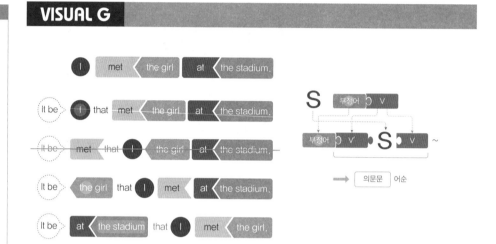

01 「It ~ that」 강조 용법은 부사
(구)를 강조하는 경우를 제외
하고 뒤따라오는 절이 ☐☐☐
하다.

### 01 「It ~ that」 강조

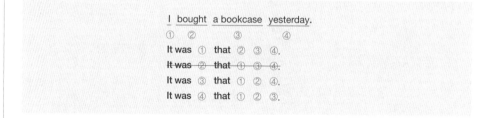

I bought a bookcase yesterday.
①      ②         ③          ④
It was ① that ② ③ ④.
It was ② that ① ③ ④.
It was ③ that ① ② ④.
It was ④ that ① ② ③.

### (1) 평서문에서의 문장 요소 강조

· I met Beckham at the park this morning.

나는 오늘 아침 공원에서 Beckham을 만났다.

① 주어 I를 강조하는 경우

· **It was I that** met Beckham at the park this morning.

오늘 아침 공원에서 Beckham을 만난 사람은 바로 나였다.

| 정답 |   01 불완전

② 목적어 Beckham을 강조하는 경우

- **It was Beckham that** I met at the park this morning.

  오늘 아침 내가 공원에서 만난 사람은 바로 Beckham이었다.

③ 장소의 부사구 at the park를 강조하는 경우

- **It was at the park that** I met Beckham this morning.

  오늘 아침 내가 Beckham을 만난 곳은 바로 공원에서였다.

④ 시간의 부사구 this morning을 강조하는 경우

- **It was this morning that** I met Beckham at the park.

  내가 공원에서 Beckham을 만난 것은 바로 오늘 아침이었다.

---

**헷갈리지 말자**　「It ~ that」 강조 vs. 「It ~ that」 가주어 · 진주어

Do's
- **It was** yesterday **that** I bought the book. (「It ~ that」 강조)
  내가 책을 산 것은 바로 어제였다.

Do's
- **It was** true **that** I bought the book yesterday. (「It ~ that」 가주어 · 진주어)
  내가 어제 책을 샀다는 것은 사실이었다.

➡️ 「It ~ that」 강조 용법은 it과 that 사이에 있는 문장 요소를 강조하며, It is[was]와 that을 생략해도 문장의 요소들이 완전한 문장을 이룬다. 반면에 「It ~ that」 가주어 · 진주어 구문은 그 부분을 생략하면 문장이 성립하지 않는다.

---

## 02　재귀대명사의 강조

재귀대명사가 '직접, 스스로'라는 의미로 주어나 목적어를 강조할 때, 이를 재귀대명사의 강조 용법이라고 한다. 이러한 재귀대명사는 문장 형식에는 영향을 미치지 않아 생략 가능하다. 재귀대명사의 강조 용법에서 재귀대명사는 강조를 하는 주어나 목적어 바로 뒤나 문장 맨 뒤에 위치한다.

**02** 재귀대명사의 강조적 용법은 □□ 가능하다.

**(1) 주어 강조**

- I **myself** made it.

  내 자신이 직접 그것을 만들었다.

  = I made it **myself**.

- She wrote the card **herself**.

  그녀 자신이 그 카드를 썼다.

**(2) 목적어 강조**

- I want to see Johansson **herself**.

  나는 Johansson 본인을 보고 싶다.

- I spoke to the boss **himself**.

  나는 상사 본인에게 직접 말했다.

 I love myself and my family loves **me**.　나는 나 자신을 사랑하고 우리 가족은 나를 사랑한다.

 I love myself and my family loves **myself**.

➡️ loves의 주체는 I가 아니라 my family이므로 여기서는 재귀대명사를 쓸 수 없다.

| 정답 |　**02** 생략

◎ She allows him to kiss **her**.

그녀는 그가 그녀에게 키스하도록 허락한다.

☒ She allows him to kiss **herself**.

➡ 문장의 주어는 She이지만, kiss를 하는 의미상의 주어가 him이기 때문에 재귀대명사 대신 her를 사용해야 한다. 재귀대명사는 주어가 아닌 의미상 주어에 따라 쓴다는 것에 유의하자.

## 03 강조의 do

**동사 앞에서 동사를 강조하는 do[does/did]**

「do[does/did] + 동사원형」 형태로 시제와 인칭을 반영하여 동사를 강조한다. '정말로, 진짜로'의 의미를 나타낸다.

· I **do** think you are right.

나는 정말로 당신이 옳다고 생각한다.

· I don't know what he did, but it **does** work.

그가 무엇을 했는지는 모르지만 그것이 정말로 먹힌다.

· Who **did** break the vase?

누가 그 꽃병을 진짜로 깨뜨렸습니까?

## 04 수사의문문

자신의 생각을 강하게 표현하기 위해서 의문문 형식으로 표현하는 방식을 '수사의문문'이라고 한다.

· Who does not know him? (수사의문문) 누가 그를 모르는가?

→ Everybody knows him. (평서문) 모든 사람이 그를 안다.

· Can anyone doubt your good action? (수사의문문)

어느 누가 당신의 선행을 의심할 수 있겠는가?

→ Surely no one can doubt your good action. (평서문)

확실히 어느 누구도 당신의 선행을 의심할 수 없다.

· Who is there but makes errors?

누가 실수를 하지 않는가?

→ There is nobody **but** makes errors.

실수를 하지 않는 사람은 없다.

※ 유사 관계대명사 but에는 이미 부정의 의미가 포함되어 있으므로, 이중 부정과 해석에 유의한다.

→ **Who** is there **that** does not make errors? (형용사절)

실수를 하지 않는 이가 누가 있는가?

→ There is nobody **that** does not make errors. (형용사절)

실수를 하지 않는 사람은 없다.

→ Everybody makes errors.

모든 사람은 실수를 한다.

03 □□□□□은 생각을 강조하기 위해서 쓰인다.

04 삽입된 구 또는 절은 문장의 □□ □□이(가) 아니다.

| 정답 | 03 수사의문문
　　　　04 필수 성분

## 05 문장의 도치

### (1) 도치의 종류

① 의문문

- What **is he** doing now?  그는 지금 무엇을 하고 있습니까?

② 기원문

- **May you** find yourself!  자신을 찾으시길!

③ 「There[Here] is ～」 구문

- There **is a tree house** on the hill.  언덕 위에 나무집이 있다.

④ 감탄문

- 「How + 형용사/부사 + 주어 + 동사」
- 「What + (a[an]) + 형용사 + 명사 + 주어 + 동사」

- **How** beautiful the song is!  노래가 얼마나 아름다운지!
- **How** foolish you are!  당신은 너무 어리석어요!
- **What** a fast runner he is!  그는 얼마나 빠른 주자인지!

⑤ 가정법: if 가정법 구문에서 if가 생략되면 '의문문' 어순으로 도치가 일어난다.

- If I had known the fact, I would have told it to you.

  내가 그 사실을 알았더라면 나는 너에게 얘기했을 텐데.

  → **Had I known** the fact, I would have told it to you.

⑥ as 양보 구문

$$\left.\begin{array}{l}\text{형용사}\\\text{부사}\\\text{「무관사 + 명사」}\end{array}\right\} + as[though] + \text{주어} + \text{동사} \sim, \text{주어} + \text{동사} \cdots$$

- **Heroine as** she was, she was killed at last.

  그녀는 영웅이었음에도, 결국 죽임을 당했다.

  ※ 강조된 명사는 무관사로 사용될 수 있다.

- **Young as** he is, he is very courageous.

  그는 어릴지라도, 매우 용감하다.

- **Try as** she may, she cannot finish it within a day.

  그녀가 아무리 노력할지라도, 하루만에 그것을 끝낼 수 없다.

  ※ 드물게 동사원형이 양보의 as 앞으로 도치되는 경우도 있으니 유의하자.

⑦ 목적어가 문두에 올 때

- **That mountain** I am going to climb.

  저 산을 내가 오를 것이다.

- **Who(m)** do you want to go out with?

  누구와 데이트하고 싶습니까?

  ※ 의문사가 문장의 맨 앞으로 가면 보통 목적격보다 주격을 사용한다.

05 도치란 특정 문구를 강조하기 위해서 또는 수사적인 이유로 특정 요소를 문두에 둘 때 「주어 + 동사」의 어순이 「□ □ + □□」의 어순 즉, 의문문 어순으로 바뀌는 것을 말한다.

06 문장에서 as 앞에 형용사나 부사 또는 명사가 나오는 경우, '～□□□□'(이)라고 해석한다.

07 목적어가 문두로 이동할 경우, 이어지는 문장은 □□□ 어순이다. 단, 목적어에 부정어구가 포함되어 있거나 의문문이면 □□□ 어순이다.

| 정답 |  05 동사, 주어
06 일지라도
07 평서문, 의문문

- **Not a word** did I say for a week.

  나는 일주일 동안 한마디도 하지 않았다.

  ※ 부정어구가 포함된 목적어가 문두로 오면 「조동사 + 주어 + 동사」, 즉 의문문 어순으로 도치된다.

⑧ 보어가 문두에 올 때

　　㉠ 전명구가 보어인 경우

- To be faithful to one's duty is **of great importance**. 의무에 충실한 것은 아주 중요하다.

  → **Of great importance** is to be faithful to one's duty.

  ※ 전명구가 문장의 보어인 경우로 맨 앞으로 도치되어 강조되고 있다.

　　㉡ 과거분사가 보어인 경우

- **Blessed** are the rich in heart.

  마음이 풍요로운 자는 복이 있나니.

　　㉢ 형용사가 보어인 경우

- **Happy** is the man who is contented with his present life.

  자신의 현재 삶에 만족하는 자는 행복하다.

- **As diligent as the girl** is her mother.

  그녀의 엄마도 그 소녀만큼 부지런하다.

⑨ 부정부사 not, never, no, little 등을 문두로 도치

- She did **not** know the fact until this morning.

  그녀는 오늘 아침이 될 때까지 그 사실을 몰랐다. (오늘 아침이 되어서야 그 사실을 알았다.)

  → **Not until** this morning **did she know** the fact.

- She was **not only** sad but she was depressed.

  그녀는 슬플 뿐만 아니라 우울했다.

  → **Not only was she** sad but she was depressed.

- I have **never** dreamed of that.

  나는 꿈에도 그런 생각을 해 본 적이 없다.

  → **Never have I dreamed** of that.

- He **little expected** that a letter would come from the school.

  그는 그 학교로부터 편지가 오리라고는 거의 기대하지 않았다.

  → **Little did he expect** that a letter would come from the school.

- He **had scarcely[hardly] entered** the room when[before] he fell down.

  그는 방에 들어서자마자 쓰러졌다.

  → **Scarcely[Hardly] had he entered** the room when[before] he fell down.

⑩ 정도 강조의 부사어구 도치

- Her ability is **so** great that she surprises everyone.

  그녀의 능력은 너무 대단해서 그녀는 모든 사람들을 놀라게 한다.

  → **So great is her ability** that she surprises everyone.

- I remember those unhappy days **well**.

  나는 그 불행했던 나날을 잘 기억한다.

  → **Well do I remember** those unhappy days.

⑪ 장소 및 방향의 부사어구 도치

up, down, in, out, away, behind, along, among 등으로 시작하는 부사어구는 도치될
수 있다.

- The new policy by the government was **among the news**.

  뉴스 중에 정부의 새로운 정책이 있었다.

  → **Among the news was the new policy** by the government.

- A tall tree stands **on the hill**. 언덕에 키가 큰 나무가 서 있다.

  → **On the hill stands a tall tree**.

◎ **On the top of the hill they are** standing. 언덕 꼭대기에 그들이 서 있다.

☒ **On the top of the hill are they** standing.

➡ 장소의 부사어구가 문두로 이동하더라도, 대명사 주어와 동사는 도치되지 않는다.

⑫ 비교급 관련 구문 도치

선택적 도치이나, 주어가 대명사인 경우 도치가 불가능하다.

㉠ 주어가 대명사인 경우: 도치 불가

- He is as handsome **as she is**. 그는 그녀만큼이나 멋있다.

  ※ handsome은 남녀 모두에게 쓸 수 있는 표현이다.

- He is more handsome **than she is**. 그가 그녀보다 더 멋있다.

- The older people grow, **the wiser they get**. 사람은 나이가 들어갈수록, 더욱 현명해진다.

㉡ 주어가 명사인 경우: 도치 가능

- He is as handsome **as Jay is**. 그는 Jay만큼이나 잘생겼다.

  → He is as handsome **as is Jay**.

- He is more handsome **than Jay is**. 그는 Jay보다 더 잘생겼다.

  → He is more handsome **than is Jay**.

- The smaller a computer is, **the higher the price is**.

  컴퓨터는 작으면 작을수록, 가격이 더 비싸다.

  → The smaller a computer is, **the higher is the price**.

⑬ 양태접속사 as 이후 도치

선택적 도치이나, 주어가 대명사인 경우 도치가 불가능하다.

㉠ 주어가 대명사인 경우: 도치 불가

- The measure saved his life, **as it did** mine.

  그 조치가 그의 목숨을 구했듯, 내 목숨도 구했다.

㉡ 주어가 명사인 경우: 도치 가능

- He shows immediate interest, **as other people do**.

  그가 즉각적인 관심을 보이듯이, 다른 사람도 그러하다.

  → He shows immediate interest, **as do other people**.

⑭ 「only + 부사구」의 도치

- I could recognize her family **only then**. 나는 그제야 그녀의 가족을 인지할 수 있었다.

  → **Only then could I recognize** her family.

• I ran to him **only when** he called my name.

그가 내 이름을 불렀을 때에서야, 나는 그에게 달려갔다.

→ **Only when** he called my name **did I run** to him.

⑮ 자동사 다음에 오는 부사(구)는 문두로 도치될 수 있다. 이때 주어가 대명사인 경우 「주어＋동사」의 도치는 일어나지 않는다.

> • 주어가 대명사 → 「부사＋주어＋동사」(도치 ×)
> • 주어가 명사 ┌ 「부사＋동사＋주어」(도치 ○)
>            └ 「부사＋주어＋동사」(도치 ×)

• She fell down. 그녀는 넘어졌다.

→ ⓞ **Down she fell.**

→ ⊠ **Down** fell she.

• The old man fell down. 그 노인은 넘어졌다.

→ ⓞ **Down the old man fell.**

→ ⓞ **Down fell the old man.**

## 06 문장 요소의 생략

### (1) 부정사에서의 생략

① 주절의 주어와 종속절의 주어가 일치하고 주절의 동사와 to부정사의 동사가 일치하면 to부정사 뒤의 동사를 생략할 수 있다.

• He may go if he wants **to (go)**. 만약 원한다면 그는 가도 된다.

② 부정사의 의미상 주어와 주절의 주어가 같으면 의미상 주어는 생략한다.

• **To get well**, she needs an operation. 낫기 위해서, 그녀는 수술이 필요하다.

### (2) 접속사절에서의 생략

① 부사절(시간, 조건, 양보)의 주어와 주절의 주어가 같고, 부사절의 동사가 be동사일 때 부사절에서 「주어＋be동사」는 함께 생략할 수 있다.

• When (**I was**) a boy, I lived in New York. 소년이었을 때, 나는 뉴욕에 살았다.

• While (**he was**) napping, he had a nightmare. 낮잠을 자는 동안, 그는 악몽을 꾸었다.

② 주절과 종속절의 동사가 같고 종속절의 동사가 「조동사＋동사」 형태이면 조동사 뒤의 동사는 생략할 수 있다.

• I gave her all the money that I **could (give)**. 나는 줄 수 있는 모든 돈을 그녀에게 주었다.

### (3) 비교 구문에서의 생략: 비교 대상이 명확하게 문맥에서 파악될 때 「주어＋동사」 또는 주격 보어(형용사)는 생략이 가능하다.

• I like you better than (**I like**) her. 나는 그녀보다 너를 더 좋아한다.

• He worked harder than (**he had worked**) before. 그는 전보다 더 열심히 일했다.

• You are not so busy as he is (**busy**). 당신은 그만큼 바쁘지 않다.

# 01 강조와 도치

[01~05] 다음 중 어법상 옳은 것을 고르시오.

01 Important [ is to give a pleasing impression / to give a pleasing impression is ].

02 It was when you were a baby [ which / that ] I bought my house.

03 Scarcely [ had William / William had ] wept when she consoled him.

04 So pretty [ was she / she was ] that everyone in the classroom saw her.

05 Not only [ Jack did / did Jack ] buy a book but he bought a notebook.

## 정답&해설

### 01 is to give a pleasing impression
| 해석 | 좋은 인상을 주는 것은 중요하다.
| 해설 | 보어가 문두에 올 경우, 뒤따라오는 절은 「동사 + 주어」의 어순으로 도치된다.

### 02 that
| 해석 | 내가 집을 샀던 것은 바로 네가 아기였을 때였다.
| 해설 | 「it ~ that」 강조 구문으로서 부사절 'when you were a baby'를 강조하고 있으며 뒤따라오는 절은 완전하므로 'that'을 사용한다.

### 03 had William
| 해석 | William이 눈물을 흘리자마자, 그녀는 그를 위로했다.
| 해설 | 부정부사가 문두에 올 경우, 뒤따라오는 절은 의문문 어순으로 도치된다.

### 04 was she
| 해석 | 그녀는 너무 예뻐서 교실에 있는 모두가 그녀를 보았다.
| 해설 | 「so + 형용사」가 문두에 올 경우, 뒤따라오는 절은 의문문의 어순을 가진다.

### 05 did Jack
| 해석 | Jack은 책을 샀을 뿐만 아니라 공책도 샀다.
| 해설 | 부정부사가 문두에 올 경우, 뒤따라오는 절은 의문문 어순으로 도치된다.

# 01 강조와 도치

**교수님 코멘트▶** 강조와 도치는 일반적인 문장의 어순인 주어와 동사의 순서가 아니라 특수한 도치 상황을 다루는 영역이다. 따라서 수일치와 문장의 어순과 관련한 문제들을 수록하였다. 다양한 문제를 통해서 수험생들은 강조와 도치 개념에 대한 문제 접근법을 숙지할 수 있다.

## 01

우리말을 영어로 가장 잘 옮긴 것을 고르시오.

① 나는 너의 답장을 가능한 한 빨리 받기를 고대한다.
  → I look forward to receive your reply as soon as possible.
② 그는 내가 일을 열심히 했기 때문에 월급을 올려 주겠다고 말했다.
  → He said he would rise my salary because I worked hard.
③ 그의 스마트 도시 계획은 고려할 만했다.
  → His plan for the smart city was worth considered.
④ Cindy는 피아노 치는 것을 매우 좋아했고 그녀의 아들도 그랬다.
  → Cindy loved playing the piano, and so did her son.

---

**01 「So + 동사 + 주어」**

④ 'so'가 '~도 그러하다[마찬가지이다]'라는 뜻으로 사용될 때는 주어와 동사가 의문문 어순으로 도치되어야 한다. 여기에서 동사는 주절 동사의 시제에 일치시켜야 한다. 해당 문장에서는 주절의 동사 'loved'가 과거형이므로 과거형 대동사 'did'를 쓴 것은 옳다.

│오답해설│ ① 'look forward to'는 '~을 고대하다'라는 뜻으로, 여기서 'to'는 전치사이므로 목적어로 명사나 동명사가 와야 한다. 따라서 동사원형 'receive'는 동명사 'receiving'이 되어야 한다.

② 'rise'는 완전자동사로 목적어를 취할 수 없으므로, 완전타동사인 'raise'로 고쳐야 옳다.

③ 「be worth -ing」는 '~할 가치가 있다'라는 관용 표현으로 'worth' 뒤에는 동명사가 와야 한다. 따라서 'considered'는 'considering'으로 고쳐져야 한다.

## 02

밑줄 친 부분 중 어법상 옳지 <u>않은</u> 것은?

Elizabeth Taylor had an eye for beautiful jewels and over the years amassed some amazing pieces, once ① declaring "a girl can always have more diamonds." In 2011, her finest jewels were sold by Christie's at an evening auction ② that brought in $115.9 million. Among her most prized possessions sold during the evening sale ③ were a 1961 bejeweled timepiece by Bulgari. Designed as a serpent to coil around the wrist, with its head and tail ④ covered with diamonds and having two hypnotic emerald eyes, a discreet mechanism opens its fierce jaws to reveal a tiny quartz watch.

---

**02 도치 구문의 수 일치**

③ 해당 문장은 부사구 'Among her ~ the evening sale'이 도치된 문장이고 주어는 'her most prized possessions'가 아니라 'a 1961 bejeweled timepiece'이므로 주어-동사 수 일치 원칙에 따라 'were'는 'was'가 되어야 한다.

│오답해설│ ① 해당 문장에서 'a girl can always have more diamonds.'라고 말한 것은 Elizabeth Taylor 자신이므로, 능동의 의미를 가진 'declaring'이 오는 것은 어법상 알맞다.

② 밑줄 친 'that'은 'an evening auction'을 선행사로 취하는 주격 관계대명사이다. 관계대명사 'that'은 사물과 사람 모두 수식할 수 있으므로 밑줄 친 'that'은 옳게 사용되었다.

④ 「with + 목적어 + p.p.」 형태의 with 분사구문으로, 'its head and tail'이 'diamonds'로 '뒤덮여 있는' 수동의 의미가 되어야 하므로 밑줄 친 'covered'는 어법상 알맞다.

│해석│ Elizabeth Taylor는 아름다운 보석을 보는 안목이 있었고 수년 동안 몇몇 놀라운 보석들을 모았으며, 한 번은 "여자는 항상 더 많은 다이아몬드를 가질 수 있죠."라고 단언했다. 2011년, 그녀의 최고급 보석들이 1억 1천 590만 달러의 수익을 낸 Christie's 주최 저녁 경매에서 판매되었다. 그 저녁 경매에서 팔린 그녀의 가장 소중한 소유물 중 하나는 Bulgari의 1961년작 보석 시계였다. 다이아몬드로 뒤덮인 머리와 꼬리, 그리고 최면을 거는 듯한 두 개의 에메랄드 눈을 가진 뱀이 손목 주위를 휘감도록 디자인된 작은 기계 장치가 작은 수정 시계를 드러내 보이기 위해 무시무시한 턱을 벌린다.

│정답│ 01 ④  02 ③

# 02 일치

## VISUAL G

주어 → 1. 전명구 2. to부정사 3. 분사구 4. 관계사절 5. 동격 that → 동사

### POINT CHECK

### 01 주어와 동사의 수 일치

> **교수님 한마디** 일치의 경우 크게 수 일치와 시제 일치로 나뉘는데, 가장 먼저 수 일치의 경우를 다룰 예정이다. 일치는 문장 내의 균형을 찾아가는 과정으로, 수 일치에서는 특히 주어와 동사의 단수, 복수 형태에 유의하자.

**(1) 기본 원칙**

① 단수 주어 → 단수동사

· **Every** boy and girl in this class **is** good at math.

　이 학급에 있는 모든 남자아이와 여자아이는 수학을 잘한다.

· **Each** man and woman **has** a car.

　각각의 남성과 여성은 차를 가지고 있다.

· **All** you need **is** love.

　네게 필요한 모든 것은 사랑이다.

② 복수 주어 → 복수동사

· **You and I are** good friends.

　당신과 나는 좋은 친구이다.

· **Both his brother and sister are** married.

　그의 남동생과 여동생은 둘 다 결혼했다.

· **All were** silent.

　모두 조용했다.

01 반드시 주어와 동사를 ☐ ☐☐
　시킨다.

02 every, each는 ☐☐ 취급한다.

03 all은 사물을 나타낼 때는 ☐☐,
　사람을 나타낼 때는 ☐☐ 취급
　한다.

04 주어가 「A and B」인 경우 ☐☐
　취급한다.

| 정답 | 01 수 일치　02 단수
　　　　03 단수, 복수　04 복수

**(2) 수식어(형용사구/형용사절)가 있는 긴 주어는 맨 앞의 명사 주어에 일치시킨다.**

① 전치사구

  · **One** of the most important things in playing baseball **is** concentration.

  야구를 할 때 가장 중요한 것 중 하나는 집중이다.

② 현재분사(구)/과거분사(구)

  · **Citizens** opposed to the government policy **were** demonstrating in front of the City Hall.

  정부 정책에 반대하는 시민들은 시청 앞에서 시위 중이었다.

③ to부정사

  · **A lady** to clean my house **is** coming.  우리 집을 청소해 줄 여자가 오고 있다.

④ 관계사절

  · **Most people** who live in a big city **are** concerned about the yellow dust.

  대도시에 사는 대부분의 사람들은 황사에 대해 걱정한다.

⑤ 동격절

  · **The proposal** that we should produce many kinds of sports cars **was** accepted.

  다양한 종류의 스포츠카를 생산해야 한다는 제안은 받아들여졌다.

**(3) 주의해야 할 수 일치**

① 한정사 수식을 받는 주어인 경우

| | |
|---|---|
| a[an], each, every, either, neither, a single, one, another, any other | + 단수명사 |
| many, both, a few, few, several, other, various, numerous, innumerable, a pair of, a variety of, a number of, a host of, a series of, an array of | + 복수명사 |
| (a) little, much, an amount of, a (great) deal of | + 셀 수 없는 명사(단수) |
| all, most, some, any, a lot of, lots of, plenty of | + 단수/복수 명사 |

※ 단, 최상급 대용 표현으로 사용되는 비교급에서 비교 대상을 나타낼 때는 「any other + 단수명사」를 사용한다.

  · **People** go through the process for **a variety of reasons**.

  사람들은 여러 가지 이유로 그 과정을 경험한다.

② 「a number of + 복수명사 + 복수동사」: 많은 ~

  「the number of + 복수명사 + 단수동사」: ~들의 수

  · **A number of** people **are** present at the meeting.

  많은 사람들이 회의에 참석했다.

  · **The number of** people over sixty **is** rising steadily.

  60세 이상인 사람들의 인구 수는 꾸준히 증가하고 있다.

③ 「부분 + of + 관사 + 단수/복수 명사」

| | |
|---|---|
| some/most/half/percent/분수/majority/minority + of + | 단수명사 → 단수 취급 |
| | 복수명사 → 복수 취급 |

  · **Half of the apple is** very rotten.  그 사과의 반쪽은 매우 썩었다.

  · **Half of the apples are** very rotten.  그 사과들 중 반은 매우 썩었다.

④ 「many + 복수명사 + 복수동사」

「many a[an] + 단수명사 + 단수동사」

- **Many a man was** successful. 많은 사람들이 성공했다.

  🅞 Many a climber **was** on the top of the mountain. 많은 등산가들이 산꼭대기에 있었다.

  ❌ Many a climber **were** on the top of the mountain.

  ➡ 「many a[an] + 단수명사」는 항상 단수 취급하는 것을 잊지 말자.

⑤ 「one of + 복수명사 + 단수동사」

- **One of the girls was** late for the class. 소녀들 가운데 한 명이 수업에 늦었다.

⑥ 「단위명사(s) + of + 물질명사」

- **A loaf of bread is** better than the song of many birds.

  한 덩어리의 빵이 여러 마리 새의 노래보다 낫다. (금강산도 식후경이다.)

- **Two cups of coffee were** given to us. 두 잔의 커피가 우리에게 제공되었다.

- There **are many pieces of furniture** in this room. 이 방에는 많은 가구들이 있다.

⑦ 시간 표현 수 일치

- one and a half hours → 복수 취급
- one hour and a half → 단수 취급

- **One and a half hours have** passed since then. 그 이후로 한 시간 반이 흘렀다.

- **One hour and a half has** passed since then. 그 이후로 한 시간 반이 흘렀다.

## 02 병렬 구조

### (1) 등위접속사

등위접속사 and, but, or, so 전후에는 반드시 '문법적 기능이 동일한 어구'가 존재한다. 그 어구의 형태도 동일해야 한다.

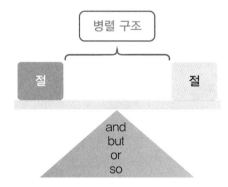

- **Beckham went** to London, **bought** some books, **and visited** his son.

  Beckham은 런던에 가서 책을 좀 사고 아들을 방문했다.

  ※ went, bought, visited는 병렬 구조이며 과거시제로 통일되었다.

- The cat approached the dog **slowly and silently**.

  고양이가 강아지에게 천천히 조용하게 다가갔다.

  ※ 접속사로 연결된 2개의 부사가 병렬 구조를 이루고 있다.

POINT CHECK

08 「many a[an] + 단수명사」는 □□ 취급한다.

09 「a[an] + 단위명사(s) + of + 물질명사」의 수 일치는 □□□ □ 에 따른다.

10 등위접속사 앞뒤로 이어지는 어구의 형태는 서로 ( 같아야 / 달라야 ) 한다.

| 정답 | 08 단수
09 단위명사
10 같아야

## (2) 등위접속사 and 병렬 구조

- You are **lovely and friendly**. 당신은 사랑스럽고 다정하다.

◎ He is **young, passionate**, and **ambitious**. 그는 젊고 열정적이며 야망이 있다.

✕ He is **young, passionate**, and **ambition**.

➡ and 병렬 구조에서 위의 문장은 단어와 단어의 연결이니, 품사를 정확하게 일치시켜야 한다.

◎ Their duties are **to check** mail and **(to) type** letters.

그들의 임무는 우편물을 확인하고 편지를 타이핑하는 것이다.

✕ Their duties are **to check** mail and **typing** letters.

➡ and로 연결된 to부정사가 병렬 구조를 이룰 경우, 두 번째 to부정사는 to를 생략한 동사원형과 to부정사 형태 둘 다 가능하지만, 「both A and B」 같은 등위상관접속사로 연결되는 경우 A와 B 각각을 to부정사 형태로 사용해야 한다.

◎ Their duties are **both to check** mail **and to type** letters.

그들의 임무는 우편물을 확인하고 편지를 타이핑하는 것 둘 다이다.

✕ Their duties are **both to check** mail **and type** letters.

◎ Their duties are **to check** the question, **(to) answer** the question, and **(to) type** letters.

그들의 임무는 질문을 확인하고, 질문에 답하고, 편지를 타이핑하는 것이다.

✕ Their duties are **to check** the question, **answer** the question, and **typing** letters.

➡ and로 연결된 3개 이상의 to부정사가 병렬 구조를 이룰 때는 「to R, to R, and to R」 또는 「to R, R, and R」의 형태만 가능하다.

11 등위상관접속사 구문에서는 A 와 B 중 대부분 □에 수를 일치 시킨다.

## (3) 등위상관접속사로 연결된 주어는 대부분 뒤의 명사에 수를 일치시킨다.

① 「either A or B」: A, B 둘 중의 하나

- **Either** you **or I am** late for school. 당신 또는 나 둘 중 하나는 학교에 늦는다.

참 **You or he is** wrong. 당신 또는 그는 틀렸다.

※ 「A or B」도 B에 동사의 수를 일치시킨다.

◎ She may **either take** this **or take** that.

그녀는 이것을 가져가든 저것을 가져가든 둘 중 하나일 것이다.

✕ She may **either take** this **or that**.

➡ 등위상관접속사 「either ~ or」 구문에서 동사구와 동사구를 병렬로 연결할 경우 한쪽만 동사(구)를 포함하지 않도록 주의한다. 단, She may take either this or that.은 가능하다.

② 「neither A nor B」: A, B 둘 다 아닌

- **Neither** you **nor she is** guilty. 당신도 그녀도 죄가 없다.

③ 「not only A but also B」 = 「B as well as A」: A뿐만 아니라 B도 역시

- **Not only** he **but also I have** a sister. 그뿐만 아니라 나도 여동생이 있다.

◎ I **as well as** he **have** a sister.

✕ I **as well as** he **has** a sister.

➡ he가 아니라 앞에 있는 I에 수 일치시키는 것이 옳다.

◎ She not only **read the book** but also **remembered what she had read**.

그녀는 그 책을 읽었을 뿐만 아니라 읽었던 내용을 기억도 하고 있었다.

✕ She not only read the book but also remembering what she had read.

④ 「not A but B」: A가 아니라 B

· **Not** you **but he is** wrong.  당신이 아니라 그가 틀렸다.

## 03  시제 일치

종속절의 동사가 주절의 동사의 영향을 받아서, 그 시제가 서로 관련되어 일치되어야 할 경우가 있는데, 이 시제를 맞추어 문장이 성립되게 하는 것을 '시제 일치'라고 한다.

### (1) 종속절의 시제 일치

| 주절 시제 | 종속절 시제 |
|---|---|
| 현재, 현재완료, 미래 | 어느 시제나 사용 가능 |
| 과거 | 과거, 과거완료 |

· I **think** that they **will** come.  나는 그들이 올 것이라고 생각한다.

  → I **thought** that they **would** come.

  나는 그들이 올 것이라고 생각했다.

  ※ think → thought / will → would

· She **thinks** that he **is** ill.  그녀는 그가 아프다고 생각한다.

  → She **thought** that he **was** ill.

  그녀는 그가 아프다고 생각했다.

  ※ 주절의 동사가 현재시제인 thinks에서 과거시제인 thought로 바뀌면 종속절의 동사도 현재형 is에서 과거형 was로 바뀌어야 한다.

· He **told** me how he **was** going to get there.

  그는 나에게 그가 그곳에 어떻게 갈 것인지 말해 주었다.

🔘 He **said** that he **would** be all right by the next week.

  그는 다음 주쯤이면 괜찮아질 것이라고 말했다.

✖ He **said** that he **will** be all right by the next week.

  ➡ 주절의 시제가 said이므로 종속절의 시제도 시제를 일치시켜 will 대신 would를 써야 한다.

## 04  부정어구 특수 구문

영어의 부정은 우리말처럼 간단하지가 않아서 단순히 not이나 never, no만이 부정을 나타내는 것이 아니고 다양한 구문 표현이 존재한다.

### (1) 주의해야 할 부정 구문 암기문법

| 구분 | 둘 중 | 셋 이상 중 | 기타 |
|---|---|---|---|
| 부분 부정 | not ~ both | not ~ all, not ~ every | not ~ always, not ~ completely |
| 전체 부정 | not ~ either, neither | not ~ any, none [no] | not ~ in the least = not ~ at all |

① 부분 부정: 부정어 not, never, no가 전체를 나타내는 표현인 all, every, both, always 등과 함께 쓰이면 '모두가 ~은 아니다' 혹은 '언제나 ~은 아니다'라는 부분 부정의 의미가 된다.

POINT CHECK

12 부정어구 not, never, no가 all, both, always 등과 함께 쓰이면 □□ □□의 의미가 된다.

| 정답 |  12 부분 부정

㉠ 「not ~ both」: 둘 다 ~한 것은 아니다

- I know **both** of them. (완전 긍정)

  나는 그 둘을 다 안다.

- I do **not** know **both** of them. (부분 부정)

  나는 그 둘을 다 아는 것이 아니다.

- I do **not** know **either** of them. (전체 부정)

  나는 그들 중 아무도 모른다.

  → I know **neither** of them.

    나는 그들 중 누구도 모른다.

㉡ 「not ~ all」: (셋 이상일 때) 모두가 ~한 것은 아니다

- I invited **all** of them. (완전 긍정)

  나는 그들 모두를 초대했다.

- I did **not** invite **all** of them. (부분 부정)

  나는 그들 모두를 초대한 것이 아니었다.

- I did **not** invite **any** of them. (전체 부정)

  나는 그들 중 아무도 초대하지 않았다.

  → I invited **none** of them.

    나는 그들 중 누구도 초대하지 않았다.

- **All** is **not** gold that glitters. (부분 부정)

  반짝이는 모든 것이 다 금은 아니다.

- **Not all** the guests have come. (부분 부정)

  모든 손님이 온 것은 아니다.

- **All** the guests have **not** come. (전체 부정)

  모든 손님이 오지 않았다.

  ◎ **Not any** movie was interesting.  어떤 영화도 재미있지 않았다.

  ✗ **Any** movie was **not** interesting.

    ➡ 「any ~ not」의 형태는 쓰지 않는다.

㉢ 「not ~ every」: 누구나[어느 것이나] ~한 것은 아니다

- **Everybody** likes her. (완전 긍정)

  모든 사람들이 그녀를 좋아한다.

- **Not everybody** likes her. (부분 부정)

  모든 사람이 그녀를 좋아하는 것은 아니다.

- **Nobody** likes her. (전체 부정)

  아무도 그녀를 좋아하지 않는다.

  ※ 「every ~ not」의 전체 부정은 사람인 경우 nobody로, 사물인 경우 nothing으로 나타낼 수 있다.

㉣ 「not ~ always」: 항상 ~한 것은 아니다

- The rich are **not always** happy.

  부자들이 항상 행복한 것은 아니다.

ⓜ 「not ～ completely」: 완전히 ～한 것은 아니다

· **Not** all of the crew are **completely** happy.

  팀원들 모두가 완전히 행복한 것은 아니다.

ⓗ 「not ～ entirely」 = 「not ～ altogether[wholly]」: 전적으로 ～한 것은 아니다

· You are **not entirely** free from blame.

  당신이 비난으로부터 완전히 자유로운 것은 아니다.

· I do **not altogether** agree with him.

  내가 그에게 완전히 동의하는 것은 아니다.

ⓢ 「not ～ necessarily」: 반드시 ～한 것은 아니다

· The greatest minds do **not necessarily** ripen the quickest.

  가장 훌륭한 사람이 반드시 가장 일찍 알려지는 것은 아니다.

## (2) 중복 요소 금지

### ① 이중 접속사 금지

하나의 절에는 하나의 동사가 있는 것이 원칙이다. 단, 두 개 이상의 절은 연결사(접속사, 의문사, 관계사 등)로 연결할 수 있다. 연결사의 생략이 없을 시 동사의 개수는 연결사보다 한 개가 더 많아야 한다. '동사 − 1 = 연결사 개수'가 된다.

◎ He is young, **so** he is not experienced. 그는 어려서, 경험이 없다.

✕ **Though** he is young, **so** he is not experienced.

➡ though와 so 둘 다 접속사이다. 두 개의 절을 연결할 때는 하나의 접속사가 필요하다.

◎ He doesn't like meat, **nor** do I. 그는 고기를 좋아하지 않고, 나도 좋아하지 않는다.

✕ He doesn't like meat, **and nor** do I.

➡ and와 nor 둘 다 접속사이다. 두 개의 절을 연결할 때는 하나의 접속사가 필요하다.

### ② 이중 의미 포함 금지

동사가 이미 포함하고 있는 의미를 또 다른 부사로 반복할 경우, 적절하지 못한 표현이 된다. advance는 forward와 함께 사용할 수 없으며, return은 back과 함께 사용하지 못한다.

◎ **Advance** to the enemy. 적에게 진격하라.

✕ **Advance** to the enemy **forward**.

➡ advance에 이미 forward의 의미가 포함되어 있다. 단, Move to the enemy forward.는 가능하다.

◎ **Repeat** a course. 과정을 반복하라.

✕ **Repeat** a course **again**.

➡ repeat에 이미 again의 의미가 포함되어 있다. 단, Do a course again.은 가능하다.

◎ It is **visible**. 그것은 보인다.

✕ It is **visible to the eyes**.

➡ visible은 to the eyes와 의미가 중복된다.

◎ We cannot **overpraise** him. 우리는 그를 과찬하지 않을 수 없다.

✕ We cannot **overpraise** him **too** much.

➡ overpraise에 이미 '너무'라는 의미가 포함되므로, too를 반복해서 사용하는 것은 옳지 않다. 대신, We cannot praise him too much.는 가능하다.

③ 이중 부정 금지

㉠ 「scarcely + not」

◎ She can **scarcely** expect me to do that.

그녀는 내가 그렇게 하리라 거의 예상할 수 없다.

✕ She can**'t scarcely** expect me to do that.

㉡ 「lest + 주어 + should not」

◎ Make haste **lest** you **should** be late.  늦지 않게 서둘러라.

✕ Make haste **lest** you **should not** be late.

㉢ 「no one + not」

◎ **No one** really knows who made the machine.

어느 누구도 그 기계를 누가 만들었는지 정말로 알지 못한다.

✕ **No one** really doesn**'t** know who made the machine.

㉣ 「unless + not」

◎ **Unless** many people experience it, they can't feel like this.

많은 사람들이 그것을 경험하지 않으면, 그들은 이렇게 느낄 수 없다.

✕ **Unless** many people don**'t** experience it, they can't feel like this.

| 헷갈리지 말자 | 「unless + 긍정문」 vs. 「unless + 부정문」 |
| --- | --- |

 • **We** will **not** go out for pizza, **unless** you want pizza.
네가 피자를 원하지 않는다면, 우리는 피자를 먹으러 나가지 않을 거야.
=우리는 피자를 먹으러 안 나갈 거야, 네가 피자를 원치 않는 경우에는.

 • We will go out for pizza, **unless** you **don't** want pizza.
우리는 피자를 먹으러 나갈 거야, 네가 피자를 원치 않는 경우를 제외하고는.
=우리는 피자를 먹으러 나갈 거야, 네가 피자를 원치 않는 것이 아닌 한.
=우리는 피자를 먹으러 나갈 거야, 혹시 네가 피자를 원치 않으면 몰라도.
=우리는 피자를 먹으러 안 나갈 거야, 네가 피자를 원치 않는 경우에는.

'~이 아닌 경우는 제외하고, ~이 아닌 경우 외에, ~이 아닌 경우를 빼고, ~아닌 게 아니라면, ~이 없지만 않다면, ~이 없는 경우가 아니라면, ~하지 않는 경우가 아니라면' 등으로 부정을 한 번 더 부정하는 것으로 해석되며 「if + not + not」의 구조와 같다고 보면 이해가 쉽다. 그러나 우리가 알고 있는 「unless + 긍정동사」에서는 unless가 뒤따라오는 긍정동사를 한 번만 부정하므로 보통 If ~ not(~이 아니라면)과 같다고 본다. 즉, unless가 이끄는 절에 무조건 부정부사가 들어가지 않는 것이 아니라, 문맥에 따라 사용할 수 있음에 주의하자.

㉤ 「nor + not」

◎ He was not present, **nor** was I.

그는 참석하지 않았고, 나도 그랬다.

✕ He was not present, **nor** wasn**'t** I.

✕ He was not present, **and nor** was I.

※ nor은 부정의 의미를 포함하면서 접속사의 역할도 하고 있으므로 이중 접속사에도 주의하자.

# 02 일치

[01~05] 다음 중 어법상 옳은 것을 고르시오.

01 One of the people who have a tremendous amount of property [ is / are ] John.

02 The rumor that William will marry Julia next Sunday [ is / are ] true.

03 A number of books [ is / are ] sent to those who like reading.

04 The number of books in the library [ is / are ] too large to count.

05 Not gold but dollars [ is / are ] preferred between the nations.

## 정답&해설

**01** **is**

| 해석 | 엄청난 양의 재산을 갖고 있는 사람들 중 한 명은 John이다.

| 해설 | 주어가 「one of + 복수 가산명사」인 경우, 동사의 수 일치 기준은 'one'이므로 단수동사 'is'를 사용하는 것이 옳다.

**02** **is**

| 해석 | William이 Julia와 다음 주 일요일에 결혼할 거라는 소문은 사실이다.

| 해설 | 주어가 단수명사 'The rumor'이므로 정답은 단수동사 'is'이다.

**03** **are**

| 해석 | 많은 책들이 독서를 좋아하는 사람들에게 보내진다.

| 해설 | 주어가 「a number of + 복수 가산명사(많은 ~)」인 경우, 동사의 수 일치 기준은 복수 가산명사이므로 복수동사 'are'를 사용하는 것이 옳다.

**04** **is**

| 해석 | 도서관에 있는 책의 수가 너무 많아서 셀 수가 없다.

| 해설 | 주어가 「the number of + 복수 가산명사(~의 수)」인 경우, 동사의 수 일치 기준은 'the number'이므로 단수동사 'is'를 사용하는 것이 옳다.

**05** **are**

| 해석 | 금이 아니라 달러가 그 국가들 사이에서 선호된다.

| 해설 | 주어가 「not A but B」인 경우, 동사의 수 일치 기준은 B이므로 복수동사 'are'를 사용하는 것이 옳다.

# 02 일치

**교수님 코멘트▶** 일치는 사실 가장 많은 응용문제가 출제될 수 있는 영역이다. 수와 시제이 일치 등을 묻는 문제가 다수 출제되므로 제시된 문제들을 통해서 다양한 상황별 훈련이 필요하다.

## 01
2023 국가직 9급

### 밑줄 친 부분 중 어법상 옳지 <u>않은</u> 것은?

While advances in transplant technology have made ① it possible to extend the life of individuals with end-stage organ disease, it is argued ② <u>that</u> the biomedical view of organ transplantation as a bounded event, which ends once a heart or kidney is successfully replaced, ③ <u>conceal</u> the complex and dynamic process that more ④ <u>accurately</u> represents the experience of receiving an organ.

**01  주어-동사 수 일치**

③ 주어진 밑줄은 'it is argued'의 가주어 'it'에 대한 진주어에 해당되는 'that'절 이하의 주어 – 동사의 수 일치 문제이다. 'conceal'이 해당 절의 동사이고, 주어는 'the biomedical view'로 단수형이다. 따라서 'conceal'은 3인칭 단수형인 'conceals'가 되어야 옳다. 주어인 'view' 이후에 나오는 'of organ ∼ replaced'는 수식어구에 해당되므로, 동사의 수에 영향을 미치지 않는다.

|오답해설| ① 불완전 타동사 'make'는 가목적어 'it'과 진목적어로는 to부정사를 가질 수 있다. 해당 문장의 밑줄 친 'it'은 진목적어인 'to extend ∼'를 대신하여 쓰인 가목적어이므로 옳게 사용되었다.
② 해당 절은 가주어 – 진주어 구조로 주어 자리에 가주어인 it이 쓰였으므로, 진주어를 이끄는 명사절 접속사 'that'이 쓰인 것은 알맞다.
④ 동사 'represents'를 부사인 'accurately'가 알맞게 수식하고 있다.

| 해석 | 이식 기술의 진보가 말기 장기 질병 환자의 생명 연장을 가능하게 한 반면에, 일단 심장이나 신장이 성공적으로 이식되면 종료되는 경계성 사건으로 장기이식을 보는 생물 의학적인 관점은 장기를 받아들이는 경험을 더욱 정확하게 나타내는 복잡하고 역동적인 과정을 숨기고 있다는 주장이 있다.

## 02
2022 국가직 9급

### 밑줄 친 부분 중 어법상 옳지 <u>않은</u> 것은?

To find a good starting point, one must return to the year 1800 during ① <u>which</u> the first modern electric battery was developed. Italian Alessandro Volta found that a combination of silver, copper, and zinc ② <u>were</u> ideal for producing an electrical current. The enhanced design, ③ <u>called</u> a Voltaic pile, was made by stacking some discs made from these metals between discs made of cardboard soaked in sea water. There was ④ <u>such</u> talk about Volta's work that he was requested to conduct a demonstration before the Emperor Napoleon himself.

**02  주어-동사 수 일치**

② that절의 주어는 'a combination'으로 단수형이고 'of silver, copper, and zinc'는 주어를 수식하는 전명구이므로, 동사는 단수 동사인 'was'가 되어야 알맞다.

|오답해설| ① 선행사는 때를 나타내는 'the year 1800'로 「전치사 + 관계대명사」인 'during which'가 이끄는 절 'the first ∼ developed'의 수식을 받고 있다. 「전치사 + 관계대명사」인 'during which'가 이끄는 문장은 완전한 문장 성분으로 선행사인 'the year 1800'을 수식하므로 관계사가 이끄는 형용사절로서 'which'는 옳게 쓰였다. 만일 전치사 'during'이 없다면 관계부사 'when'으로 수식할 수 있을 것이다. 관계부사 'when'은 「전치사 + which」로 대체할 수 있다.
③ 주어 'The enhanced design'은 수식을 받는 대상이므로 수동형인 과거분사 'called'가 알맞게 사용되었다.
④ 원인과 결과를 나타내는 that절 구문에서, 형용사나 부사를 수식할 때는 'so'를, 명사를 수식할 때는 'such'를 쓴다. 이 문장에서 'talk'는 '세평, (화제의) 소문'이라는 의미의 불가산명사로 사용되었기 때문에 'such'를 사용했으며 부정관사를 함께 사용하지 않았다.

| 해석 | 좋은 출발점을 찾기 위해, 최초의 현대적인 전기 배터리가 개발된 해인 1800년으로 되돌아와야 한다. 이탈리아인인 Alessandro Volta는 은, 구리, 그리고 아연의 조합이 전류를 발생시키는 데 이상적이라는 것을 발견했다. 볼타의 전지라고 불리는 발전된 디자인이 이 금속으로 만들어진 판을 해수를 머금은 판지 사이에 쌓아서 만들어졌다. Volta의 연구에 대한 세평이 자자해 그는 직접 나폴레옹 황제 앞에서 시연을 하도록 요청받았다.

| 정답 | 01 ③    02 ②

끝이 좋아야 시작이 빛난다.

– 마리아노 리베라(Mariano Rivera)

# 여러분의 작은 소리
# 에듀윌은 크게 듣겠습니다.

본 교재에 대한 여러분의 목소리를 들려주세요.

공부하시면서 어려웠던 점, 궁금한 점,

칭찬하고 싶은 점, 개선할 점, 어떤 것이라도 좋습니다.

에듀윌은 여러분께서 나누어 주신 의견을

통해 끊임없이 발전하고 있습니다.

**에듀윌 도서몰 book.eduwill.net**
- 부가학습자료 및 정오표: 에듀윌 도서몰 → 도서자료실
- 교재 문의: 에듀윌 도서몰 → 문의하기 → 교재(내용, 출간) / 주문 및 배송

# 2025 에듀윌 9급공무원 기본서 영어 문법

| | |
|---|---|
| 발 행 일 | 2024년 6월 20일 초판 |
| 편 저 자 | 성정혜 |
| 펴 낸 이 | 양형남 |
| 펴 낸 곳 | (주)에듀윌 |
| 등록번호 | 제25100-2002-000052호 |
| 주    소 | 08378 서울특별시 구로구 디지털로34길 55 |
| | 코오롱싸이언스밸리 2차 3층 |

* 이 책의 무단 인용 · 전재 · 복제를 금합니다.

## www.eduwill.net
### 대표전화 1600-6700

# 에듀윌에서 꿈을 이룬
# 합격생들의 진짜 합격스토리

## 에듀윌 강의·교재·학습시스템의 우수성을
## 합격으로 입증하였습니다!

김○은 국가직 9급 일반행정직 최종 합격

### 에듀윌만의 탄탄한 커리큘럼 덕분에 공시 3관왕 달성

혼자서 공부하다 보면 지금쯤 뭘 해야 하는지, 내가 잘하고 있는지 걱정이 될 때가 있는데 에듀윌 커리큘럼은 정말 잘 짜여 있어 고민할 필요 없이 그대로 따라가면 되는 시스템이었습니다. 커리큘럼이 기본이론-심화이론-단원별 문제풀이-기출 문제풀이-파이널로 풍부하게 구성되어 인강만으로도 국가직, 지방직, 군무원 3개 직렬에 충분히 합격할 수 있었습니다. 혼자 공부하다 보면 내 위치를 스스로 가늠하기 어려운데, 매달 제공되는 에듀윌 모의고사를 통해서 제 수준이 어느 정도인지 파악할 수 있어서 좋았습니다.

신○은 국가직 9급 일반행정직 최종 합격

### 에듀윌 교수님들의 열정적인 강의는 업계 최고 수준!

에듀윌 교수님들의 강의가 열정적이어서 좋았습니다. 타사의 유명 행정법 강사분의 강의를 잠깐 들은 적이 있었는데, 그분이 기대만큼 좋지 못해서 열정적인 강의의 에듀윌로 돌아온 적이 있습니다. 그리고 수험생들은 금전적으로 좀 어려움이 있을 수밖에 없는데 에듀윌이 타사보다는 가격 대비 강의가 매우 뛰어나다고 생각합니다. 에듀윌 모의고사도 좋았습니다. 내가 맞혔는데 남들이 틀린 문제나, 남들은 맞혔는데 내가 틀린 문제를 분석해줘서 저의 취약점을 알게 되고, 공부 방법에 변화를 줄 수 있는 계기를 마련해 줍니다. 에듀윌의 꼼꼼한 모의고사 시스템 덕분에 효율적인 공부를 할 수 있었습니다.

김○경 지방직 9급 사회복지직 최종 합격

### 초시생도 빠르게 합격할 수 있는 에듀윌 공무원 커리큘럼

에듀윌 공무원 커리큘럼은 기본 강의, 심화 강의, 문제풀이 강의가 참 적절하게 배분이 잘 되어 있었어요. 그리고 제가 공무원 시험에 대해서 하나도 몰랐는데 커리큘럼을 따라만 갔는데 바로 시험을 치를 수 있는 실력이 만들어진다는 것이 너무 신기한 경험이었습니다. 에듀윌 공무원 교재도 너무 좋았습니다. 기본서가 충실하게 만들어져 있어서 기본서만 봐도 기초를 쌓을 수 있었습니다. 그리고 기출문제집이나 동형 문제집도 문제 분량이 굉장히 많았어요. 가령, 기출문제집의 경우 작년에 7개년 기출문제집이라서 올해도 7개년 기출문제집인줄 알았는데 올해는 8개년 기출문제로 확장되었더라고요. 이러한 꼼꼼한 교재 구성 덕분에 40대에 공부를 다시 시작했음에도 빠르게 합격할 수 있었어요.

더 많은
합격스토리

# 다음 합격의 주인공은 당신입니다!

# 합격자 수 2,100% 수직 상승!
# 매년 놀라운 성장

에듀윌 공무원은 '합격자 수'라는 확실한 결과로 증명하며
지금도 기록을 만들어 가고 있습니다.

합격자 수
**2,100%**
수직 상승

2017  2018  2019  2020  2021  2022

## 합격자 수를 폭발적으로 증가시킨 합격패스

| 합격 시 수강료 100% 환급 | + | 합격할 때까지 평생 수강 | + | 교재비 부담 DOWN 에듀캐시 지원 |
| --- | --- | --- | --- | --- |

※ 환급내용은 상품페이지 참고. 상품은 변경될 수 있음.

상품
페이지

* 2017/2022 에듀윌 공무원 과정 최종 환급자 수 기준

# 에듀윌 직영학원에서
# 합격을 수강하세요

언제나 전문 학습 매니저와 상담이 가능한 안내데스크

고품질 영상 및 음향 장비를 갖춘 최고의 강의실

재충전을 위한 카페 분위기의 아늑한 휴게실

에듀윌의 상징 노란색의 환한 학원 입구

## 에듀윌 직영학원 대표전화

| | | |
|---|---|---|
| 공인중개사 학원 02)815-0600 | 공무원 학원 02)6328-0600 | 편입 학원 02)6419-0600 |
| 주택관리사 학원 02)815-3388 | 소방 학원 02)6337-0600 | 세무사·회계사 학원 02)6010-0600 |
| 전기기사 학원 02)6268-1400 | 부동산아카데미 02)6736-0600 | |

공무원 학원
바로가기

# 꿈을 현실로 만드는
# 에듀윌

DREAM

## 공무원 교육
- 선호도 1위, 신뢰도 1위! 브랜드만족도 1위!
- 합격자 수 2,100% 폭등시킨 독한 커리큘럼

## 자격증 교육
- 8년간 아무도 깨지 못한 기록 합격자 수 1위
- 가장 많은 합격자를 배출한 최고의 합격 시스템

## 직영학원
- 직영학원 수 1위
- 표준화된 커리큘럼과 호텔급 시설 자랑하는 전국 21개 학원

## 종합출판
- 온라인서점 베스트셀러 1위!
- 출제위원급 전문 교수진이 직접 집필한 합격 교재

## 어학 교육
- 토익 베스트셀러 1위
- 토익 동영상 강의 무료 제공

## 콘텐츠 제휴 · B2B 교육
- 고객 맞춤형 위탁 교육 서비스 제공
- 기업, 기관, 대학 등 각 단체에 최적화된 고객 맞춤형 교육 및 제휴 서비스

## 부동산 아카데미
- 부동산 실무 교육 1위!
- 상위 1% 고소득 창업/취업 비법
- 부동산 실전 재테크 성공 비법

## 학점은행제
- 99%의 과목이수율
- 16년 연속 교육부 평가 인정 기관 선정

## 대학 편입
- 편입 교육 1위!
- 최대 200% 환급 상품 서비스

## 국비무료 교육
- '5년우수훈련기관' 선정
- K-디지털, 산대특 등 특화 훈련과정
- 원격국비교육원 오픈

---

에듀윌 교육서비스 **공무원 교육** 9급공무원/7급공무원/소방공무원/계리직공무원/기술직공무원/군무원 **자격증 교육** 공인중개사/주택관리사/감정평가사/노무사/전기기사/경비지도사/검정고시/소방설비기사/소방시설관리사/사회복지사1급/건축기사/토목기사/직업상담사/전기기능사/산업안전기사/위험물산업기사/위험물기능사/유통관리사/물류관리사/행정사/한국사능력검정/한경TESAT/매경TEST/KBS한국어능력시험·실용글쓰기/IT자격증/국제무역사/무역영어 **어학 교육** 토익 교재/토익 동영상 강의 **세무/회계** 회계사/세무사/전산세무회계/ERP정보관리사/재경관리사 **대학 편입** 편입 교재/편입 영어·수학/경찰대·의치대/편입 컨설팅·면접 **직영학원** 공무원학원/소방학원/공인중개사 학원/주택관리사 학원/전기기사학원/세무사·회계사 학원/편입학원 **종합출판** 공무원·자격증 수험교재 및 단행본 **학점은행제** 교육부 평가인정기관 원격평생교육원(사회복지사2급/경영학/CPA)/교육부 평가인정기관 원격 사회교육원(사회복지사2급/심리학) **콘텐츠 제휴·B2B 교육** 교육 콘텐츠 제휴/기업 맞춤 자격증 교육/대학 취업역량 강화 교육 **부동산 아카데미** 부동산 창업CEO/부동산 경매 마스터/부동산 컨설팅 **국비무료 교육 (국비교육원)** 전기기능사/전기(산업)기사/소방설비(산업)기사/IT(빅데이터/자바프로그램/파이썬)/게임그래픽/3D프린터/실내건축디자인/웹퍼블리셔/그래픽디자인/영상편집(유튜브)디자인/온라인 쇼핑몰광고 및 제작(쿠팡, 스마트스토어)/전산세무회계/컴퓨터활용능력/ITQ/GTQ/직업상담사

---

교육
문의 **1600-6700** www.eduwill.net